»Man hat die Lehre von den Temperamenten:
jeder Mensch trägt alle vier in sich,
nur in verschiedenen Mischungsverhältnissen.«
(Goethe, 1821)

Gerda Jun

Unsere inneren Ressourcen

Mit eigenen Stärken und Schwächen richtig umgehen

Mit 20 Abbildungen

2. Auflage

Vandenhoeck & Ruprecht

Bibliografische Information der Deutschen Nationalbibliothek

Die Deutsche Nationalbibliothek verzeichnet diese Publikation in der Deutschen Nationalbibliografie; detaillierte bibliografische Daten sind im Internet über http://dnb.d-nb.de abrufbar.

ISBN 987-3-525-45373-5

Umschlagabbildung: Alexej von Jawlensky, Bäume und Dünen in Prerow (Ausschnitt), 1911, Öl auf Karton, 32,6 × 44,3 cm.

© 2009, 2006, Vandenhoeck & Ruprecht GmbH & Co. KG, Göttingen.
Internet: www.v-r.de
Alle Rechte vorbehalten. Das Werk und seine Teile sind urheberrechtlich geschützt. Jede Verwertung in anderen als den gesetzlich zugelassenen Fällen bedarf der vorherigen schriftlichen Einwilligung des Verlages. Hinweis zu § 52a UrhG: Weder das Werk noch seine Teile dürfen ohne vorherige schriftliche Einwilligung des Verlages öffentlich zugänglich gemacht werden. Dies gilt auch bei einer entsprechenden Nutzung für Lehr- und Unterrichtszwecke. Printed in Germany.
Satz: Satzspiegel, Nörten-Hardenberg
Druck und Bindung: CPI buchbücher.de GmbH, Birkach

Gedruckt auf alterungsbeständigem Papier.

Inhalt

Vorwort 7

Allgemeine Einführung: Jeder ist anders 9

Spezielle Einführung: Die Landschaften der Seele –
Blühende Gärten oder Steppe? 12

Die vier Potenziale der psychischen Grundstruktur:
Die evolutionäre Einheit der Gegensätze 21
  (1) Das Archische: *Ordnung ist das halbe Leben* 23
    Bedürfnisse, Fähigkeiten, Aversionen und
    Abwehrmechanismen 23
    Berufe, Tätigkeiten und Interessen 36
    Liebe und Partnerschaft 37
    Sozial-gesellschaftliche Bedeutung 39
  (2) Das Dynamische: *Leben und leben lassen* 47
    Bedürfnisse, Fähigkeiten, Aversionen und
    Abwehrmechanismen 47
    Berufe, Tätigkeiten und Interessen 59
    Liebe und Partnerschaft 61
    Sozial-gesellschaftliche Bedeutung 63
  (3) Das Emotive: *Wo du hingehst, da will auch ich
    hingehen* 67
    Bedürfnisse, Fähigkeiten, Aversionen und
    Abwehrmechanismen 67
    Berufe, Tätigkeiten und Interessen 76
    Liebe und Partnerschaft 77
    Sozial-gesellschaftliche Bedeutung 79
  (4) Das Kontemplative: *Störe meine Kreise nicht* 83
    Bedürfnisse, Fähigkeiten, Aversionen und
    Abwehrmechanismen 83

Berufe, Tätigkeiten und Interessen 99
Liebe und Partnerschaft 101
Sozial-gesellschaftliche Bedeutung 102
Zusammenfassende Betrachtung 103

Verschiedene Potenzialkombinationen: Auf die Mischung
kommt es an 112
   Die dualen Strukturen: Das »Prinzip der psychischen
   Komplementarität« und die Balance in der Ergänzung 113
     I. Der eifrige *Tatenmensch*:
        Der extrovertierte Typ (1–2) 115
     II. Der einfühlsame *Gedankenmensch*:
        Der introvertierte Typ (3–4) 120
     III. Das so genannte *Männliche*:
        Der sachliche Typ (1–4) 128
     IV. Das so genannte *Weibliche*:
        Der gemüthafte Typ (2–3) 136
     V. Das Angepasst-*Konservative* und die Spießer (1–3) 146
     VI. Das potenziell *Progressive* und die Phantasten (2–4) 155
   Die trialen Strukturen 163
   Die integrale Persönlichkeit: Der Homo integralis 167

Ein integrales Individualkonzept als lebendige Ordnung in
der seelischen Vielfalt: Theoretischer Überblick in zwölf
Thesen 180

Literatur 187

»Das eigentliche Studium der Menschheit
ist der Mensch.«
(Goethe)

Vorwort

»Neulich war ich in mich gegangen und hatte dort niemanden angetroffen« – so provoziert uns der Spötter Oscar Wilde. Und wie geht es Ihnen? Wen oder was treffen Sie an, wenn Sie in sich gehen? Oder kommt das kaum noch oder gar nicht mehr vor? Sind Sie nur noch außer sich?

Nein, zu diesen Menschen gehören Sie nicht. Denn Sie lesen dieses Buch und interessieren sich vielleicht auch für andere Bücher zu den Themen menschliche Individualität, Selbsterkenntnis und Werte. Es gibt zahlreiche Persönlichkeitsmodelle (beispielsweise Vierer-, Fünfer- und Neuner-Systeme), die sich teilweise widersprechen, und doch ist im Einzelnen immer etwas Wahres dran. Sollte es zwischen den verschiedenen Konzepten vielleicht doch ein geistiges Band, eine Ganzheitsintegration geben? Diese Frage hat mich lange beschäftigt.

Für die in diesem Buch mit einem integralen Konzept beschriebenen Zusammenhangserkenntnisse habe ich mich sehr herzlich zu bedanken bei vielen Menschen aus allen Generationen, bei Gesunden und Kranken, insbesondere aber bei den Kindern – und ganz besonders bei den von mir als Ärztin betreuten geistig behinderten Kindern. Gerade von ihnen konnte ich für uns alle hinsichtlich des Charakters der so genannten normalen Menschen am allermeisten lernen: zum Einzelnen, zum Besonderen und zum Allgemeinen (Näheres zu dieser scheinbaren Paradoxie s. Jun 1994a, 1994b, S. 299).

Erkenne dich selbst! Der altbekannte menschenfreundliche Imperativ aus der Antike hat – auch nach Auschwitz, Hiroshima und dem Gulag – noch immer nicht seine verdiente und historisch überfällige Aufwertung erfahren. Diese ethische Herausforderung und Prüfung haben wir als Menschheit nicht bestanden. Sollte der gegenwärtige besorgniserregende Zustand unserer globalen Umwelt nicht etwas zu tun haben mit der Vernachlässigung unserer Innenwelt? Für die Selbsterkenntnis ist nicht nur das Wissen um das Eigene, sondern auch die Kenntnis des möglichen Anderen wichtig. Zänker äußert sich folgendermaßen: »Wer nicht nach dem anderen fragt, missachtet die Frage nach sich selbst. Hier beginnt aber ureigenstes Menschentum und die Wissenschaft schlechthin« (1996, S. 35). Sparschuh meint in diesem Sinne: »Wo die Selbsterkenntnis aufhört, hört die Erkenntnis selbst auf!« (1989, S. 89).

Es wird beim Leser das Wissen, zumindest aber eine Ahnung, vorausgesetzt, dass das Rationale – das, was allgemein »Intelligenz« genannt wird – durchaus nicht allein das eigentlich Menschliche in der Psyche des Homo sapiens ist. Es ist auch das Emotionale, der individuelle Reichtum der Motive und Gefühle, der die Persönlichkeit, die sozialgesellschaftliche Qualität des Individuums, seinen Charakter bestimmt. Davon handelt dieses Buch.

Und auch davon (Hüther 1999/2003, S. 59): »Jede sich entwickelnde Wissenschaftsdisziplin erreicht irgendwann einen kritischen Punkt, an dem sie gezwungen ist, ihre alten Konzepte und Denkweisen aufzugeben und die inzwischen gesammelten und zunehmend unübersichtlich, oft sogar immer widersprüchlicher gewordenen Einzelbefunde neu zu ordnen. ›Achsenzeiten‹ hat Karl Jaspers solche Epochen genannt. Sie sind dadurch gekennzeichnet, daß die bisher vorherrschende analytische, spaltende Sichtweise durch eine synthetische, das bisher Getrennte nun wieder zusammenfügende Sichtweise abgelost wird.«

Im Folgenden wird versucht, in anspruchsvoller Einfachheit das, was unsere inneren Ressourcen sind oder sein könnten, konkret, lebensnah und mit alltagspsychologischer Relevanz (Jüttemann 1992, S. 188) zu beschreiben.

Für die Leser, die aber zunächst einen allgemeinen, mehr abstrakt-theoretischen Überblick vor Augen haben möchten, gilt jetzt die Empfehlung, das an den Schluss des Buches gesetzte Kapitel zu lesen.

»... dann hat er die Teile in seiner Hand,
fehlt, leider! nur das geistige Band.«
(Goethe)

Allgemeine Einführung: Jeder ist anders

Lieber Leser, liebe Leserin, Sie beginnen jetzt ein geistiges Abenteuer. Denn: »Alles, was wir fortan entdecken, es macht die Welt nicht größer, sondern kleiner.« – »Auch Euch, mein junger Mann, verbleiben doch immer *die Kontinente der eigenen Seele,* das Abenteuer der Wahrhaftigkeit. Nie sah ich andere Räume der Hoffnung.« Diesen fiktiven Dialog zwischen Don Juan und Columbus hinterließ uns Max Frisch (1976, S. 184).

Nichts Geringeres haben wir jetzt gemeinsam vor, als die Kontinente unserer eigenen Seele zu entdecken, die Räume der Hoffnung und der Gefahren. Es wird kein Kurzausflug, sondern eine Lebensreise sein, eine Innenwelt-Reise. Ich hoffe, es stellt sich bei Ihnen Entdeckerfreude ein. Und Sie haben ja bereits Vorkenntnisse, die Ihre Neugier beflügeln. Sie wissen: Jeder Mensch ist einmalig, und die Vielfalt ist groß. Alle Menschen sind gleich, aber jeder ist anders. Unser Entdeckerfeld hat einen weiten Horizont, und das Gelände ist nicht nur flach. Aber für Ihre Suche im vielfältig Komplizierten gebe ich Ihnen eine Landkarte und einen Kompass mit. Dieser hilft uns auf dem Weg der Suche vom Vertrauten zu dem, was uns zunächst fremd erscheint, vom Niederen zum Höheren und vom Einfachen zum Komplexeren.

Das Psychische des Menschen ist grundlegend mitbedingt durch Prinzipien der Evolution. Sigmund Freud (1975, S. 13) sprach von der »archaischen Erbschaft« der Menschenseele. Vieles davon ist uns individuell nicht bewusst. Wenn Sie statt Evolution lieber »Schöpfung« sagen – das muss kein Widerspruch sein: Schöpfung als creatio continua ist Evolution. Das scheinen aber diejenigen nicht zu bedenken, die auch heute wieder – oder immer noch wie in den Zeiten nach dem Erscheinen von Darwins Buch »Die Entstehung der Arten« (1859) – etwa folgende Gebete zum Himmel schicken: Lieber Gott, gib uns doch ein Zeichen, dass es nicht wahr ist, dass wir Menschen mit den Affen verwandt sind! ... Wenn es aber doch so sein sollte, dann sorge bitte dafür, dass die Leute es nicht glauben.

Falls Sie, lieber Leser, ähnliche Gedanken und Gebete lieben, dann sollten Sie jetzt dieses Buch doch nicht zu Ende lesen, sondern es verschenken. Mit allen, die gern selber denken und neugierig bleiben, fühle ich mich einig in dem Wissen, dass der einzelne Mensch auch bei fortschreitender psychologischer Aufgeklärtheit nie ein »gläserner Mensch«[1] sein wird. Denn er wird in seinem ständigen individuellen Werden (bio-psycho-sozial) doch immer einzigartig bleiben. Ich bin aber überzeugt, dass die Zeit zu Ende gehen sollte, in der zu viele Menschen von Maschinen mehr verstehen als von sich selbst und damit von der Einmaligkeit in der Vielfalt der individuellen Mischungen. Diese haben sich mit ihren Möglichkeitsfeldern in der Evolution nach dem Prinzip »Welchen Überlebenswert hat ein bestimmtes Verhalten?« herausgebildet – für den Einzelnen, aber auch für die Gruppe, die menschliche Gemeinschaft. Und in dieser kommt es auf die wechselseitige Ergänzung an (Komplementarität).

Ist es nicht als durchaus sinnvoll zu erkennen, dass es in der Mannigfaltigkeit der Charaktervarianten zum Beispiel die überwiegend Mutigen und die Zurückhaltenden, die Strengen und die Sanften, die Bewahrer und die Erneuerer, die Nüchternen und die Phantasievollen, die Stürmischen und die Behutsamen, die Lauten und die Leisen, die Pragmatiker und die Romantiker, die Wegweiser und die Skeptiker, die Ernsthaften und die Heiteren, die Unruhigen und die Ruhigen, die Praktiker und die Theoretiker gibt?

Doch innerhalb der Vielfalt dieser Ergänzungen waltet keine Anarchie. Der Kompass, den ich Ihnen versprochen habe, wird Ihnen eine grundlegende lebendig-dynamische Ordnung in unserem inneren Universum aufzeigen. Diese Hypothese steht zur Diskussion und damit auch die Frage, ob aus dieser Erkenntnis konstruktive Problemlösungen für unsere Zukunft abzuleiten sind.

Im jetzigen Stadium der Evolution der Menschheit stehen wir

---

[1] Die Gen-Forschung lässt manchmal solche Hoffnungen durchblicken – der Mensch ist jedoch nicht nur das Produkt seiner Gene.

vor ganz neuen Herausforderungen, die Chancen und Gefahren bergen. Die global waltende sozial-ökologische Destruktivität zeigt sich in Form von zunehmenden Klimakatastrophen und in großen Gegensätzen von Verschwendung und Verelendung. Bei vielen Menschen sind die Zukunftsphantasien mit Verunsicherung und Ängsten verbunden. Die Gewissheit »Ich bin etwas!« geht bei immer mehr Menschen über in die Fragen »Wer bin ich?« und »Wer könnte ich sein?« – »Lebe ich sinnvoll?« Jetzt, da die äußeren Ressourcen auf unserer Erde knapp zu werden beginnen, sollten wir unsere inneren Ressourcen – mehr als bisher – entdecken und entfalten. Es kommt dabei auf jeden Einzelnen an, zumal die Wege des Übergangs wohl keine glatten, bequemen Straßen sein werden. Ein einzelner Mensch kann die globale Gefährdung nicht abwenden, aber ohne den Beitrag vieler kann nichts erfolgreich sein. Insbesondere in Phasen der Instabilität eines Systems können kleine Ursachen große Wirkungen haben. Darum ist gerade jetzt jeder Einzelne von großer Bedeutung für die Zukunft des Ganzen.

»Vier Elemente, innig gesellt,
bilden das Leben, bauen die Welt.«
(Schiller)

Spezielle Einführung: Die Landschaften der Seele – Blühende Gärten oder Steppe?

Das schöne alte Wort Seele (z. B. Jüttemann 2004, S. 134; Jun 1994b) ist zurückgekehrt. Es war von den so genannten exakten Wissenschaften, zu denen sich auch die akademische Psychologie gern zählen möchte, für längere Zeit aus dem offiziellen Begriffsvokabular verbannt – bis man schließlich von einer »Psychologie ohne Psyche« sprach. Ähnlich erging es dem eigentlich unentbehrlichen alten Begriff Charakter. Es sollte nur noch die »Persönlichkeit« geben. Also eine »charakterlose Psychologie«? Die Künste, die Psychoanalyse und auch die tägliche Umgangssprache haben die Abschaffung des Charakters in unserem Kulturkreis nicht mitgemacht (König 1993, 2005). Bei Gehirnsektionen wird man die Seele nicht finden und schon gar nicht exakt vermessen können. Und trotzdem ist sie das, was unsere eigene Erlebnis- und Gedankenwelt im Innersten zusammenhält.

Unter dem Charakter eines Menschen verstehen wir die individuellen Besonderheiten der ihn in typischer Weise kennzeichnenden Wesensmerkmale, die individuell-spezifischen Eigenschaften und Verhaltensqualitäten seiner Persönlichkeit, seine Eigenart zu fühlen, zu denken und zu handeln – immer in einer Wechselwirkung mit Umweltbedingungen. Aber wir kennen wiederum auch die Tatsache, dass ähnliche Umweltbedingungen von einzelnen Menschen ganz unterschiedlich erlebt werden können. Welche Wesenskräfte wirken da?

Aus der Antike kennen wir die alte Lehre der vier Temperamente. Sie ist zwar zwischenzeitlich nie geleugnet, aber in wesentlichen Bereichen zeitweilig doch vernachlässigt und ausgeblendet worden. Es ist interessant und bemerkenswert, dass aus dem Bereich der Psychoanalyse/Tiefenpsychologie im 20. Jahrhundert wieder ein Vierermodell hervorgegangen ist (Riemann 1975, 2003; weiterentwickelt von König 1993, 2005). Dieses Konzept hat sich in der psychotherapeutischen/psychologischen Praxis, auch über den Bereich der Psychoanalyse hinaus, außerordentlich bewährt (z.B. Barth u. Bierhoff 1989; Schulz von Thun 2007; Stoffels 2001; Kurz 1995; Zsok 2000).

Aber: »Wohin kann man therapieren ohne gültige Persönlichkeitstheorie?« fragte der Psychologe Klix (1981). Dieses Defizit wurde auf einer interdisziplinären Tagung wieder einmal durch eine Anfrage des Volkswirtschaftlers Witt (2002) aktualisiert: »Wie soll sich ein Ökonom mit seinem Menschenbild vom ›homo oeconomicus‹ mit einem Psychologen verständigen, der mit 50 Persönlichkeitstheorien hantiert?« (Freundel 2002). Es gibt kein verbindliches Individualkonzept, welches das bisher Bekannte und Bewährte integriert. Es fehlt die Synthese. Die Praktiker haben die Auswahl in einer weiträumigen Beliebigkeit.

In der Einführung zu ihrem »Handbuch der Kompetenzmessung« stellen Erpenbeck und von Rosenstiel (2003, S. XXVII) fest: »Insbesondere die Anzahl charakterologischer Eigenschafts- und Fähigkeitsbegriffe ist Legion und nur unter klaren Ordnungsprinzipien zu bändigen« (Jun 1987, 1989, 1994b). Im pädagogischen Bereich hatte Weinberg (2000, S. 28) aus dem Konzept von Jun die Wertehierarchie (Abb. 2a) in seine »Einführung in das Studium der Erwachsenenbildung« aufgenommen.

Kennen oder erahnen Sie die Landschaften Ihrer persönlichen Innenwelt? In welchen Gegenden ist vieles blühend entfaltet und wo sind die noch ungenutzten Reserven? Für die Antworten auf diese Fragen zum Wirklichen fehlt uns aber eine Landkarte des Möglichen, auf der wir dann Soll und Haben, Sein und Werden immer wieder einmal für uns ganz persönlich bilanzieren können, lebenslang. Wohlwollend-kritische, also wirklich gute Freunde können dabei helfen (ggf. auch andere Menschen, z. B. Psychotherapeuten) – oder auch die Dichter, die bisher die besten Kenner der Menschenseele sind. Schon 1669 meinte Pascal: »Es ist gefährlich, den Menschen zu deutlich sehen zu lassen, wie sehr er den Tieren gleicht, ohne ihm seine Größe zu zeigen. Es ist weiter gefährlich, ihn zu sehr seine Größe sehen zu lassen ohne seine Nied-

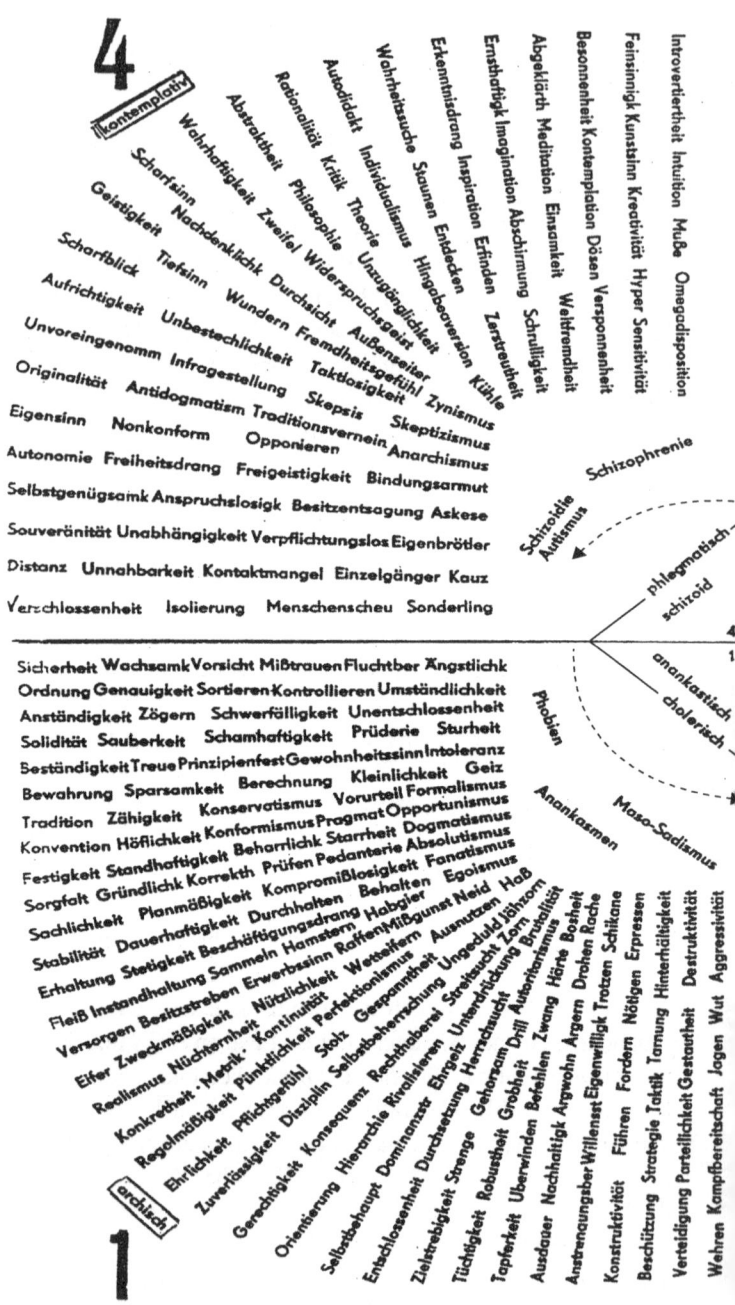

Abb. 1: Die vier bipolaren Potenziale der psychischen Grundstruktur

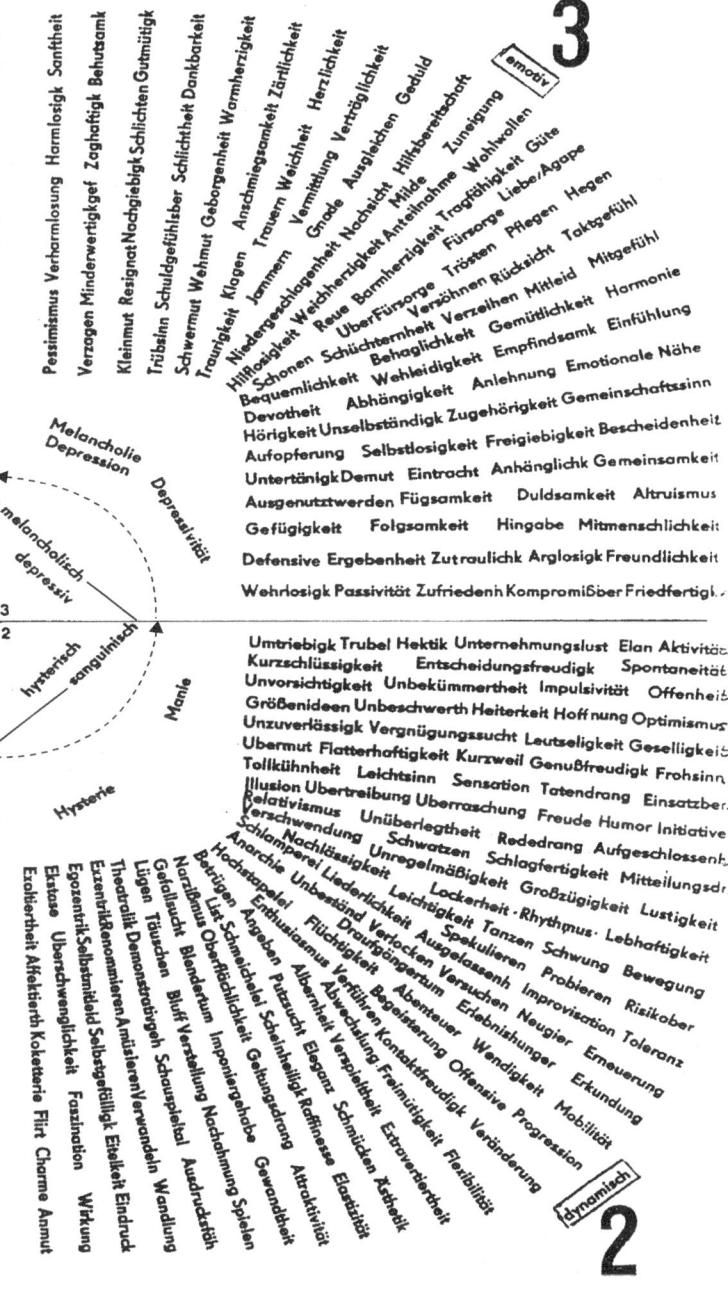

rigkeit. Noch gefährlicher ist es, ihn beides nicht wissen zu lassen. Aber es ist sehr vorteilhaft, ihm beides vor Augen zu stellen« (1975, S. 64).

Für die Einheit in der Mannigfaltigkeit stelle ich Ihnen mit der Abbildung 1 eine Landkarte des Möglichen vor. Sie ist als Strukturmodell der Kern, das Entfaltungszentrum des ganzen Konzepts. Diese Abbildung enthält vier Potenziale (Möglichkeitsfelder) der psychischen Grundstruktur mit Verhaltensbereitschaften für Handlungen und Haltungen (Strebungen): Im äußeren Ring finden sich die sozial-positiven Verhaltenspotenzen, mehr nach innen ergibt sich ein Spektrum von der Normal- zur Pathopsychologie. Innen ist eine Zuordnung zu den vier Temperamenten (cholerisch, sanguinisch, melancholisch, phlegmatisch) und zu den vier Strukturanteilen des Psychischen aus der Tiefenpsychologie (anankas-

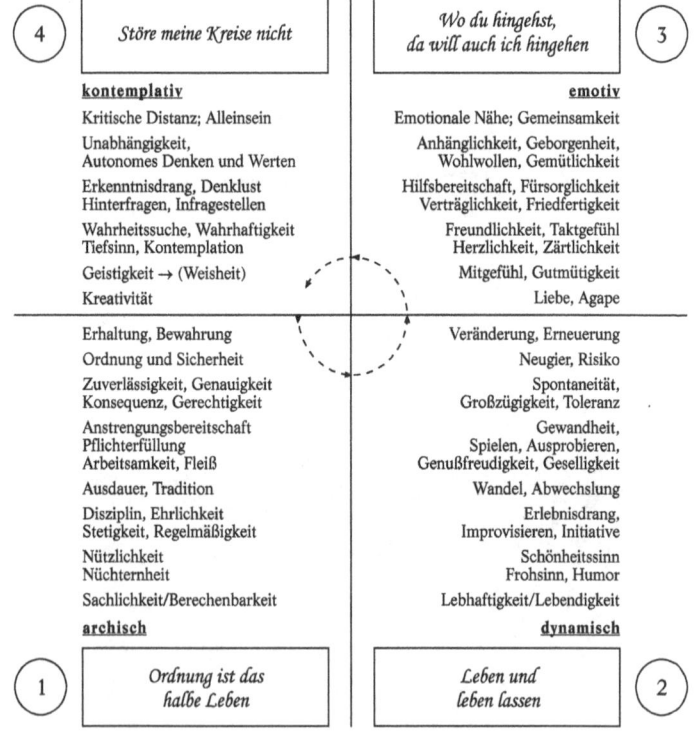

Abb. 2a: Positive Entfaltungs- und Verhaltensmöglichkeiten

tisch/zwanghaft, hysterisch, depressiv, schizoid) verzeichnet. Jedes einzelne Potenzial trägt einen wertneutralen Oberbegriff: archisch – dynamisch – emotiv – kontemplativ.

Betrachten Sie diese große Potenzialübersicht nicht allzu lange, sonst könnten Sie vielleicht entmutigt werden, und wir sind doch erst am Anfang unserer Reise. Sehen wir uns jetzt eine Kurzfassung an (Abb. 2a und 2b).

Wer für die Selbsterkenntnis aufgeschlossen ist, könnte sich fragen: Welches Potenzial ist bei mir selbst wohl das wesensmäßig stärkste, das schwächste (individuelle Potenzialhierarchie)? Inwieweit lebe ich in meiner Umwelt in Übereinstimmung mit meinen persönlichen Bedürfnissen und Werten, in Übereinstimmung mit mir selbst oder auch nicht. Welche potenziellen Ressourcen könnte ich haben? (Abb. 2a; s. auch Schmid 2007, S. 81).

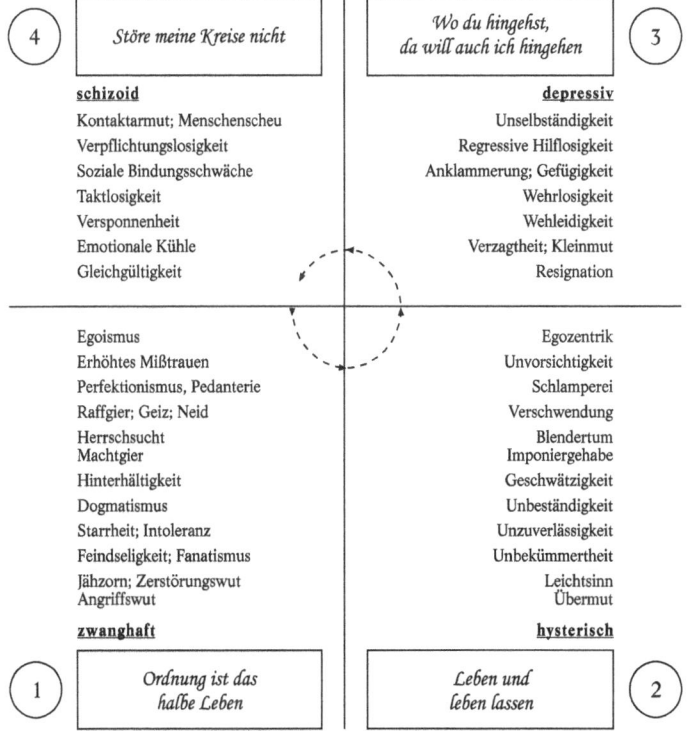

Abb. 2b: Psychosozial negative Entfaltungs- und Verhaltensmöglichkeiten

Wer die weit verbreiteten Bücher von Riemann (Grundformen der Angst; 1975, 2003) und von König (Kleine psychoanalytische Charakterkunde; 1993, 2005) kennt, dem wird jetzt einiges bekannt vorkommen. Wenn Sie sich zunächst in die Abbildung 2a vertiefen (angefangen bei 1 links unten und dann im Kreis spiralförmig aufsteigend), so werden Sie schon etwas von Ihrer eigenen bevorzugten Werteorientierung aufscheinen sehen: Stellen Sie für sich ganz spontan-intuitiv eine individuelle Reihenfolge in der gegenwärtigen Wertschätzung der einzelnen Möglichkeitsfelder fest. Die den Potenzialen zugeordneten Maximen – »Ordnung ist das halbe Leben«; »Leben und Leben lassen«; »Wo du hingehst, da will auch ich hingehen«; »Störe meine Kreise nicht« – werden für Sie persönlich Erkenntnishilfen sein. Zur weiteren Einstimmung auf unsere Seelenreise soll nun noch Folgendes vorangestellt werden (Abb. 3).

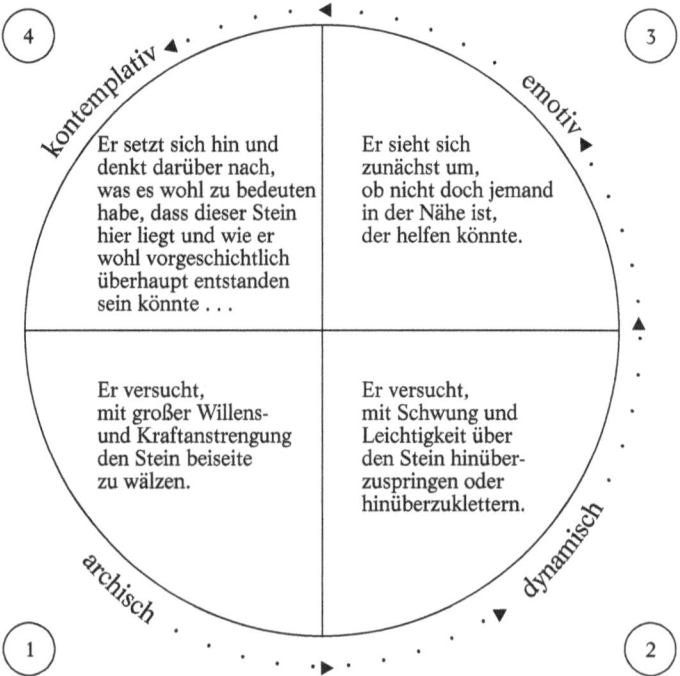

Abb. 3: Die alte Legende vom einsamen Wanderer auf einem schmalen Gebirgsweg, der sich plötzlich durch einen großen Stein im Weg am Weiterkommen gehindert sieht.

Mit dem in diesem Buch beschriebenen integralen Individualkonzept wird keine weitere neue Typologie vorgestellt. Es ist eher eine Anti-Typologie, da nicht der so genannte »reine Typus«, sondern die Vielfalt der individuellen Mischungen die Grundannahme bildet. Sowohl die Einmaligkeit psychischer Individualität als auch die vorhandene Mannigfaltigkeit wird aus folgendem *Prinzip* abgeleitet: Jeder Mensch verfügt über alle vier Potenziale, aber in einem unterschiedlichen Mischungsverhältnis; mit jeweils unterschiedlichen umweltabhängigen Entwicklungsgraden und Entfaltungswerten.

Die einzelnen Potenziale, genauer: die in ihnen entfalteten Anteile, koexistieren, rivalisieren, kooperieren, koalieren und kompensieren einander (s. Abb. 1) als »innere Pluralität« und »inneres Team« nach Schulz von Thun, der auf dieses integrale Konzept hingewiesen hat (1999, Bd. 3, S. 266, S. 330).

Für unsere gemeinsame Innenweltreise wollen wir nun für die Durchsicht in der Vielfalt zunächst die einzelnen seelischen Kontinente nacheinander aufsuchen – mit der symbolischen Frage: Wo sind hier fruchtbare Landschaften und wo ist Steppe oder Wüste?

In der Alltagspsychologie hätten wir uns konkret jeweils einen Menschen vorzustellen, bei dem das beschriebene Potenzial akzentuiert-dominant verhaltensbestimmend entfaltet ist. Die sozial-positiven Entwicklungspotenzen (Abb. 1, äußerer Ring) werden um so chancenreicher zur Entfaltung kommen, je mehr auch die anderen Potenziale (oder Anteile daraus) ergänzend verhaltenswirksam werden können (innere Komplementarität). Sind diese inneren Ressourcen nur schwach entwickelt, dann können wir die mehr oder weniger seelisch defizitären Charaktere erkennen. Der Hirnforscher Hüther (2004, S. 83) beschreibt »Installationsdefizite« in seinem originellen Buch »Bedienungsanleitung für ein menschliches Gehirn«.

Selbsterziehung setzt Selbsterkenntnis voraus. Vielleicht können auf einer vernachlässigten Brachlandschaft aber durch gute Pflege auch wieder blühende Gärten entstehen, zumindest einige Blumen wachsen und sich vermehren ...

Wenn sich jedes einzelne der vier Potenziale in seiner Besonderheit in ausgewogener Balance als ein Teil des Ganzen, der ganzen Seele, entfalten kann, dann schenkt es uns in dieser globalen Integration seine allerbesten spezifischen Werte (Abb. 1, äußerer Ring).

Es ist zu fragen: Welche Umwelt stimuliert, eskaliert, manipuliert bzw. frustriert, negiert, nivelliert welche psychischen Bedürfnisse? Oder auch: Welche Fähigkeiten (Charakter- und Verhaltensqualitäten) werden wo, wann, von wem, warum, wie bewertet?

Wenn auch individuell unterschiedlich, aber generell sind in uns Menschen bessere Möglichkeiten angelegt, als die Wirklichkeit einer forcierten Konkurrenzgesellschaft benötigt und herausfordert. »Wege zum Gleichgewicht. Ein Marshallplan für die Erde« hieß 1992 ein hoffnungsvoller Buchtitel von Al Gore. Sollte das gegenwärtige sozial-ökologische Ungleichgewicht auf unserer Erde in Beziehung zum Ungleichgewicht in der Entwicklung unserer Seelenkontinente stehen? Beginnen wir unsere Forschungsreise mit dieser Frage und der Ahnung: Umweltbewusstsein braucht Innenweltbewusstsein.

Die vier Potenziale der psychischen Grundstruktur:
Die evolutionäre Einheit der Gegensätze

Abb. 4: Die Schmiede (Francisco de Goya)

»Allen Gewalten zum Trutz sich erhalten, nimmer sich beugen,
kräftig sich zeigen, rufet die Arme der Götter herbei.«
(Goethe)

(1) Das Archische: Ordnung ist das halbe Leben

Bedürfnisse, Fähigkeiten, Aversionen und Abwehrmechanismen

Das stärkste Prinzip der Evolution, gewissermaßen das Urprinzip, ist das der Erhaltung. Wäre es nicht so, dann gäbe es heute kein Leben. Das Lebendige hätte sich in der Evolution nicht erhalten. Und auch der Mensch, die so genannte »Krone der Schöpfung«, das zoon politikon, würde nicht denkend, fühlend und handelnd mit der stolzen Selbstbezeichnung »Homo sapiens« aufrecht über unsere schöne Erde gehen.»Grundlage aller Ordnung in der Natur sind die Erhaltungsgesetze« (Jonas 1984, S. 62).Was jedoch wo, wann und wie, in welcher Existenzform erhalten bleiben wird, gehört mit zum Offensein, zur Ungewissheit der Zukunft.

Nach Anaximander von Milet (Irrlitz 1992, S. 37) bedeutet »arche« soviel wie Urstoff. Das Anarchische, die Anarchie ist uns als die Negation des Archischen geläufig. Zum Archischen mit den Grundstrebungen des Bewahrens und Erhaltens können wir auch – rein sprachlich – den Mythos von der Arche Noah assoziieren: Aufheben, Erhalten und Bewahren des Lebendigen. Wenn wir uns jetzt im Einzelnen dem psychischen Potenzial der Erhaltung, dem Archischen, dem ersten Möglichkeitsfeld in der menschlichen Seele zuwenden, so würden wir jedoch die Dialektik des Lebendigen vernachlässigen, wenn wir nicht auch gleich zu Anfang das antithetisch-komplementäre Gegenprinzip des Archischen in unser Blickfeld rücken würden: das Dynamische (Potenzial 2), das Streben nach Veränderung und Erneuerung. Ohne dieses hätte es – neben dem obersten Prinzip der Erhaltung – keine Weiter- und Höherentwicklung des Lebendigen gegeben. Das Sein ist aufgehoben im Werden.

Das Archische und das Dynamische, die in ihrem Kern alten Möglichkeitsfelder, sind die beiden Basispotenziale des Psychischen, die in ihrer spezifischen Wirkungspotenz – jedes in seiner eigenen Qualität und zusammen mit dem gegenteilig Anderen – das dialektisch-komplementäre Entwicklungsprinzip verkörpern: Einheit und Kampf der Gegensätze. Das Streben nach Erhaltung steht im Widerstreit mit seinem Gegenteil, dem Streben nach Veränderung, Erneuerung. Symbolisch könnten wir auch sagen: Das erste Potenzial verhindert das Chaos, das zweite die Erstarrung.

Eine Ordnung, die auch Bewegung in sich zulässt, ist eine dynamische, prozesshafte, lebendige, entwicklungsfähige Ordnung. Die hier beschriebenen Relationen sind mit der interdisziplinär orientierten, so genannten Chaos-Theorie kompatibel (Gross, 1991; Kriz, 1997). Vergegenwärtigen wir uns noch einmal die Bedürfnisstrukturen der beiden komplementären Basispotenziale. Es rivalisieren miteinander (»Zwei Seelen, ach, in meiner Brust!«) jeweils das Bedürfnis nach:

Erhaltung (Potenzial 1)	und	*Veränderung* (Potenzial 2),
Sicherheit (Potenzial 1)	und	*Risiko* (Potenzial 2),
Stabilität (Potenzial 1)	und	*Flexibilität* (Potenzial 2),
Statik (Potenzial 1)	und	*Dynamik* (Potenzial 2).

Als dialektisch-komplementäres Wirkprinzip resultieren Tendenzen zum ordnenden Bewahren des bewährten Alten mit der Bereitschaft zur Veränderung, zur dialektischen Aneignung des Neuen. Und so ergibt sich jener Vorgang, den wir auch Entwicklung nennen.

Im Folgenden werden wir zunächst Betrachtungen dazu anstellen, welch großes Möglichkeitsfeld mit dem ersten Potenzial des Psychischen – als Ergebnis der Evolution des Lebendigen – in der seelischen Innenwelt eines jeden Menschen den äußeren und entscheidenden Wirkungskomponenten der Umwelt zur Verfügung steht, die als sozial-gesellschaftliche Einwirkung von außen die inneren Potenzen zur Entfaltung bringt und zu Wirklichkeiten werden lässt (Ko-Determination). So kommen wir nun von der vertikalen Sicht des evolutiven Gewordenseins[2] zu der mehr horizontalen Betrachtung dessen, was wir als interessante Mannigfaltigkeit in den Charakteren der Jetzt-Menschen beobachten können

---

2 Tembrock spricht von der Hologenese, die Phylogenese und Ontogenese umfasst (1982b; Meyer-Abich 1988, S. 91).

und damit zunächst im engeren Sinne zu dem Charakter, der das erste Potenzial des Psychischen besonders stark entwickelt, besonders akzentuiert (vgl. Leonhard 1968) entfaltet hat.

Gerade bei der Erkundung des archischen Potenzials haben wir uns damit vertraut zu machen, dass es eine ganz erstaunliche ambivalente Gegensätzlichkeit oder auch Bipolarität in den Realisierungstendenzen gibt (vgl. Abb. 1, innen vs. außen): eine große Breite zwischen den möglichen sozial mehr positiv und/oder mehr negativ wirkenden Verhaltenspotenzen. Gleich zu Anfang sei eine im zwischenmenschlichen Zusammenleben besonders bedeutsame Verhaltensqualität hervorgehoben: die Zuverlässigkeit. An dem grundsätzlich positiven Wert dieser Verhaltenspotenz gibt es wohl keinen Zweifel. Ist nicht sogar diese Eigenschaft überhaupt eine wesentliche Voraussetzung für eine dauerhafte Freundschaft? Wer kann ein guter Freund sein, wenn er nicht zuverlässig ist?

Folgende Leitsätze sind typische Lebensprinzipien des archischen Menschen: Ordnung ist das halbe Leben. Was recht ist, muss recht bleiben. Vertrauen ist gut, Kontrolle ist besser. Auge um Auge, Zahn um Zahn. Wissen ist Macht. Der Wille kann Berge versetzen. Hammer oder Amboss sein. Entweder – oder.

Im Allgemeinen ist der archische Mensch ein Willens- und Prinzipienmensch. Wir können uns auf ihn verlassen. Was er einmal als recht und gültig erkannt hat, daran hält er lange fest, auch am Vorurteil. Erhaltung und Bewahrung, Stabilität und Dauerhaftigkeit gehören zu seinen Grundstrebungen, weiterhin die Verhaltenstendenzen zu Sicherheit und Ordnung. Realitätsbedürfnis und Realitätsbezug sind bei diesen Persönlichkeiten stark ausgeprägt, bezogen auf das real Gültige, Nützliche und Machbare. Auch das Streben nach Sachlichkeit, Konkretheit, Eindeutigkeit[3], Solidität, Beständigkeit und Verlässlichkeit bringt wesentliche soziale Werte in die Ordnung des zwischenmenschlichen Zusammenlebens ein.

Das Informationsbedürfnis erstreckt sich bei diesen Charakteren insbesondere auf die Orientierung darüber, was ist und was

---

3 Aus dieser Tendenz resultiert allerdings ein spezifisch-bedeutsamer Nachteil: Die im Leben auch vorhandenen Zwei- und Mehrdeutigkeiten werden durch selektive Wahrnehmung (Abspaltung) zu irrealen Eindeutigkeiten zurechtgestutzt. Eine verminderte Ambivalenzfähigkeit mit Realitätsverfälschungen ist die Folge.

gilt, was zur Zeit offizielle Gültigkeit hat. Opportunisten stellen sich bevorzugt auf die Seite der Macht, der aktuellen oder der vermuteten zukünftigen Machthaber: entweder mit der Erwartung auf Teilhabe an der Macht oder mit der Hoffnung auf den Schutz durch die Macht. Das kann bis zur »Identifikation mit dem Aggressor« (A. Freud 1975) führen. Die Anpassungsbereitschaft zielt vordergründig auf das, was gegenwärtig, schon immer und wahrscheinlich weiterhin den anerkannten Normen und den gültigen Konventionen entspricht. Hier schließt sich auch die Neigung zum Konservativen, zur Traditionsverbundenheit an. Wir erkennen in dieser Tendenz ohne Weiteres die Wertigkeit im Streben nach dem Erhalten und Bewahren dessen, was aufhebenswert ist. Und dabei wissen wir auch, dass diese Verhaltenspotenz in ihren sozialen Auswirkungen nur so lange positiv ist, wie sie nicht zum Vorurteil, zur Starrheit, zum Dogma, zur einseitigen Ausprägung neigt.

Für den Charakter des »Ordnungsmenschen« hat alles Gesetzliche, alles Verordnete und Angeordnete, alles schriftlich Festgelegte eine absolute Verbindlichkeit. Das kann wegen der damit zusammenhängenden Zuverlässigkeit positiv gewertet werden. Doch denken wir auch hier an den Januskopf: Wenn es – bei einer zu gering ausgeprägten eigenständigen Verantwortungsbereitschaft, bei einem generellen Misstrauen gegen Veränderungen und alles Neue und bei einem zu gering ausgebildeten Bewusstsein der Relativität alles Gültigen und alles Lebendigen – zu einer verabsolutierten Überbewertung des Formalen kommt, können Befehle von oben, Anweisung, Paragraph und Statistik wichtiger werden als das Leben, das Formular wichtiger als der Mensch. Denken wir an die Charakterhaltung des Bürokraten. Fremdbestimmung von außen (Anweisungen befolgen, Befehle ausführen) ist in Übereinstimmung mit den Bedürfnissen des archischen Potenzials eine zweifelhaft »normale« Lebenshaltung, die als Seelenträgheit ohne inneren Widerspruch mit dem Selbsterhaltungstrieb korrespondiert. Verantwortung haben dann nur die anderen, die »da oben«. Man »funktioniert« ohne eigene Meinungsbildung, ohne Skrupel, wie im Räderwerk eines Apparates.

Wie weit die menschliche Gehorsamsbereitschaft – auch ohne Furcht vor Repressalien, nicht nur in Diktaturen und im Krieg – durch eine unkritische Autoritätsgläubigkeit manipulierbar ist, hat der US-amerikanische Sozialpsychologe Stanley Milgram (1974) mit seinen weithin bekannt gewordenen Experimenten gezeigt: Die Mehrheit der Versuchspersonen aus der durchschnittlichen Bevölkerung ließ sich dazu instrumentalisieren, unter der Vorgabe wichtiger wissenschaftlicher Versuche anderen Menschen Schmerzen zuzufügen. Milgram hat diese Vorgänge in seinem Buch eindrucksvoll beschrieben. Wer es nicht kennt, sollte es lesen. Die gleiche Empfehlung gilt für das Buch »Studien zum autoritären Charakter« von Adorno aus dem Jahr 1973.

Damit kein Missverständnis entsteht: Nur die generalisierte unkritische Gehorsamsbereitschaft als Lebenshaltung wird hier in Frage gestellt (»Meine Schuld ist mein Gehorsam«, Bruder Eichmann; in Kipphardt 2002, S. 109). Es gibt in Teilbereichen des Lebens auch eine Art des Gehorsams, die notwendig, gerechtfertigt und sinnvoll ist: zum Beispiel für ein Operationsteam in der Chirurgie, wo schnelle Entscheidungen des Hauptverantwortlichen zu treffen und ohne Diskussion und demokratische Abstimmung zu befolgen sind; bei der Feuerwehr oder auf einem Schiff, insbesondere in Katastrophensituationen. Aber auch in diesen ist die Verantwortlichkeit des Einzelnen nicht aufgehoben.

Weitere Prädispositionen zu Verhaltenstendenzen aus dem ersten Potenzial sind Fleiß, Gründlichkeit, Arbeitsamkeit, Genauigkeit, Rechtschaffenheit, Pünktlichkeit, Disziplin, Anstrengungsbereitschaft, Sauberkeit und Redlichkeit. Der große Lebenskreis der Arbeit, das gesellschaftliche »Reich der Notwendigkeit«, kann ohne diese menschlichen Eigenschaften nicht stabil funktionieren, nicht aufrecht erhalten werden. Menschen mit dieser Charakterstruktur sind meist auch in ihrer Lebenseinstellung tüchtig, tapfer, zielstrebig, ausdauernd, willensbetont und durchsetzungsfähig, insbesondere wenn in diesem Potenzial das cholerische Temperament die Neigung zum Ängstlichen übertrifft.

Wenn sich archische Persönlichkeiten mit dieser Wesensart für Schwächere einsetzen, so sind sie ideale Beschützer, als Rivalen jedoch verständlicherweise gefürchtete Gegner. Ihr Bedürfnis nach Ordnung und »klaren Verhältnissen« disponiert sie auch zu hierarchischem (hier-archischem) Verhalten. Hierzu können wir im Alltag des zwischenmenschlichen Zusammenlebens viele bemerkenswerte, auch mikropsychologische Beobachtungen machen.

Selbstbeherrschung, Ordnung, Ehrlichkeit, Konsequenz, Willensstärke, Ehrgeiz, Pflichttreue und Disziplin werden von diesen Menschen als spezifische Tugenden bejaht und gelebt. Sehr deutlich ist bei diesen Charakteren eine Tendenz zum Praktischen, zur nüchternen Zweckmäßigkeit und konkreten Nützlichkeit (Utilitarismus) zu bemerken: Homo oeconomicus, Homo faber. Sie sind die typischen Pragmatiker, die Macher. Und da sie als akzentuierte Charaktere – im Vergleich zu anderen Persönlichkeiten – relativ phantasiearm und humorlos sind, haben wir überhaupt einen emotional recht nüchternen Menschen vor uns, insbesondere, wenn das zweite und dritte psychische Potenzial im Rahmen der Gesamtpersönlichkeit nur mangelhaft entfaltet sind.

Es scheint so, als ob das phylogenetisch alte archische Möglichkeitsfeld mit dem cholerischen Temperament auch mit einem starken Energie-Potenzial korreliert. Wir haben also »energische Persönlichkeiten« vor uns. Diese Menschen stehen normalerweise unter einer permanenten höheren affektiven Antriebsspannung, die zum aktiven Tätigsein disponiert. Bei mangelhaftem Ausagieren, aber auch bei angestauten Frustrationen (z. B. durch Bedürfnisversagungen, mangelnde Erfolge bei erhöhtem Ehrgeiz oder andere ärgerliche, enttäuschende Erlebnisse) kann es auch zur affektiven Gestautheit kommen, die sich dann in Jähzornsausbrüchen entlädt. Bleiben diese Entladungen aus, beispielsweise durch eine längerfristig bestehende große Angst, immer wieder unterdrückte Wut und auch durch ein verringertes körperliches Tätigsein, so kann sich die nervöse Spannung auf innere Organe übertragen, pathologische Funktionsstörungen und psychische Fehlentwicklungen bedingen (Zwangscharaktere).

Wenn diese Persönlichkeiten – häufiger als andere – im Allgemeinen in ihrer Umgebung gern Ordnung halten und Ordnung schaffen, dann ist zu beobachten, dass diese Verhaltenspotenz sich doch recht unterschiedlich realisiert. Von einer zwanghaften, pedantischen, starren Ordnung bis zu einer sinnvollen und zweckmäßigen Anordnung der Dinge um uns herum gibt es verschiedene Varianten. Wenn wir an Albert Einstein denken: Die innere Ordnung in der Wissenschaft hielt er für viel wesentlicher als die Ordnung in seinem äußerlichen Alltagsleben.

Überbewerten wir nicht manchmal eine formale Ordnung der

äußeren Dinge, und unterschätzen wir nicht zu oft das Ordnen unserer Gedanken? Eine sinnvolle Ordnung kann in sich durchaus auch teilweise eine »schöpferische Unordnung« zulassen, beispielsweise in einem Arbeitszimmer. Bei einer nicht nur oberflächlichen Betrachtung dieser Zusammenhänge wird der landläufig-kleinbürgerliche, starre Ordnungsbegriff natürlich etwas relativiert. Aber:

> »Gebraucht die Zeit, sie geht so schnell von hinnen, doch Ordnung lehrt Euch Zeit gewinnen« (Goethe, Faust I).

Zum ersten Potenzial gehören verschiedene Emotionen, oder besser Affekte (als starke, stürmische, gröbere Emotionen):
- einerseits das im Dienst der Selbsterhaltung stehende Phänomen der Angst: »Angst gehört zur Gruppe der phylogenetisch alten Lebensschutzinstinkte. Wir sprechen von Angst, wenn das Objekt des Unbehagens nicht bewusst ist oder wenn keine Möglichkeit besteht, die Gefahr abzuwenden. Furcht dagegen bedeutet, dass der Mensch das Gefahrenmoment erkennt und auch Wege zur Abwehr sucht« (Göllnitz 1977, S. 296).
- andererseits das Cholerische mit Zorn, Wut und Hass.

Im Interesse der Erhaltung fungieren normalerweise auch Misstrauen und Argwohn (Böses wähnen, das Feindliche erkennen). Wenn auch das große archische Möglichkeitsfeld für jeden Menschen als Entfaltungsbasis zur Verfügung steht, so disponiert es doch hauptsächlich zu zwei Unterformen in den Charakterstrukturen:
- Zum einen können wir die mehr zur ängstlichen Absicherung neigende, zögernde Variante beobachten. Auch die ausgesprochen schwerfällig-umständlichen Charaktere gehören zu diesem Potenzial, viskös im Sinne von Ernst Kretschmer (1929, 1936) (s. Abb. 1, Potenzial 1, mehr links).
- Zum anderen gibt es die mehr cholerische Art, die sowohl zum Jähzorn als auch zum agonistischen (kämpferischen) Verhalten, aber auch zum »Zorn des Gerechten« disponiert: das Kämpferische als ambivalente Fähigkeit sowohl zur Verteidigung als auch zum Angriff, zur Aggression (s. Abb. 1, Potenzial 1, mehr rechts).

Es scheint so, als ob die ängstliche Variante bei Frauen, die cholerische bei Männern häufiger dominiert. Vermischungen sind je-

doch immer gegeben. Wir finden auch die elementaren Selbsterhaltungstendenzen mit der Bereitschaft zu Kampf und/oder Flucht in dem archischen Potenzial angesiedelt:
- die agonistisch/kämpferische Tendenz eher bei dem cholerischen Typ,
- die Fluchttendenz, aber auch das zögernde Vermeidungsverhalten häufiger bei den ängstlichen/phobischen Charakteren, so dass bei ihnen in bedrohlich erscheinenden Situationen mit hohem Angstanstau (als Alternative zum Kampf) eher ein Fluchtverhalten ausgelöst wird.

Beide Varianten schließen sich gegenseitig nicht aus, sondern kommen – vereint im archischen Potenzial – immer gemeinsam vor; allerdings mit einer individuellen Neigung zum Bevorzugen des einen oder des anderen Verhaltens bei Angst und Gefahr und natürlich immer in Abhängigkeit von den jeweiligen Außenbedingungen, der Art der äußeren Bedrohung.

In diesen Zusammenhängen sind auch – ans Psychopathologische grenzende – Zerrformen im menschlichen Angst-Verhalten zu beobachten. Denken wir nur an die allbekannte Tatsache, dass es erwachsene, normal intelligente Menschen (häufiger weiblichen Geschlechts) gibt, die vor kleinen Mäusen und friedlichen Spinnen eine solche Angst haben, dass sowohl das Flucht- als auch das Vermeidungsverhalten ausgelöst wird. Rational erscheint dieses Phänomen völlig paradox; und es ist durchaus nicht immer als gelernte Angst durch vorangegangene konkrete Erlebnisse zu erklären. Hier scheinen archetypische Angstphänomene, archische Urängste mit hineinzuspielen. Es ist allerdings grotesk, wenn Menschen vor harmlosen, kleinen Tieren Angst haben, aber nicht vor den möglichen Folgen ökologischer Sorglosigkeit.

Ein sinnvolles Umgehen mit der eigenen Angst zählt wohl mit zu den Grundlagen echter Lebenskunst, Angst in Qualität und Quantität. Vor echten Bedrohungen zu wenig oder keine Angst zu haben, kann ein fragwürdiger Schutzmechanismus oder auch einfach unverantwortliche Indolenz, Stumpfheit sein (Richter 1993).

Über »Die Angst unserer Kinder im Atomzeitalter« (1988) haben Renate und Gerd Biermann, beide Kinderärzte und Psychotherapeuten, im internationalen Maßstab Untersuchungen durchgeführt und beschrieben.

Das kleine Kind ist natürlicherweise zunächst ängstlich. Aus seinem Sicherheitsbedürfnis ist es veranlasst, sich ständig absichernd zu vergewissern, ob die Mutter/der Vater oder eine andere beschützende Person in seiner Nähe ist. Nur wenn es auf diese Weise sein Sicherheitsbedürfnis befriedigt hat, traut es sich auch ein die Umwelt erforschendes, exploratives Verhalten zu. Und wenn es dabei – unterstützt durch seine Neugier – positive Erfahrungen macht, dann wird eine Risikofreudigkeit für weitere und allmählich auch selbstständige Unternehmungen gestärkt, sein Aktionsradius wird sich erweitern. Das Lernen des Umgangs mit der eigenen Angst– wozu auch das Akzeptieren der Angst als Normalität, als uraltem Lebenserhaltungsinstinkt, der uns vor Gefahren warnen will, gehört – ist eine höchst verantwortungsvolle, lebenslange Aufgabe in der Erziehung und Selbsterziehung. Die innere Kultur des Umgangs mit der eigenen Angst ist außerdem für die Manipulierbarkeit des Menschen durch äußere Kräfte relevant.

Halten wir fest: Positiv erlebte Risikobereitschaft relativiert die Angst, die subjektiv ein negativer Affekt ist. Oder: Neugier und Risikofreudigkeit sind Anti-Angst-Potenzen. Mit einer komplementären Ausgewogenheit in dieser Relation kann sich dann im Prozess des sozialen Lernens erfolgreich das herausbilden, was »Mut« genannt wird. Diese Verhaltenspotenz kommt nicht nur aus einem Potenzial, sondern sie ist eine synthetische Eigenschaft aus den beiden Potenzialen 1 und 2: Risikobereitschaft auf der Basis von Absicherungspotenzen; das zweite Potenzial ohne das erste und auch ohne bewusste Wahrnehmung der Gefahr wäre lediglich Leichtsinn und kein Mut.

Insbesondere die Potenz der Kampfbereitschaft ist außerordentlich dazu geeignet, die Ambivalenz der Möglichkeiten aufzuzeigen: die Potenz für positive und negative Verwirklichung, für Chance und Gefahr. Kampfbereitschaft an sich ist primär weder »gut« noch »böse« (das »sogenannte Böse« nach Lorenz, 1981). Als solche hat sie einen neutralen Platz im Möglichkeitsfeld des archischen Potenzials. Kampfbereitschaft sollte auf keinen Fall vom Standpunkt einer realitätsfernen Lebenseinstellung als »nur böse« verkannt werden. Das würde bedeuten, den evolutionären Sinnbezug dieser Verhaltenspotenz zu leugnen. Denn: Auch Verteidigung, das Sich-Wehren und erhaltendes Beschützen, nicht nur für sich selbst, sondern auch für andere, insbesondere für Schwächere, erfordert Kampfbereitschaft.

In diesem Zusammenhang sei auf den in den Sozial- und Psycho-Wissenschaften sehr häufig gebrauchten Begriff der Aggressivität hingewiesen. Die Psychoanalytiker haben ihn sehr unterschiedlich verwendet – trotz der Bezugnahme auf das harmlose ad gredi (herangehen). In der Umgangssprache ist mit »Aggressivität« jedoch die mehr angreifende Gewaltanwendung, die konfrontative Herausforderung, der feindselige Angriff gemeint. Eine solche aggressive Potenz als Verhaltensbereitschaft, die durch Umwelteinwirkungen stimulierbar ist, gibt es auch beim Menschen – denken wir nur an die Gewaltkriminalität.

In der Kinderpsychotherapie und in der Erziehung besteht in diesen Fragen weitgehende Übereinstimmung: Als Therapie- und Erziehungsziel sehen wir eine Haltung an, die bösartige Angriffe, Brutalität und die Anwendung von aggressiver Gewalt vermeidet; die normalen Schulkind-»Rangeleien«, in denen es um die Rangordnung geht, sind hier nicht gemeint; sie dienen eher zum Ausprobieren und zum Trainieren der eigenen Kampfbereitschaft. Zum Erziehungs- und Psychotherapieziel gehört aber auch, dass wir das Kind ermutigen, sich zu wehren und zu verteidigen, wenn es angegriffen wird. Verteidigen muss nicht unbedingt Schlagen bedeuten.

Wehrlosigkeit ist also im Allgemeinen kein Erziehungsideal. Im Gegenteil: Wünschen wir nicht sogar, dass unsere Kinder die Bereitschaft zeigen, andere, insbesondere Schwächere kämpferisch zu verteidigen, wenn diese von anderen angegriffen, schlecht behandelt oder gar gequält werden? Wir wären doch wohl keineswegs erfreut, wenn unsere Kinder in solchen Situationen nicht den »Zorn der Gerechten«, sondern eine Haltung der wehrlosen Hilflosigkeit oder Gleichgültigkeit zeigten. »Kämpferischer Humanismus« ist also zweifellos ein allgemein anerkanntes Erziehungsziel. Ein Kämpfer in diesem Sinne war beispielsweise Gandhi, ein Kämpfer der Gewaltlosigkeit.

So sehen wir gerade am Beispiel der Verhaltenspotenz Kampfbereitschaft klar und deutlich die bipolare Anlage des ersten Potenzials als Möglichkeitsfeld, für deren Aktualisierungsrichtung (Aggressivität/Verteidigungsbereitschaft) jedoch mehr die Umwelteinwirkungen, also sozial-gesellschaftliche Bedingungen, ausschlaggebend sind. Die jeweilige Stärke der individuell variablen kämpferischen Potenz ist aber sehr wahrscheinlich auch genetisch-hormonell mitbedingt, was auch das Ungleichgewicht im Geschlechterverhältnis erklärt. Jungen und Männer haben eher Kampfbedürfnisse und neigen eher zu Aggressivität.

Die archischen Wesenskräfte disponieren auch mit einem stark ausgeprägten Absicherungsbedürfnis zum Anlegen von Reserven. Wahrscheinlich hängt damit auch ein spezielles Besitzstreben zusammen. Haben- und Behaltenwollen, diese als »kaptativ« und »retentiv« beschriebenen elementaren Verhaltenstendenzen ordnen sich hier ein (Schultz-Hencke 1970). Dabei will der archisch-akzentuierte Charakter nicht unbedingt mit seinen Anschaffungen glänzen, das träfe eher für hysterische Charaktere zu. Materielle Werte stellen für ihn eher eine existenzielle Rückversicherung oder auch ein Machtmittel dar. Gerade in Bezug auf das Besitzstreben wird wiederum besonders deutlich, welche große Bedeutung die Umweltstimulierung für die Entfaltungsrichtung dieses Verhaltenspotenzials hat. Erhebt eine Gesellschaft den Erwerb materiellen Besitzes glorifizierend zum Sinn des Daseins überhaupt, so können die Bedürfnis- und Wunschwelt aus diesem Potenzial ins Grenzenlose wachsen: Besitzstreben, Habgier und rücksichtsloses Profitstreben wurden und werden als »Freiheit des Tüchtigen« deklariert (Fromm 1981/1996).

Im familiär-sozialen Lebensraum spielt natürlich auch für die Ausprägung von Einstellungen und Haltungen zu Besitzfragen die Kindererziehung eine ganz entscheidende Rolle. Und auch hier sind es nicht so sehr die formalen Belehrungen und die verbal verkündeten Lebensparolen der Eltern, sondern vielmehr ihr konkretes Handeln und Verhalten in allen Plan- und Spontansituationen, die mit Besitzfragen zu tun haben.

Aus dem ersten Potenzial heraus hat sich auch ein ganzes Gefühlskonglomerat zum Begriff »Ehre« entwickelt: Ehrlichkeit, Ehrensache, Ehrenhaftigkeit, Ehrbarkeit, Ehrfurcht, Ehrerbietung, Ehrenmal, Ehrenrettung, Ehrwürden, Ehrenwort, Ehrenrecht, Ehrenname, Ehrentitel, Ehrenzeichen, Ehrentag, Ehrenkodex, Ehrenamt, Ehrenbürger, Ehrenkranz, Ehrenkrone, Ehrgeiz, Ehrlosigkeit, Ehrenkränkung, Ehrabschneider, Ehrenrührigkeit und überhaupt: das Ehrgefühl. Dieses Gefühl hat in seiner sozialen Wirkung etwas mit der Achtung durch andere, aber auch mit der Selbstachtung zu tun. Wer andere ehren und achten soll, muss auch das Geachtet-Werden an sich selbst erlebt haben und sich selbst achten. Aber auch gegenwärtig gibt es noch kulturell-familiär tradierte »Ehrenmorde«. Sorgen wir dafür, dass jede »Ehrensache«[4] auch wirklich immer einen ehrenwerten Inhalt hat.

Eine besondere Bereitschaft zur konventionellen Normanpassung ist auch gemeint, wenn wir von einem Menschen sagen, dass er die Verhaltenspotenzen der Höflichkeit, Sittsamkeit und Bravheit realisiert. Das Wort Höflichkeit leitet sich davon ab, wie man sich »bei Hofe« verhält. Die Sitten und Bräuche, die Normen und Werte der jeweiligen konkret-historischen Epoche, des jeweiligen Kulturraumes bestimmen, was die Inhalte von Höflichkeit und gutem Benehmen sind, auch wenn es dafür keine eigentlichen Gesetzbücher gibt.

Eigene Erfahrungen – und auch die Mitteilungen anderer Autoren – sprechen für die Annahme eines zusätzlich zur rational-kognitiven Ebene in der menschlichen Psyche mehr oder weniger stark angelegten Gerechtigkeitsgefühls. Tatsächlich können wir im Verhalten von geistig behinderten Menschen emotionale Reaktionen aus dem subjektiven Gerechtigkeitserleben sehr deutlich beobachten.

Rost beschreibt in seinem Buch »Gefühle« mit Bezugnahme auf Trivers (1971), wie sich in der Evolution beim Übergang von isolierter Einzeljagd zur kooperativen Gruppenjagd im Zusammenhang mit dem gerechten Aufteilen der Beute ein »emotionaler Gerechtigkeitssinn« herausgebildet haben könnte (1987, S. 171).

Die grundsätzlich positive Valenz und die auch ethisch große Bedeutung des Gerechtigkeitsgefühls im Zusammenleben einzelner Menschen und Völker braucht wohl nicht grundsätzlich erläutert zu werden.

Beim Thema »Gerechtigkeit« sei auf Schopenhauer hingewiesen, der sich mit dem von der Natur angelegten menschlichen Gerechtigkeitsgefühl in seinen Betrachtungen zur »Grundlage der

---

4 »Unsere Ehre heißt Treue« war ein Motto der deutschen SS im Hitler-Faschismus.

Moral« intensiv auseinandergesetzt hat. Er formulierte: »Aus der Gerechtigkeit und Menschenliebe fließen sämtliche Tugenden, daher sind jene die Kardinaltugenden, mit deren Ableitung der Grundstein der Ethik gelegt ist. – Gerechtigkeit ist der ganze ethische Inhalt des Alten Testaments, und Menschenliebe der des Neuen« (1999, S. 348).

Die dem ersten Potenzial zugehörigen *Ängste und Aversionen* beziehen sich in vielfältigen realen Lebenssituationen vor allem auf Umweltanforderungen, die in erhöhtem Maße eine Veränderungs-, Umstellungs-, Erneuerungsbereitschaft verlangen (s. Abb. 9). Das Gefühl, in einer dauerhaft beständigen, festgelegten Ordnung zu leben, kommt dem großen Sicherheitsbedürfnis dieser Charaktere entgegen. Die gegenwärtige Forderung nach dem »flexiblen Menschen« (Sennet 1998) ist für sie eine Überforderung, wie überhaupt in Zeiten allgemeiner Verunsicherung die Verhaltensbereitschaften des ersten Potenzials, Angst und auch Aggressivität (z. B. Mobbing), stimuliert werden. Die französische Psychoanalytikerin Hirigoyen schrieb zu diesem Thema das Buch »Die Masken der Niedertracht. Seelische Gewalt im Alltag« (1999).

Als spezifische *Abwehrmechanismen* (Wahrnehmungs- und Erlebnisabwehr, Selbsttäuschungsbereitschaften) des ersten Potenzials werden genannt:

- *Leugnung, Ignorierung*: etwas nicht wahrhaben wollen; nur sehen, was man sehen will; »ein Brett vor dem Kopf haben«;
- *Abspaltung*: das so genannte »Scheuklappensehen«; der Tunnelblick; subjektiv Unangenehmes ausblenden, durch Abspaltung nicht wahrnehmen; die alte Weisheit vom »Splitter im Auge des anderen und dem Balken im eigenen Auge«; die so genannten »blinden Flecken«;
- *Pejoration*: das Schlechtmachen, das »Verteufeln« anderer; sich selbst erhöhen, indem andere erniedrigt werden; Feind-Bedürfnis;
- *Projektion*: die eigene Schuld auf andere projizieren; andere zum Sündenbock machen; einem anderen »etwas in die Schuhe schieben« (s. hierzu auch König 1996).

Welche nicht zu unterschätzende Bedeutung diese Abwehrmechanismen für den individuellen Vernebelungs- oder Bewusstheitsgrad bezüglich der eigenen Motive, für die Wahrnehmung von subjektiv und objektiv wesentlichen Anteilen der Realität, für die individuelle und kollektive Lebensbewältigung und darüber hinaus auch für einen möglichen Missbrauch größeren Stils im sozial-gesellschaftlichen Rahmen haben – beispielsweise durch gezielt gesteuerte affektive Meinungsmanipulation, insbesondere im Medienzeitalter –, wird dem Vorstellungsvermögen des Lesers überlassen.

Berufe, Tätigkeiten und Interessen

Das archische Potenzial disponiert zum Ordnen, Sammeln, Sortieren, Erhalten und Systematisieren, was in Berufen wie Archivar oder Archäologe realisiert werden kann, aber auch grundsätzlich in der planmäßigen, systematischen, wissenschaftlichen Forschung unentbehrlich ist. Im Zusammenhang mit ihrer individuellen Bedürfnisstruktur haben archische Persönlichkeiten eine ganz besondere Eignung und wohl auch Neigung zu Tätigkeiten und Berufen, bei denen es auf Genauigkeit, Gründlichkeit und Zuverlässigkeit ankommt, zum Beispiel Architekt, Ingenieur, Ökonom, Statistiker, Computerspezialist, Vermessungs- und Planungsfachmann, Buchhalter, Mitarbeiter der Eisenbahn (Lokführer, Signal- und Weichensteller), Flugpersonal.

Die besonderen Verhaltensfähigkeiten zum Absichern und Kontrollieren, zum Richten und Rechten können auch im Justiz-/Polizeidienst, beim Zoll oder in der Qualitätskontrolle ein geeignetes und auch speziell befriedigendes Tätigkeitsfeld finden. In Tätigkeiten und Berufen, die vordergründig Improvisationstalente verlangen, sind archisch-akzentuierte Persönlichkeiten eher überfordert und unzufrieden.

Aus dem Genauigkeitsbedürfnis und auch aus einem gewissen Absolutheitsanspruch werden alle Arbeiten besonders gründlich angefertigt. Da fällt dann auch manchmal das Fertigwerden, das Abschließen schwer. Es wird immer wieder kontrolliert und geprüft, ob auch alles perfekt genug und richtig erledigt worden ist. Und so wird auch manche wertvolle Arbeit durch dieses Nicht-loslassen-Können niemals fertig.

Das starke archische Antriebspotenzial stimuliert zur Produktivität, zum Tätigsein, zu Fleiß und Schaffensdrang. Dies trifft im Allgemeinen auch auf den privat-familiären Bereich zu. Lebensnotwendigkeiten der Erhaltung werden durch Reparieren, Überprüfen, überhaupt vielfältig durch Beschäftigung mit Instandhalten realisiert. Insbesondere Männer sind, wenn auch technisches Geschick vorhanden ist, die typischen Bastler und Reparierer. Bei Frauen funktioniert und glänzt der Haushalt, Unordnung ist für sie das drohende Chaos. Man kann in der Alltagspsychologie aber auch ausgesprochene Beschäftigungszwänge beobachten (»Putzteufel«, Ordnungs- und Sauberkeitsfanatiker), die dann zu übertriebenen oder gar absurden Tätigkeiten verführen.

Als Haustiere werden Katzen meist abgelehnt, sie sind zu eigenwillig und nicht gut dressierbar. Auf Gehorsam gedrillte Hunde passen eher in diesen Lebenskreis und werden als solche auch gern vorgezeigt und geliebt.

Sport und solche Tätigkeiten, bei denen die Verhaltenspotenzen von beharrlicher Anstrengungsbereitschaft, Zähigkeit, Durchhaltevermögen in Verbindung mit Absicherungstendenzen und ausdauernder Zielstrebigkeit gefordert und trainiert werden müssen, sind ebenfalls beliebt. Wir kennen die Affinität vieler Menschen, unabhängig von ihrer Intelligenzausstattung, zu Wettkampfspielen. Hier sei insbesondere an den Fußballplatz gedacht. Von der rational-kognitiven Ebene her kann das starke Erlebnisbedürfnis des – häufig geradezu fanatischen – Fußball-Fans keineswegs ausreichend erklärt werden. Das Gleiche trifft zweifellos auch auf die Anhänger anderer Kampfsportarten, insbesondere in Massenveranstaltungen zu. Auf der Ebene der affektiv-psychischen Grundstruktur scheinen sich hier jedoch ganz eindeutig Verhaltenstendenzen zur Bedürfnisbefriedigung der archischen Strukturanteile zu realisieren: Kampfbereitschaft, Rivalisieren, Jagen – auch im projektiven Miterleben als Zuschauer.

Liebe und Partnerschaft

Ein besonderer Vorzug dieses Menschentyps ist seine Bindungsfähigkeit. Er ist in der Liebe im Allgemeinen treu. Ein Hang zur Endgültigkeit zeigt sich auch hier. So kann er vor allem durch seine zuverlässige Wesensart dem Partner ein befriedigendes Gefühl der bleibenden Zusammengehörigkeit, ja auch des Beschützt-Seins und der Sicherheit geben.

Die Ehe – soweit sie sich in der traditionellen Form erhalten hat – ist für ihn ein irreversibler Vertrag auf Lebenszeit, den er sich vor dem Abschluss meist auch sehr gründlich überlegt. Entscheidungsfreudigkeit ist nicht immer seine Stärke. Aber einmal gebunden, lässt er sich nicht leichtfertig wieder scheiden. Auch hier zeigt sich eine mögliche positive soziale Wertigkeit der archischen Grundbedürfnisse nach Erhaltung und Stabilität. Menschen mit dieser Charakterstruktur sind allerdings auch eher geneigt, eine inhaltsleere Ehe formal weiter aufrecht zu erhalten, ganz gleich, ob das für die Partnerschaft und für die Kinder besser oder schlechter ist. Auch in der privaten Beziehung werden Rechte und Pflichten bis in die Intimsphäre hinein vordergründig bedacht.

Wenn neben dem ersten die Potenziale 2 und 3 der psychischen Grundstruktur unterentwickelt sind, so ist der archische Mensch auch in der Liebe der nüchtern-sachliche Planer und Berechner, der möglichst bestrebt ist, seine »sexuellen Pflichten« zu erfüllen, aber der auch auf seine »sexuellen Rechte« pocht. Im Extremfall wird Sexualität ohne Zärtlichkeit, phantasielos und ohne erotisches Flair »praktiziert«. Als Beispiel hierzu ein Auszug aus dem Brief einer Frau: »Mein Mann ist von Natur aus sehr lahm und langweilig. Unsere ›Liebe‹ geht schon seit Jahren nach ›Plan‹. Da kann man am Tag zuvor schon die Lust an den Gedanken verlieren. Ich komme mir wie eine ›Maschine‹ vor, die dann und wann mal benutzt wird ...«

Die beiden allgemein bekannten Prinzipien der Partneranziehung »Gleich und gleich gesellt sich gern« und »Gegensätze ziehen sich an« sind auch in diesen Zusammenhängen der psychischen Affinität zu beobachten. Für archische (zwanghafte) Persönlichkeiten scheint das erste Prinzip häufig wirksam zu sein, insbesondere für Langzeitpartnerschaften, für das Zusammenleben in der Ehe. Für den dynamischen (hysterischen) Gegentyp fehlt ihnen auf Dauer im Allgemeinen die Toleranz. Ihre Eifersucht kommt vordergründig aus einem vermeintlich oder tatsächlich verletzten Besitzerstolz. In der Kindererziehung disponiert das archische Potenzial im Positiven zur Wertevermittlung von Zuverlässigkeit, Konsequenz und

Gerechtigkeit – allerdings mehr oder weniger mit einer Tendenz zum Autoritären (»Eltern der Pflicht«).

Im Bereich von Liebe und Partnerschaft ist bei diesen Charakteren häufig eine biedere Form zu beobachten: Ordnung und Sauberkeit, Stabilität und Regelmäßigkeit haben in der Werteskala den ersten Platz und werden auch in der Zweierbeziehung als Lebensprinzipien realisiert und verteidigt. Es wird die Atmosphäre einer sachlichen Harmonie gepflegt. Wenn sie beiden genügt, kann sie für ein langes Leben die Partnerschaft auf diese besondere Weise glücklich gestalten. Wenn aber nicht, wenn einer der beiden Partner in dieser eher nüchtern-sachlichen Lebensatmosphäre doch permanent die geheime Hoffnung hegt, dass die »richtige Liebe« sich noch einstellen werde, dass es ihm (meistens ihr) gelingt, diese beim Partner zu wecken, ist die Gefahr des Scheiterns sehr groß. Die Fortsetzung ist häufig entweder eine resignative Anpassung an die Realität der Korrektheitsehe (Sexualität ohne Erotik) oder ein aktives oder auch unbewusstes, passives Suchen nach außerehelichen Kompensationsmöglichkeiten. Das erhöht natürlich die Anfälligkeit, sich außerehelich zu verlieben und wohl auch überhaupt die Versuchung für ein – manchmal abruptes – Aussteigen aus dieser Beziehung. Diese Gefühlskonflikte haben schon immer die Dichter und Schriftsteller angeregt – zu verschiedenen Zeiten und in unterschiedlichen Gesellschaftsordnungen. Aus der klassischen Literatur wäre hier an Tolstois »Anna Karenina« und Fontanes »Effie Briest« zu denken.

Sozial-gesellschaftliche Bedeutung

Wir haben erfahren: Das erste Möglichkeitsfeld des Psychischen ist das Potenzial der Erhaltung. Es ist die Basis des Selbsterhaltungsstrebens und der Affekte von Angst, Zorn und Wut. Gerade das erste psychische Potenzial birgt, nicht nur für das Wesen des einzelnen Menschen, extrem ambivalente Realisierungsmöglichkeiten; es birgt für die Art und Weise des menschlichen Zusammenlebens in besonderem Maße potenzielle Verhaltensfähigkeiten als Chance und Gefahr.

Diese außerordentlich große Spannweite in der Ambivalenz von positiven und negativen Wirkungspotenzen ist in keinem anderen der vier Möglichkeitsfelder quantitativ und qualitativ so ausgeprägt wie im archischen Potenzial. Der phylogenetisch aus dem Erhaltungsstreben (Selbsterhaltungstrieb) kommende Egoismus (Selbstsucht, Eigennutz) ist in seiner individuellen Ausdifferenzierung die Grundlage für das menschliche Streben nach Besitz und nach Macht.

In seinem Buch »Die Tragödie des Humanismus« bezeichnet Weinstock die Macht, »diese gefährliche Unentbehrlichkeit« als das Grundproblem aller Staatlichkeit von der Antike bis zur Neuzeit: »Wie die Macht in den Dienst des Guten stellen, ohne sie gegenüber dem Bösen zu entmächtigen?« (1953, S. 103). Der Wiener Psychiater und Psychotherapeut Hans Strotzka schreibt: »So wie Machiavelli der Historiker der Macht ist und, unbestritten, Adler ihr Psychologe, so ist Nietzsche ihr Philosoph und [...] Shakespeare ihr Dichter« (1988, S. 37). In der gegenwärtigen Weltsituation haben Fragen der Macht längst eine überstaatliche kontinentale Dimension erhalten. Probleme um Macht und Besitz gehören mit zu den globalen Überlebensrisiken.

Im negativen Möglichkeitsfeld des archischen Potenzials (s. Abb. 1, innerer Bereich) liegen nicht nur die Verhaltenspotenzen für das so genannte, sondern auch für das eigentlich Böse. Es seien vor allem hervorgehoben: Brutalität und Gewalt, also Verhaltensmöglichkeiten zum Aggressiven im negativen Pol agonistischer Bereitschaften. Durch bestimmte Umweltbedingungen kann bösartiges Verhalten, aggressives Reagieren und Agieren erzeugt und stimuliert werden. Einer unkontrollierten Anwendung werden im zivilen Zusammenleben der Menschen durch ethische Normen und auch insbesondere durch das Strafgesetzbuch ganz eindeutig klare Grenzen gesetzt. Bösartige Gewaltanwendungen bleiben die strafbare Ausnahme. Was ist aber nun, wenn das zivile Zusammenleben der Menschen vorübergehend aufhört, zum Beispiel im Krieg? In der Zeit des Hitler-Faschismus wurden menschenfeindliche Gesetze geschaffen. Gerade diese Zeit hat deutlich gemacht, wozu Menschen unter bestimmten sozialgesellschaftlichen Bedingungen fähig sind, welche latenten Verhaltensmöglichkeiten durch besondere Umwelteinflüsse zu entsetzlichen Verhaltenswirklichkeiten – bis hin zum industriemäßig organisierten Massenmord – werden können. Es gab aber nicht nur die Opfer und die Macher, sondern auch die vielen Handlanger und Mitmacher dazwischen (Goldhagen 1996).

Die meisterhafte Schilderung eines in dieser Weise typischen Charakters finden wir in der Figur des Jens Jepsen als Landpolizist in dem Roman »Die Deutschstunde« von Siegfried Lenz. Der heranwachsende Sohn erlebt mit staunendem Entsetzen, wie sein hartherziger Vater auf die ihm eigene genaue und gründliche Art das »Recht« vertrat: als gnadenlose, formale »Gerechtigkeit«, ohne Mitleid und Mitgefühl, dabei aber durchaus mit »gutem Gewissen«, denn sein Verhalten war gesetzlich und damit für ihn auch rechtmäßig, einwandfrei und »in Ordnung«.

Wenden wir uns noch – wegen seiner besonderen gesellschaftlichen Bedeutung und Gefährlichkeit – einem ganz speziellen Charakter zu, einem Mann, der auch der »Buchhalter des Todes« genannt wurde: Adolf Eichmann. Das Schauspiel von Heinar Kipphardt (1985) weist verantwortungsbewusst auf die besondere potenzielle Gefährlichkeit dieses äußerlich so harmlos erscheinenden Menschentypus hin. Adolf Eichmann sagte über sich selbst: »Ich war nichts anderes als ein getreuer, ordentlicher, korrekter, fleißiger und nur von idealen Regungen für mein Vaterland, dem anzugehören ich die Ehre hatte, beseelter Angehöriger der SS« (Kaul 1963, S. 25). Und aus einer vom »SD-Hauptamt« routinemäßig angefertigten Personalbeurteilung über Eichmann geht hervor: »Seine Leistungen in dieser Dienststelle können unbedenklich als gut bezeichnet werden. Rasche Auffassungsgabe und Gewissenhaftigkeit haben seine Arbeit ausgezeichnet [...] Seine dienstliche Haltung gegenüber Kameraden und Vorgesetzten war einwandfrei. Eichmann führt privat ein zurückgezogenes Leben, sein Familienleben ist sauber und anständig« (S. 17). Eichmann hatte also einen »sauberen«, »anständigen« Charakter, war voller Pflichteifer, Korrektheit und »Gewissenhaftigkeit«. Es sei an dieser Stelle insbesondere auf den kritiklosen Umgang mit dem bedeutungsvollen Wort »Gewissen« aufmerksam gemacht. Wäre Eichmann weniger genau, weniger fleißig, weniger pünktlich gewesen, dann hätten auch weniger Todeszüge mit jüdischen Menschen den jeweiligen Bestimmungsort des gewissenlos geplanten Verbrechens, die Vernichtungslager erreicht. Aber jeder Zug, jede Verfolgung, jede Misshandlung und jede einzelne Tötung war ein Verbrechen und hatte mit »Gewissenhaftigkeit« nicht das Geringste zu tun.

Die Verbrechen Stalins mit Verfolgungen, Tötungen und »Umerziehungslagern« riesigen Ausmaßes sind im 20. Jahrhundert ein weiteres historisches Mahnmal des Entsetzens für die Frage: Was ist das Menschenmögliche? Was ist der Mensch?

Ein in unserer Gegenwart besorgniserregender Bereich aus der Wechselwirkung zwischen dem archischen Potenzial des einzelnen Menschen und sozialgesellschaftlichen Umweltbedingungen soll hervorgehoben werden: Fremdenfurcht und Fremdenhass. An diesem Phänomen bündeln sich – im Einzelnen mehr unbewusst als bewusst – verschiedene Entstehungsgeschichten zu einer mehrdimensionalen Motivation (dazu ausführlicher Jun 1994b, S. 80ff.).

Insbesondere in sozial unsicheren Zeiten kann das Archische im Menschen wieder zum Archaischen werden. Zwar individuell unterschiedlich, aber ganz allgemein nehmen Egoismus und Neid, Rivalität und Brutalität, Fremdenfurcht und Fremdenhass zu. In jedem Volk ist ein latentes aggressiv-sadistisches Potenzial vorhanden, das potenzielle Böse, das als Verhaltensmöglichkeit durch bestimmte Umweltbedingungen aktiviert und zur Verhaltenswirklichkeit werden kann, individuell und kollektiv. Die verabsolutierend-fundamentalistisch-fanatischen Strömungen in verschiedenen Ideologien und Religionen kommen aus dem archischen Potenzial.

In der Gewaltkriminalität, in sozial-gesellschaftlichen Zuständen von unregierbarem Chaos, Diktatur oder Krieg – alle Extreme waren und sind besonders geeignete Aktionsfelder für die »Niedertracht«, die Eskalation der »niederen Instinkte«, für den »inneren Schweinehund«, wie es der Volksmund sagt. Auch in demokratischen Gegenden und in friedlichen Zeiten sollten wir sein Lauern spüren und ihn nicht leichtsinnig schon für tot erklären, wenn er nur schläft. Er wird so lange leben, wie es Menschen gibt. Aus den unzählbaren Kämpfen der langen Evolution der Menschheit hervorgegangen, ist er in der Latenz das eigentliche Böse, unsere potenzielle »Erbsünde«, mit der zu leben uns aufgegeben ist: bewusst-sublimiert, eben menschenwürdig, durch die uns mögliche Kulturfähigkeit, die uns ebenfalls von der Evolution mit auf den Weg gegeben wurde.

Um die eigentlichen positiven sozialen Werte der archischen Charakterpotenzen aus der Sicht dieses Konzepts deutlich zu machen, sei hervorgehoben, dass sie bei einer differenzierten, integralen Persönlichkeitsentwicklung mehr Chancen zum Positiven haben als bei einer ausschließlich akzentuieren Charakterstruktur; integral in dem Sinne, dass nicht nur ein Potenzial akzentuiert-dominant, überwiegend verhaltensbestimmend entwickelt ist, sondern daneben die anderen Potenziale nicht verkümmern, sondern auch mehr oder weniger ganzheitlich positiv entfaltet und in die Gesamtpersönlichkeit integriert sind und wesentlich mit verhaltenswirksam werden.

Einige Menschen, die – beispielsweise aus einer intellektuellen oder hedonistischen Überheblichkeit heraus – die *positiven archischen Verhaltensqualitäten* gering schätzen, sollten sich beispielsweise fragen: Möchte ich nicht, dass

– die Lebensmittel, die ich benötige, zuverlässig, regelmäßig und pünktlich produziert und geliefert werden;
– das Haus, in dem ich wohne, die Brücke, über die ich fahre, in ihrer Konstruktion auf genauen Berechnungen beruhen und stabil und sicher gebaut sind;
– der Arzt, der mich zur Lebenserhaltung operiert, sicher, sauber, zuverlässig und gründlich ist;
– der Eisenbahnzug und alle Verkehrsmittel, die ich benutze, mich pünktlich und wohlbehalten ans Ziel bringen;
– bei einem Brand oder einer anderen Katastrophe die Angehörigen der Feuerwehr (und/oder anderer Sicherheitskräfte) zuverlässig und einsatzbereit im Kampf gegen die Gefahr ihre lebenserhaltenden Maßnahmen treffen?

Es folgt Grundsätzliches zur Arbeitsamkeit, zum großen menschlichen Lebensbereich der Arbeit. Welche Arbeiten sind im jetzigen Weltzustand der Ausplünderung und Zerstörung der Natur überhaupt noch sinnvoll und weiterhin erhaltenswert? Und welche Arbeitsfelder wären neu zu erschließen?

Hannah Arendt hat schon 1958 Sieg und Niederlage des Homo faber in ihrem Buch »Vita activa oder Vom tätigen Leben« (1985) beschrieben. Das Machen, Fabrizieren und Herstellen – charakteristische Tätigkeiten für den Homo faber – sind in der Massenproduktion zum Hauptinhalt, zum Sinn des Lebens schlechthin geworden. Sie haben sich durch ihre unreflektiert-sinnlose Übersteigerung in den Wegwerfgesellschaften der Industriestaaten bereits lange als Absurdum offenbart. Dem Arbeitseifer des Machers im Einzelnen ist ein allgemeiner Machbarkeitswahn gefolgt. Im jetzigen Weltzustand ist dieser an eine Grenze gelangt, deren Überschreitung nicht nur eine allgemeine Arbeitskrise anzeigt, sondern die Anzeichen einer Weltzerstörungskrise im Kampf um die letzten Ressourcen immer deutlicher werden lässt. Über Qualität und Quantität, Sinn und Unsinn der menschlichen Arbeit wäre im Einzelnen und in gesellschaftlicher Breite dringend neu nachzudenken: global, sozial und ökologisch, nicht nur ökonomisch!

Aber kann eigentlich über die menschliche Arbeit nachgedacht werden, wenn diese Gedankenarbeit nicht gleichzeitig verbunden ist mit dem Nachdenken über den Menschen ganz allgemein und mit dem »Erkenne dich selbst!« im Einzelnen? Also Arbeit in ihrer spirituellen Dimension; eine Arbeit, ohne die wir uns nicht »Homo sapiens« nennen dürften. Der Zukunftsforscher Robert Jungk meinte: »Vielleicht beginnt der Mensch nun, da die Grenzen des Wachstums erreicht werden, erst wirklich zu wachsen. Er hat schon zu lange an seinen Werkzeugen und zu wenig an sich selbst gearbeitet« (1986, S. 151).

Vielleicht beginnt erst jetzt, da die Grenzen des äußeren Wachstums erreicht werden, die Chance für uns Menschen, die Möglichkeiten des inneren Wachstums zu entdecken und unseren inneren Reichtum zu entfalten. In welch vielfältiger Weise die großen Energien, insbesondere die aggressiv-destruktiven Antriebskräfte des ersten Potenzials, kulturell zu sublimieren wären, das könnte, müsste eigentlich ein Dauerthema nicht nur für die einzelnen Humanwissenschaften, sondern für uns alle sein. Das würde in der Ambivalenz der äußeren Möglichkeiten auch – oder gerade – gelten, wenn der Zeitpunkt für eine zivilisatorische Neuorientierung im großen Maßstab verpasst sein sollte, wenn wir uns menschheitlich jetzt auf einer Abwärtskurve der Evolution befinden sollten (Taylor 1988; Schmidt 1994).

Möge das ursprüngliche Grundstreben des archischen Potenzials nach der Erhaltung im jetzigen Stadium der Menschheitsentwicklung unsere berechtigte Sorge vor den drohenden globalen Gefahren die Erkenntnisse fördern, die Potenzen freimachen und die Kräfte stärken, die der Erhaltung nicht nur des Einzelnen, sondern des Ganzen, der Erhaltung der Vielfalt des Lebendigen dienen. Entwickeln und nutzen wir die großen Chancen unserer genetischen Möglichkeiten, aber bleiben wir auch wachsam gegenüber den ebenfalls vorhandenen latenten Gefahren! Der eigentlich humane Reichtum als Erbe der Evolution erschließt sich uns in seiner ganzen Fülle nicht im Selbstlauf. Erst durch adäquate Umweltbedingungen und durch das entwickelte Bedürfnis zur permanenten Selbsterkenntnis können sich die differenziert vorhandenen Möglichkeiten zu Wirklichkeiten entwickeln (siehe die folgenden Potenziale 2, 3 und 4).

»Angesichts dieser sich stets verstärkenden Weltprobleme kann aber [...] der ›homo oeconomicus‹ nicht als der ›Weisheit letzter Schluss‹ gelten. Wir müssen auf die ethische Reserve, die zweifellos in jedem Menschen auch enthalten ist, verstärkt zurückgreifen [...] dass die Diskrepanz von Arm und Reich in der Welt reduziert und die Umweltzerstörung vermieden wird, damit nicht der ›homo oeconomicus‹, sondern der ganze Mensch gedeihen und bestehen kann« (Binswanger 1993, S. 26).

Abb. 5: Selbstbildnis mit Saskia (Rembrandt van Rijn)

»Lockte die Neugier nicht den Menschen
mit heftigen Reizen, sagt! erführ er wohl je,
wie schön sich die weltlichen Dinge
gegeneinander verhalten?«
(Goethe)

(2) Das Dynamische: Leben und leben lassen

Bedürfnisse, Fähigkeiten, Aversionen und Abwehrmechanismen

Erinnern wir uns, was über die Dialektik der gegensätzlichen Verhaltenspotenzen von Erhaltung und Veränderung, Sicherheit und Risiko, Stabilität und Flexibilität, Statik und Dynamik mitgeteilt worden ist. Bei der Beschreibung des zweiten Potenzials begegnen wir insbesondere der Freude und den »Frohnaturen«, begegnen wir den Menschen, die nach dem Neuen, nach Heiterem, dem Schönem streben, nach dem, was subjektiv als schön empfunden wird.

Da die Verhaltenspotenz der Risikobereitschaft in der Individualentwicklung dieser Charaktere überwiegend mit positiven Erfahrungen verbunden war – vor allem in der Kindheit –, ist die elementare Angstbereitschaft, die Urangst um die Selbsterhaltung bei dynamischen Menschen im Allgemeinen vermindert, zumindest gut ausbalanciert, kompensiert. Simonov beschreibt für die Verhaltenspotenz der Neugierde, dass sie in einer »konkurrierenden Beziehung« zur Angst steht (1982, S. 26). Zum evolutionären Sinnbezug dieser komplementären Gegensätze teilt er mit: »Die natürliche Auslese hat beide (›Suchende‹ und ›Konservatoren‹) als in gleichem Maße notwendige Vertreter einer Art erhalten.«

Wir kommen nun von dieser mehr allgemeinen Betrachtung zur Beschreibung dessen, was wir im Einzelnen – bei mehr horizontaler Betrachtung des dynamischen Potenzials – in den Verhaltenstendenzen dynamischer Persönlichkeiten beobachten können. Für die Verständlichkeit des Typischen ist es wieder zweckmäßig und erforderlich, die integrale Entfaltungsmöglichkeit des zweiten Potenzials zunächst bewusst zu vernachlässigen, um statt dessen das Besondere und Typische der dynamischen Verhaltenspotenzen – bei akzentuierter Entfaltung – hervorhebend zu beschreiben. Sehen wir uns also um: Welche Eigenarten und Neigungen kennzeichnen den dynamischen Charakter, den »Geselligkeitsmenschen«?

In ihm, an ihm und um ihn herum ist vor allem viel Bewegung. Kretschmer sagt dazu: »Der Gesamteindruck der Motilität und des psychischen Tempos [...] wird am besten mit dem Wort ›beweglich‹ bezeichnet« (1929, S. 123). Beweglich bedeutet dynamisch. Allem Neuen gegenüber aufgeschlossen, ist er der Gegentyp des archisch-Konservativen. Während das psychische Grundbedürfnis nach Information bei den archischen Charakteren im Sinne der Erhaltung mehr auf die Orientierung darüber gerichtet ist, was war, was ist und was gilt, äußert sich der Informationsdrang des dynamischen Potenzials mehr in der expansiven Erkundung des Neuen, auch Neugier genannt. Alles Neue ist für sie interessant: je nach ihrem individuellen Persönlichkeitsniveau können das neue Mode, neue Tänze, neue Gerüchte, neue Menschen, neue Witze, neue Technik, neue Arbeitsmethoden, neue Bücher, neue Ideen und Theorien sein.

In der Reaktionsweise eher spontan und impulsiv, entschließen sich diese Menschen ohne Risikoscheu meistens schnell zu Veränderungen und zu neuen Unternehmungen. Ihre typische Neugier und ihr ausgeprägter Erkundungsdrang wirken auch da mit. In der Umgangssprache kennen wir sie als »Luftikus«, als »Bruder Leichtfuß« und auch als »Hans Dampf in allen Gassen«. In ihrer Vitalität sind sie kontakt- und genussfreudig, gesellig, dabei großzügig, tolerant und überwiegend optimistisch. »Leben und leben lassen« ist ihre Devise. Die Frohnatur des schon in der alten Lehre der Temperamente beschriebenen Sanguinikers gehört hierher.

Unter diesen Menschen finden wir auch die Meister im Unterhalten und Improvisieren. In ihrer vitalen Geselligkeit können sie oft »Stimmungskanonen« sein, in ihrer Nähe ist es im Allgemeinen nicht langweilig. Durch ihre besondere Ausdrucks- und Begeisterungsfähigkeit können sie sehr beeindruckend wirken und andere Menschen für ihre Bestrebungen und Unternehmungen gewinnen und mitreißen. Sie verstehen sich auch auf Atmosphäre, Flirt und Koketterie und strahlen Charme und Lebhaftigkeit aus. Oft verbreiten sie um sich herum Jubel, Trubel, Heiterkeit. Mit der ihnen eigenen Flexibilität können sie sich schnell auf neue Situationen einstellen.

Zweifellos entspricht dieser Menschentyp des Homo ludens mehr dem Image des Südländers. Aber er ist in allen Ländern und Völkern zu finden, wenn auch unterschiedlich häufig und unterschiedlich stark ausgeprägt. Der Sanguiniker ist auch der Mensch, der uns in seiner ursprünglichen Anmut und Fröhlichkeit auf sympathische Weise entgegenkommt, zumal er es auch versteht, den verschiedensten Lebenssituationen in seiner unkomplizierten Art immer die angenehmen Seiten abzugewinnen. Und die bei ihm temperamentsbedingt meist vorherrschende heitere Grundstimmung wirkt oft auch auf andere Menschen ansteckend und anregend. Es scheint so, als habe sich in diesen Frohnaturen die »Freude, schöner Götterfunken« in persona verwirklicht. Diese sanguinisch-heiteren Charaktere scheinen auch in ihrer Lebensgestaltung, vor allem durch ihre größere Echtheit im Vergleich zu den Hysterikern aus dem gleichen Potenzial, weniger in zwischenmenschliche Konflikte und auch weniger in leidvolle Entwicklungen verstrickt zu sein, so dass sie vergleichsweise seltener als Klienten/Patienten bei Psychotherapeuten anzutreffen sind. Sie scheinen seelisch insgesamt weniger zu leiden, am ehesten noch durch etwaige unangenehme Folgen ihres leichtsinnigen Tuns. Bei diesen Strukturen sind auch potenziell hedonistische Lebenshaltungen (Genuss-Streben) am ehesten vorhanden. Auch das, was als Extrovertiertheit (Jung; Klages; Eysenck; Leonhard) bezeichnet worden ist, finden wir bei diesen Menschen am deutlichsten.

Leiten wir mit dieser Betrachtung über zu weiteren, auf andere Menschen durchaus nicht nur positiv und angenehm wirkende Verhaltensweisen: So ist der Hypomaniker als Steigerungsform des Sanguinikers häufiger in Versuchung, kurzschlüssig-leichtsinnig-unbeschwert die Abwechslung zu lieben, dabei viel Neues zu beginnen, ohne es zu Ende zu führen. Auch Flatterhaftigkeit, Abenteuerdrang und Draufgängertum wären hier zu nennen. Ihren Leichtsinn verwechseln diese Charaktere mit Mut. Ihre besondere Risikofreudigkeit verführt sie bei geringerer Angstbereitschaft zu riskanten Verhaltensweisen, was bei mangelhaften Absicherungstendenzen Gefährdungen bedingt. In dieser affektiven Konstellation besteht überhaupt in vielen Situationen ein mangelhaft ausgeprägtes Gefühl für Gefahren, das Leben wird »auf die leichte Schulter genommen«. Die möglichen negativen Folgen sind dann nicht auf Bosheit, sondern mehr auf Leichtsinn und Fahrlässigkeit zurückzuführen.

Sind aber durch die positive Entfaltung beider Basispotenziale (1 und 2) sowohl Absicherungs- als auch Risikopotenzen entwickelt und im gegensätzlichen Miteinander gut ausbalanciert, dann bestehen bei einem Menschen die echten Voraussetzungen für die Verhaltenspotenz »Mut«. Sowohl eine sprachliche als auch eine Potenzialverwandtschaft findet sich in den Begriffen Übermut, Freimut, Hochmut, Leichtmut und Anmut. Es sei an dieser Stelle vorwegnehmend auf folgende Begriffe aus dem dritten Potenzial hingewiesen: Schwermut, Wehmut, Kleinmut, Demut, Sanftmut, Gleichmut, Langmut und Edelmut – Gemütspotenzen im engeren Sinne.

Die aus der Umgangssprache ebenfalls sehr bekannten Worte »Ermutigung« und »Demütigung« weisen auf ganz wesentliche Umwelteinflüsse in der Herausbildung der Mut- oder Gemüts-Potenzen hin. Kleine Kinder, aber auch ältere, traurige, kleinmütige Menschen brauchen im mitmenschlichen Kontakt vor allem Ermutigung. Demütigungserlebnisse können entmutigen und dann auch Kleinmut, Missmut und Unmut erzeugen. Könnten wir in unseren mitmenschlichen Lebensbezügen für diese Vorgänge nicht noch hellhöriger, empfindsamer, bewusster und auch mitfühlender werden?

Wie ursprünglich im Entwicklungsprozess die Progressionen mit der Freude gekoppelt sind, können wir registrieren, wenn wir die jauchzende Freude eines kleinen Kindes bei der erfolgreichen Bewältigung neuer Entwicklungsstufen miterleben, so beispielsweise bei den gelungenen ersten Schritten. Simonov meint dazu: »Die Entwicklungstendenzen verlangen die Beteiligung positiver emotionaler Zustände« (1982, S. 145). Unsere Mitfreude bei diesen Erlebnissen kann das Kind in seinem Selbstwertgefühl, aber auch in seinem Erkundungsverhalten für weitere Entwicklungsschritte im positiven Sinne ermutigen, insbesondere wenn wir geschickt und einfühlsam die notwendigen Absicherungspotenzen zusammen mit der Risikofreudigkeit stimulieren. Diese Ermutigung ist nicht nur für den einzelnen Menschen, sondern ganz allgemein im sozial-gesellschaftlichen Rahmen von großer Bedeutung, zum Beispiel für den Wert der Zivil-Courage.

Kommen wir zu weiteren Betrachtungen der ambivalenten Verhaltensmöglichkeiten des zweiten Potenzials. Die negative Kehrseite von Großzügigkeit und Toleranz wäre Verschwendung, Liederlichkeit und Schlamperei, also ein Hang zur Unordentlichkeit. Der Erlebnishunger kann übermütige Menschen kurzschlüssig zu unüberlegten Unternehmungen verführen; der Mitteilungs- und Rededrang zum Schwatzen und zur Weitschweifigkeit. Das Schweigen fällt ihnen schwer. Geheimnisse und Vertraulichkeiten können diese Menschen schwer für sich behalten. Auch der Hang zum Übertreiben ist hier zu nennen. Besonders negativ erleben und bewerten wir wohl im Sozialverhalten, wenn sich eine Haltung der allgemeinen Unzuverlässigkeit und Oberflächlichkeit manifestiert. In konkreten Situationen versucht der die Umwelt auf diese Weise Enttäuschende dann, mit Charme und Unschuldsmiene das Geschehene oder Unterlassene zu überspielen.

Diese Charaktere verfügen außerdem häufig über eine große Wandlungsfähigkeit in ihrer Umweltanpassung, die aber meistens doch mehr im Oberflächlichen bleibt (Chamäleon-Verhalten). Diese Verhaltenstendenzen leiten bereits über zu den Eigenarten, die mehr zur Persönlichkeit der Hysteriker gehören (s. Abb. 1, Potenzial 2, mehr links). Ihr starker Geltungsdrang verführt sie leicht zu einer Grundhaltung des »mehr scheinen als sein«. Es darf nur nicht herauskommen, dann sind sie gekränkt und beleidigt – ausdrucksstark gekränkt. In ihrem Umweltbezug sind sie viel mehr personen- als sachorientiert. So versuchen sie auch dort mit ihrem Charme zu brillieren, wo eigentlich Sachlichkeit gefordert ist. Und haben sie auf diese Weise erst einmal einige Siege errungen, so verlassen sie sich allmählich immer mehr auf diese Wirkungstechnik. Ausdrucksbegabung und Schauspielertalent werden von diesen Persönlichkeiten im Bereich ihres Geltungsstrebens gezielt eingesetzt. Bewunderter Mittelpunkt zu sein, ist ein starkes Bedürfnis, das mit Talent häufig befriedigt wird, insbesondere in heiterer Geselligkeit. Wenn es gut gemacht ist, warum nicht. Ein permanent vordergründiges Imponiergehabe wird aber eher als unangenehm empfunden.

Und wird schließlich einmal konsequent von hysterisch akzentuierten Menschen anhaltend-gründliche Arbeit, Anstrengungsbereitschaft, Ausdauer und Zuverlässigkeit verlangt, dann erfolgt manchmal die »Flucht in die Krankheit«. Mit tragischem Blick und hauchender Stimme sprechen sie dann über ihre Symptome und

Beschwerden, um so aus dem Leistungsfeld zu gehen, stattdessen beachteter Mittelpunkt im »Leiden« zu sein und außerdem noch Anspruch auf Schonung zu haben. Ihr Verhalten bringt sie schließlich dazu, dass sie sich tatsächlich krank fühlen, zumal sie aus einer mehr oder weniger bewussten Ausweichtendenz krank sein wollen. Und zum Selbstmitleid sind sie sehr begabt. Um Missverständnissen vorzubeugen, sei ausdrücklich mitgeteilt, dass hier organische, psychosomatische und auch neurotisch-behandlungsbedürftige Erkrankungen nicht gemeint sind. Es wird aber daran erinnert, was Leonhard (1968) auf der Basis alter, schon lange bekannter ärztlicher Erfahrungen differenzierend hervorgehoben hat: Der Hypochonder fürchtet krank zu sein; der Simulant will krank scheinen; der Hysteriker will krank sein. Und selbstverständlich spielen diese Einstellungsfragen für die Lebenszustände innerhalb des Spektrums von gesund bis krank mit allen Übergangsformen eine sehr wesentliche Rolle.

In der Fachliteratur ist mit unterschiedlichen Facetten über die Verliebtheit in die eigene Person, den so genannten Narzissmus, zu lesen. Die Eigenliebe aus der hysterischen Egozentrik mit Selbstwertproblemen und erhöhtem Geltungsbedürfnis entspricht in der umgangssprachlichen Bedeutung diesem Symbolbegriff am ehesten: der Jüngling Narziss, der aus Verliebtheit in sein eigenes Spiegelbild den Blick nicht von der Wasseroberfläche abwenden kann. Machen wir uns bewusst, dass das Hysterische, die vielfältigen Verhaltenspotenzen im negativen Pol des zweiten Potenzials mit ihren Gefährdungen und Gefahren bei Frauen und Männern latent vorhanden sind.

Hysterischen Personen gelingt es im Allgemeinen leicht, sich mit dem ihnen eigenen Charme beliebt zu machen. Wenn sie diese Fähigkeit nicht negativ ausnutzen, sondern ursprünglich wirken lassen, so können wir diese Verhaltenspotenz als etwas Angenehmes annehmen, das die Lebenspalette positiv bereichert. In dieser Weise sind es wohl auch weniger die eigentlichen Hysteriker, als vielmehr die heiteren Frohnaturen im Sinne des Sanguinikers, die ebenso leicht wie uneigennützig vielfältige Sympathiebeziehungen herstellen.

Leonhard (1968) hat überzeugend – mit Hinweisen auf Charaktere aus der klassischen Literatur – herausgearbeitet, dass die hyperthyme/hypomanische, sanguinische Wesensart auch zusammen mit der hysterischen Variante in einer Persönlichkeit vorkommen kann. In Shakespeares Dramen ist es beispielsweise der Falstaff. Leonhard meint zu diesem Charakter: »Schlagfertig, wie nur eine hypomanische und zugleich hysterische Persönlichkeit sein kann, redet er sich gleich wieder heraus und tut, als ob seine bisherigen Schwindeleien gar nicht ernst gemeint gewesen wären«, und an anderer Stelle: »Als Falstaff später nicht daran vorbeikommt [...] fällt er um und stellt sich tot. Nach dem Erwachen aus der Leblosigkeit spricht gleich wieder der lustige Hypomanikus und ebenso der verschlagene Hysteriker aus ihm« (1968, S. 282f.).

Als weibliche Persönlichkeit aus diesem Strukturkreis analysiert Leonhard aus Goethes »Wahlverwandtschaften« Luciane, die Tochter Charlottes: »Hier macht sich neben der hypomanischen schon die hysterische Seite in der Wesensart Lucianes bemerkbar, da sie bestrebt ist, sich auf Kosten anderer hervorzutun. Man erkennt auch bald, dass sie nicht nur durch ihre Lebhaftigkeit im Mittelpunkt der Gesellschaft steht, sondern dass sie dies oft durch die Aufdringlichkeit ihres Verhaltens erreicht. Wenn sie anderen Menschen Gutes tut, handelt sie nicht aus echter Fürsorge, sondern sie will damit Eindruck machen« (1968, S. 284).

In dieser Art der differenzierten Betrachtung folge ich mehr Leonhard (1968) als verschiedenen anderen Psychotherapeuten (z. B. Riemann). Ich meine nicht, dass der Begriff »hysterisch« als Oberbegriff für diesen ganzen Strukturkreis gut geeignet ist; zum einen, weil es in diesem Potenzial neben dem Hysterischen auch – verwandt und doch verschieden – das Hypomanische/Sanguinische gibt, und zum anderen, weil das Hysterische als Oberbegriff im normalpsychologischen Bereich nicht wertungsfrei aufgenommen wird, sondern doch einen mehr oder weniger negativen Beiklang hat. Und eine sanguinische Frohnatur ist keineswegs immer eine hysterische Persönlichkeit, auch wenn es – wie Leonhard aufzeigte – teilweise eine Vermischung geben kann. Der Begriff »histrionisch« für hysterisch hat sich nicht durchgesetzt.

Hysteriker nutzen ihre besondere Begabung zur Verstellung, ihr Schauspieltalent leider auch zu vielfältigen Intrigen aus. Wenn die eigenen Fähigkeiten und Fachkenntnisse und die subjektive Anstrengungsbereitschaft zur Befriedigung der eigenen Geltungsbedürfnisse nicht ausreichen, dann wird versucht, sich auf Kosten anderer beliebt zu machen: Man erhöht sich selbst, indem man sich »mit fremden Federn schmückt«, mit Unschuldsmiene natürlich. Verbündete suchen und finden diese Menschen auch durch charmante Schmeicheleien, tendenziöses Sich-beliebt-Machen, Zum-Munde-Reden. Sich – aus der Motivation des Geltungs- und Liebesbedürfnisses – bei allen Menschen beliebt machen wollen kann nur auf Kosten der Echtheit und Wahrhaftigkeit angestrebt werden. Es ist sogar Mut erforderlich, im Interesse der Gerechtigkeit auch bereit zu sein, sich einmal unbeliebt zu machen. Wir könnten die überwiegend hysterischen als die »weichen Intrigen«, die zwanghaft-hysterischen (Potenziale 1 und 2) auch als die »harten Intrigen« bezeichnen.

Wenn ein neophiler Tatendrang zu sehr gegenüber dem Erhaltungsstreben dominiert, dann können wir Menschen mit einem Hyperaktionismus beobachten, die »hinter sich mehr einreißen oder einstürzen lassen, als sie vor sich aufbauen«, wie diese Charaktere recht zutreffend vom Volksmund bezeichnet werden.

Auch das hysterische, meist lamentierende Selbstmitleid im Rahmen der allgemeinen Affektiertheit sei hier erwähnt. Das überdurchschnittliche Geltungsbedürfnis verführt den hysterischen Menschen – in schwächerer Ausprägung von Leonhard »demonstrativ« genannt – auch zur Selbstgefälligkeit, zum Selbstlob, meist vermischt mit Angeberei und Übertreibungen. Auch in diesem Zusammenhang wird das Schauspieltalent dieser Menschen nuancenreich eingesetzt, so dass sie häufig ihre Umwelt über sich zu täuschen vermögen: Es wirkt ihre Unechtheit »mit dem Schein des Echten« (Jaspers 1946). Wenn sie sich jedoch zu sehr in Exaltiertheit, Gefallsucht und Theatralik hineinsteigern, mögen doch wohl einige Zweifel aufkommen. Von der mehr unbewussten Illusionierung als primäre Selbsttäuschung über die Verstellung bis zur bewussten Lüge zum Zwecke der Täuschung anderer ist immer wieder das erstaunliche Phänomen zu beobachten, dass die in verbal-deklamatorischen Äußerungen oft wiederholten objektiven Unwahrheiten subjektive »Wahrheiten« sind oder allmählich – zumindest partiell – zu subjektiven »Wahrheiten« werden. Das heißt: Der betreffende Mensch hält seine subjektiv-wunschbedingte Pseudo-Realität für Wirklichkeit, seine tendenziöse Unwahrheit für Wahrheit, er glaubt schließlich selbst daran, teilweise jedenfalls.

Realitätsbezug und Echtheit sind überhaupt die großen Probleme demonstrativer (hysterischer) Charaktere. Aus einer Neigung zum Schwindeln und Lügen kann bei ihrer meist breiten Phantasiebegabung eine Pseudologia phantastica werden, womit das Erzählen phantasiereich ausgeschmückter Lügengeschichten gemeint ist. Heiratsschwindler und Hochstapler verfügen natürlich über diese Verhaltenspotenzen.

Die Begabung zur Faszination und deren Ausstrahlung, die auch aus dem dynamischen Potenzial kommt, werten wir wohl eher positiv, insbesondere wenn sie nicht nur zum Geltungs-Eigennutz eingesetzt wird.

Frauen realisieren ihre Geltungs- und auch Wandlungsbedürfnisse – mehr als Männer – in der Pflege und Gestaltung ihrer äußeren Erscheinung. Im Vergleich zu anderen menschlichen Eitelkeiten in der Formenvielfalt des Zusammenlebens ist das jedoch eine relativ harmlose Art der Eitelkeitsbefriedigung. Wenn wir von Übertreibungen absehen und einmal die mittlere Ausprägung der »Putzsucht« betrachten, sehen wir Frauen, die meistens einen guten Geschmack in ästhetischen Nuancen und Stilfragen und dabei Sinn für Farben haben, zumal sie tatsächlich – entsprechend ihrem Verwandlungsbedürfnis – auch viel ausprobieren.

Der Homo ludens, der spielerische Mensch oder besser: das spielerische Element innerhalb der menschlichen Wesenskräfte ist im Gesamt der Lebenspotenzen unentbehrlich. Im Geistigen, in der Gedankenwelt ist das spielerische menschliche Potenzial ein wesentlicher Faktor im schöpferischen Prozess; hier wird Neues ausprobiert, auch neue Gedankenverbindungen. Dieses Potenzial ist ein Gegenspieler und eine prophylaktische Potenz gegenüber jeder Verabsolutierung, gegenüber einer endgültigen Festgelegtheit, der geistigen Erstarrung, der »Betonköpfigkeit« (Potenzial 1).

Vor dem anderen Extrem, einer heiter-verspielten Unzuverlässigkeit als Lebensgrundhaltung, könnten die folgenden Zeilen von Goethe als Warnung gelesen werden: »Wer mit dem Leben spielt, kommt nie zurecht; wer sich nicht selbst befiehlt, bleibt immer ein Knecht.«

Der Homo ludens hat häufig ein besonders entwickeltes Rhythmusgefühl und auch eine natürliche Neigung und Begabung zum

Tanzen, wobei sich das Improvisationstalent gern über reglementierende Tanzschulen-Vorschriften hinwegsetzt oder diese überhaupt nicht benötigt. Gegenüber dem Gleichschritt bestehen Aversionen. Anmut und Lebenslust stehen über Exaktheitsidealen.

Es kann sich auf die Lebensentwicklung verhängnisvoll auswirken, wenn ein körperlich schönes, anmutiges Kind von seinen Eltern durch eine besonders bestätigende Hervorhebung seines Äußeren in eine demonstrative Rolle mit Vorzeigetendenzen gedrängt wird. Wenn dieses Kind dann erlebt, dass es allein durch Äußerlichkeiten – ohne besondere Anstrengung – zu Ansehen, Bewunderung und Geltung kommt, kann diese Erwartung mit in das Erwachsenenleben hineingenommen werden und eine spätere Enttäuschung oder auch ein Versagen in Bewährungsphasen, die Anstrengung erfordern, vorprogrammieren. So kann aus der kindlich »charmanten Hysterika« im Erwachsenenalter die »hysterische Nervensäge« werden.

Wir haben in den vorangegangenen Erörterungen bereits erfahren, dass die elementare Angstbereitschaft, die Urangst um die Selbsterhaltung, im Allgemeinen bei dynamischen Persönlichkeiten weniger stark ausgeprägt ist. Die spezifischen Abneigungen und Befürchtungen, zu denen das dynamische Potenzial disponiert, sind in Abbildung 9 zusammengestellt.

Wir können recht häufig der Einstellung begegnen, dass das »normale« menschliche Leben ein permanentes Froh- und Glücklichsein darzustellen habe: eine illusionäre Erwartungshaltung, die Versagungen, alltägliche unbequeme Notwendigkeiten, traurige Ereignisse, Krankheiten und andere mögliche subjektive Belastungen nicht von vornherein als Lebensprüfung und menschliche Bewältigungsaufgabe einbezieht. Die Unausweichlichkeit des Alterns und des Alters ist in diesen Zusammenhängen für hysterische Persönlichkeiten in spezieller Weise frustrierend, was auch Riemann (1975) beschreibt. Der Sanguiniker versteht es aber vergleichsweise noch eher, aus dieser Lebenssituation das Beste zu machen, zumal im Alter natürlich das Schwergewicht in der dialektischen Wechselwirkung zwischen dynamischen und archischen Tendenzen (Potenzial 2 und 1) sich zugunsten letzterer verschiebt.

Für die Hysteriker ist außerdem die spezifische Entlarvungsangst zu nennen, die durchaus nicht unbegründet ist, wenn diese

Menschen es sich, keineswegs immer nur unbewusst, angewöhnt haben, ihr Talent zur Verstellung allzu großzügig, heuchlerisch und eigennützig einzusetzen.

Zu den Abwehrmechanismen des dynamischen Potenzials gehört insbesondere die altbekannte Verdrängung: Unbequeme, mit der eigenen Bedürfnis- und Wunschwelt kollidierende Wahrnehmungen der Realität werden, da sie subjektiv störend sind, mehr oder weniger unbewusst wieder aus dem Bewusstsein verdrängt (s. A. Freud 1975; König 1996). Und so gelingt die Ablenkung der Aufmerksamkeit von unangenehmen Realitäten relativ einfach. Zu dieser Realitäts-Abwehr sei angemerkt, dass es sich keineswegs nur um ein psychopathologisches Phänomen handelt, sondern dass dieser automatisierte psychische Mechanismus zur Alltagspsychologie gehört, ja dass er uns als Selbstschutz die Erledigung der vielfältigen geistig-psychischen Anforderungssituationen des Lebens überhaupt erst ermöglichen hilft. Ich könnte mich beispielsweise weder konzentriert auf die aktuellen Notwendigkeiten in meiner täglichen Arbeit einstellen, noch mich der guten und schönen Dinge des Lebens erfreuen, wenn ich nicht immer wieder – zeitweise jedenfalls – meine doch durchaus begründete tiefe Besorgnis um die bedrohlichen und traurigen Realitäten auf unserer Erde aus meinem Bewusstsein verdrängen würde. Entscheidend dabei ist aber, dass es sich um eine zeitweise Verdrängung handelt und die objektive Realität im Wesentlichen subjektiv bewusst bleibt.

Ähnlich ist es bei der Verdrängung unangenehmer Phantasien und individuell nachteiliger oder bedrohlicher Realitäten aus der persönlichen Lebenssituation eines einzelnen Menschen. Eine zeitweise Verdrängung aus dem Bewusstsein ist für die Lebensbewältigung sinnvoll, aber eine weitgehende, andauernde Verdrängung – anstelle der notwendigen emotional-geistigen Bearbeitung und praktischen Bewältigung – hat ihren Preis, für den einzelnen Menschen möglicherweise in Form einer psychogenen/neurotischen Erkrankung. Es gehört zu den bahnbrechenden Leistungen Sigmund Freuds und seiner Tochter Anna Freud, diese psychischen Mechanismen bearbeitet und beschrieben zu haben, auch wenn wir heute der zu engen intraindividuellen Sichtweise (z. B. der überwertigen Bezugnahme auf die Verdrängung sexueller Triebe) nicht folgen, sondern vor allem die interindividuellen und psychosozialen Beziehungen mit berücksichtigen (König 1996). Darüber hinaus sollten wir uns aber verantwortungsbewusst bemühen, auch die mögliche sozialgesellschaftliche Bedeutung dieser Zusammenhänge zu bearbeiten, zumindest sie in ihrer potenziellen Ambivalenz in unser lebensnotwendiges Wissen aufzunehmen.

Als weiterer in der Alltagspsychologie sehr bedeutsamer Abwehrmechanismus ist für das zweite Potenzial die Illusion, die Illusionierung zu nennen. Die Art und Weise der wahrgenommenen objektiven Realität wird mehr oder weniger entsprechend den eigenen Wünschen und Bedürfnissen subjektiv illusionär verändert und verfälscht – teilweise zumindest. Die Welt soll doch schön und freudvoll sein! Und wenn eine bestimmte Situation nicht so ist, dann wird sie eben entsprechend »verzaubert«, magisch umgemünzt oder auch mit irrealen Hoffnungen ausgestattet (»Was jetzt nicht ist, das wird schon werden ...«). Aus subjektiv-wunschbedingten illusionären Erwartungshaltungen kann sich dann ein unbegründeter, unrealistischer Optimismus entwickeln. Wir kennen die Redensart vom Wunsch als Vater des Gedankens. Anstatt eine Situation so zu sehen, wie sie wirklich ist, um sie aktiv-mitgestaltend zu verändern, wird diese Realität subjektiv als Frustrations- und Aversionsabwehr, aber auch als »geistige Bequemlichkeit« in der Phantasie unrealistisch verfälscht und umgestaltet. Zunächst mag es sich mit solchen illusionären Selbsttäuschungen vielleicht sogar angenehmer leben, aber solche Bequemlichkeiten und Lebenslügen haben natürlich ihren Preis. Täuschungen ziehen Enttäuschungen nach sich. Sehr häufig ist eine Ent-Täuschung tatsächlich die Befreiung von einer Selbst-Täuschung, von einer illusionären Erwartung. So gesehen, ist eine Ent-Täuschung doch eigentlich ein positiv zu wertendes Erlebnis.

Eine positive Bewertung sozial negativer Verhaltensweisen wie der Heuchelei, der »Schönfärberei« oder anderer Tendenzen der Unwahrhaftigkeit, beispielsweise in Form von Gefälligkeitsantworten in der Schule oder gegenüber den Eltern kann für die Charakterentwicklung eines Kindes in höchstem Maße verderblich sein.

Allen Menschen, die – auch aus Gründen der Bequemlichkeit – in Versuchung geraten, unwahre, »frisierte«, illusionäre Situationseinschätzungen vorzunehmen, ist eine Rückerinnerung an die

Zeit ihrer Kindheit zu empfehlen, in der sie hoffentlich einmal Gelegenheit hatten, den tiefen Sinn zu verstehen, der in Andersens Märchen »Des Kaisers neue Kleider« enthalten ist, in dem es um die Wahrhaftigkeit der Wahrnehmungen, um die wahrnehmbaren Realitäten des Lebens und um Realitätsfälschungen geht. Wahrnehmung sollte möglichst viel mit Wahrheit zu tun haben. Ingeborg Bachmann (1983) meint gar: »Die Wahrheit ist dem Menschen zumutbar.«

Berufe, Tätigkeiten und Interessen

Aus allem bisher Mitgeteilten wird zweifellos deutlich, dass Persönlichkeiten mit einer ausgeprägt dynamischen Charakterstruktur in Berufen, die vor allem eine monotone Genauigkeit und Ausdauer erfordern, fehl am Platze sind. Im Allgemeinen meiden sie diese Tätigkeiten auch, soweit das möglich ist. Dafür bewähren sich diese Charaktere in solchen Tätigkeitsbereichen, die vor allem Flexibilität, Risikobereitschaft, Spontaneität, Initiative, Einfallsreichtum, Improvisationstalent oder auch Ausdrucksbegabung verlangen.

Und so ist es kein Zufall, wenn wir dynamische Persönlichkeiten vor allem in folgenden Berufen finden: Schauspieler, Unterhaltungskünstler, Reiseleiter, Modegestalter, Kosmetiker, Dekorateur – überhaupt im Bereich von »Handel und Wandel«. Das dynamische Potenzial ist sehr kompatibel mit den modernen Arbeitsmarktanforderungen von Mobilität und Bindungsschwäche.

Im privat-geselligen Leben und auch in gesellschaftlichen Funktionen sind diese Menschen bereichernd und anregend durch ihre sprühenden Ideen, ihre Schlagfertigkeit, ihr Gestaltungstalent, ihre Unternehmungsfreude und Kurzweil. Wenn sie anwesend sind, kommt keine Eintönigkeit auf. Selbstverständlich gibt es in den genannten Berufen, zum Beispiel bei den Schauspielern, zweifellos eine große Mannigfaltigkeit der Charaktere, aber sicherlich wird das dynamische Element, hier insbesondere das Talent zur spielerischen Verstellung als Verhaltenspotenz, insgesamt in diesem Wirkungskreis stark vertreten sein. Ein unzuverlässiger Hysteriker ohne jede Ausdauer und Anstrengungsbereitschaft wird wohl kein ernst zu nehmender Schauspieler werden können, jedenfalls nicht im Beruf. Aber ebenso ist anzunehmen, dass in jedem talentierten und bewährten Berufs-Schauspieler bestimmte Anteile aus dem dynamischen Potenzial nicht unterentwickelt, sondern – neben anderen Persönlichkeitsqualitäten – individuell reich entfaltet sind.

Und ebenso finden wir das dynamische Element natürlich auch in vielen anderen, hier nicht genannten Berufen vor, nur eben in unterschiedlicher Verteilung. Die Alltagspsychologie bestätigt die Wahl des Begriffes »dynamisch«: Könnte es in der Annonce für ein Stellenangebot heißen: »Hysterische Fachkraft gesucht?« Die pathopsychologischen Begriffe schizoid, depressiv, zwanghaft, hysterisch entsprechend dem Vorschlag von Riemann auch im Normalbereich zu verwenden, hat sich nicht durchgesetzt. In den Annoncen heißt es »Dynamische Fachkraft gesucht«.

Am Auto-/Motorrad-Steuer kommen sie – eher als andere Charaktere – in die Versuchung einer rasanten und riskanten Fahrweise, insbesondere wenn sie einen langsamen, ängstlich-zögernden Kraftfahrer, ihren Gegentyp, vor sich haben.

Die Breitendimension ihrer reichen bildlich-anschaulichen Phantasie disponiert sie nicht nur zum intensiven Genießen, sondern auch zum künstlerischen Gestalten der schönen Dinge des Lebens. Wenn ihre ästhetisch-künstlerischen Bedürfnisse und Fähigkeiten nicht beruflich eingesetzt und genutzt werden, realisieren sie sich häufig im Freizeitbereich, beispielsweise im Modeschneidern, in Rezitations- und Laienspielgruppen oder in Zirkeln für künstlerisches Gestalten. Die dynamischen Persönlichkeiten sind überhaupt mehr für das Schöne als für das Notwendige.

Für sie trifft vieles zu, was Spranger (1966) in seinen »Lebensformen« im Kapitel »Der ästhetische Mensch« beschrieben hat. Auch ihrer äußeren Erscheinung, ihrer persönlichen Umgebung und ihrer eigenen Lebensatmosphäre geben diese Menschen gern eine ästhetische Gestaltung, eine individuelle Note. Und dabei verstehen sie es durchaus, mit dem ihnen eigenen Gespür mit wenigen Mitteln ästhetisch positive Wirkungen zu erzielen. Hierzu sei aber vorwegnehmend mitgeteilt, dass gerade die ästhetisch-künstlerischen Gestaltungsqualitäten, insbesondere in der Relation von ästhetisch-symbolischer Wertigkeit gegenüber dem Kitsch, ganz wesentlich durch eine Kombination mit kreativen Fähigkeiten und

Wahrhaftigkeitspotenzen aus dem vierten Potenzial mitbestimmt werden: U- und E-Kunst.

Liebe und Partnerschaft

Dynamische Menschen sind Meister der Erotik und Sinnlichkeit. Auch in diesem Lebensbereich sind sie der Gegentyp zum archischen Charakter. Vom Flirt bis zur stimmungsvoll-raffinierten Erotik beherrschen sie alle Nuancen dieser zwischenmenschlichen Beziehungsgestaltung. Unternehmungslustig und neugierig verlieben sie sich gern und oft. Jeder Neuanfang in der Liebe hat für sie den größten Reiz. Ihr Dilemma ist die Beständigkeit und Treue, zumal sie im Verführen und Erobern erhebliche Erfolgserlebnisse für sich verbuchen können. Denken wir an »Casanova« und »Don Juan«, aber auch an »Der Reigen« von Arthur Schnitzler und »Lady Frederick« von Somerset Maugham. Der »charmante Hysteriker« liebt die Liebe – vor allem aber die Verliebtheit – mehr als den Menschen. Und in seiner Egozentrik liebt er insbesondere sich selbst. So ist seine Eifersucht auch am ehesten verletzte Eitelkeit.

In der Fachliteratur wird die Fabel vom Pfau und dem Huhn zitiert, die wegen ihrer symbolischen Verdeutlichung hier wiedergegeben werden soll (Heigl-Evers u. Heigl 1974; Riemann 1975): Die Krähe als Standesbeamtin drückt ihr Erstaunen darüber aus, dass ein so prächtiger Pfau eine so unscheinbare Henne heiraten will. Darauf seine Antwort mit gravitätischem Ausdrucksverhalten: »Ich und meine Frau, wir beide – lieben mich ganz wahnsinnig.« Natürlich heiratet dieser Pfau die unscheinbare Henne nur deswegen, um selbst neben ihr mehr zu strahlen; vielleicht aber auch deswegen, um von vornherein ein Guthaben für ungezählte Nebenlieben zu haben. Wer kann schon einer gewöhnlichen Henne treu sein? Er jedenfalls nicht. Und außerdem ist er überzeugt davon, dass kein anderer Partner seiner Henne das Leben so farbig und interessant zu gestalten vermag wie er. Dafür hat diese doch dankbar und nachsichtig zu sein.

Nicht selten ist es so, dass Menschen dieser Charakterstruktur in der Liebe gern einer festen Bindung ausweichen. Es gibt doch so viele andere interessante Frauen/Männer, und der Reiz des Neuen ist so beeindruckend. Mit glänzenden Augen wird immer wieder eine neue Verliebtheit erlebt, dieser subjektiv schöne Zustand mit einer hohen Illusionsbereitschaft. Und wie viele Selbstbestätigungen man dabei erfahren kann – vor allem, wenn einem von verschiedenen Seiten versichert wird, dass man der/die Allerinteressanteste, Begehrteste und überhaupt der/die beste Liebhaber(in) ist. Und wie schmeichelhaft, wenn man andere dazu bringt, dass sie einem nachlaufen! Wenn sie dann leiden, ist es ihr Problem. Heiratsschwindler haben für ihre Art der Lebensgestaltung ihr hysterisches Potenzial in dieser ganz besonderen Weise »kultiviert«. Der Pfau heiratet aber nicht immer und unbedingt eine Henne, sondern alternativ eine Frau, mit der er glänzen kann. Nicht unbedingt im Geistigen, das wäre zu anstrengend, aber Glänzen im extrovertierten Wirken: schön, jung, attraktiv, charmant. Auf jeden Fall eine Frau, mit der »man sich sehen lassen kann«, vielleicht sogar zum Angeben.

»Gleich und gleich gesellt sich gern« bedingt in dieser Konstellation im Allgemeinen kein dauerhaftes Glück. Der Beginn ist meistens eine Liebe mit großer Leidenschaft, doch die Flitterwochen sind irgendwann zu Ende. Und nun erwartet der eine vom anderen, dass er auch weiterhin stets bewundert und bestätigt wird. So muss es zur gegenseitigen Enttäuschung kommen. Und der graue Alltag wird überhaupt sehr schlecht ertragen. Wo bleiben da Außergewöhnlichkeit, die schönen Aufregungen und Extras? Und wenn beide nun so enttäuscht sind, verdünnt sich die anfänglich große Liebe sehr bald. Nach leidenschaftlichen Streitereien erfolgt dann bei dieser Konstellation doch meist ein Auseinandergehen.

Im Erziehungsstil disponiert das zweite Potenzial mehr zum Laissez-faire, zum Antiautoritären. Das Grenzen setzen fällt schwer, was für Kinder eine Verunsicherung bedeuten kann.

Es sollen abschließend insbesondere die sozial-positiven Potenzen dieses Strukturanteils hervorgehoben werden: Der menschliche Lebensbereich um Liebe und Partnerschaft wird im Allgemeinen durch die Erlebens- und Verhaltensmöglichkeiten dynamischer Persönlichkeiten, wenn sie nicht überwiegend im hysterischen Bereich liegen, außerordentlich bereichert; schon allein dadurch, dass die Beziehung nicht langweilig wird. Durch ihre interessante Vielseitigkeit, die meist auch vorhandene optimistische Lebhaftigkeit und die Neigung zur Geselligkeit sind diese Partner mit ihrem Charme und Esprit außerordentlich interessante und gerade dadurch auch liebenswerte Lebenspartner. Durch ihre Wesensart wird verhindert, dass eine zwischenmenschliche Beziehung in Eintönigkeit und Langeweile erstarrt. Wenn dann auch noch zusätzlich die Verhaltensqualitäten der anderen Potenziale positiv entfaltet sind und, untereinander in Wechselwirkung, mit dem dynamischen Potenzial die Gesamtpersönlichkeit bereichern, wird der spezifische Wert dieses Strukturanteils uns – insbesondere auch für den Lebensbereich von Liebe und Partnerschaft – so recht deutlich und bewusst. Der Drang, immer wieder Neues zu erleben, kann auch gemeinsam in einer beständigen Zweierbeziehung, im familiären Miteinander realisiert werden. In dieser Weise hätten wir das Dynamische weniger als akzentuiertes, sondern mehr als (in die Gesamtpersönlichkeit) integriertes Verhaltenspotenzial anzusehen.

Sozial-gesellschaftliche Bedeutung

Zunächst sei in diesem Zusammenhang die Überzeugung formuliert, dass der Typ des dynamischen Menschen (insbesondere die Wesenkräfte des zweiten Potenzials) uns die Garantie vermitteln, dass es auch zukünftig niemals eintönig-grau und langweilig werden wird. Weiterhin ist auch zu diesem Potenzial mitzuteilen, dass seine positiven sozialen Werte mehr als bei einer akzentuierten Entwicklung bei einer integralen Entfaltung zur Wirkung kommen. Beispielsweise würde bei einer akzentuierten Dominanz des zweiten Potenzials irrtümlicherweise ein unbesonnen-kurzschlüssiger Leichtsinn subjektiv für Mut gehalten werden, was nicht nur der eigenen Person, sondern auch anderen Menschen erheblich schaden könnte. Mut besteht nicht darin, dass man die Gefahr blind übersieht, sondern sie risikobereit und verantwortungsbewusst zu bannen versucht.

Und weiterhin: Was wäre unser Leben, wenn es nur das Nützliche und nicht auch das Schöne, wenn es nur Mühe und nicht auch die Freude potenziell in sich vereinen würde? Aus unserer Menschenkenntnis wissen wir, dass die Fähigkeit zur Freude durchaus individuell sehr unterschiedlich entwickelt ist: mehr laut oder leise, mehr jubelnd oder still-vergnügt; es gibt aber durchaus auch Menschen, die nur wenig zur Freude fähig sind, wie es wohl auch Shaw meinte, wenn er feststellte: »Es ist ein ungeheures Glück, wenn man fähig ist, sich zu freuen« (1976, S. 167).

Eine sicherlich übertriebene Anspielung auf die moralischen Potenzen der heitergeselligen Charaktere überliefert uns der Volksmund: »Wo man singt, da lass dich ruhig nieder, böse Menschen haben keine Lieder.« Die deutsche Sprache kennt aber auch die realistische Formulierung: »Erst kommt die Arbeit und dann das Vergnügen.« Die Reihenfolge in dieser volkstümlichen Redensart entspricht der Anordnung der Potenziale 1 und 2. Es kann als Bestandteil des Psychotherapie- und Erziehungsziels gelten, es dem einzelnen Menschen zu ermöglichen, dass er gleichermaßen arbeits- und genussfähig ist.

Sind es auch die Erzieher und Psychotherapeuten? Wenn das Gleichgewicht zu sehr nach einer Seite verschoben ist, dann ist natürlich auch die Vorbildwirkung und Identifikationsmöglichkeit beeinträchtigt, im Extremfall herrscht ein humorlos-stumpfsinniger Arbeitseifer oder eine hedonistisch-egozentrische Genuss-Sucht vor.

Die dynamische Potenz der Neugier, die Risikobereitschaft und das Erkundungsbedürfnis spielen nicht nur für die Entwicklung des Kindes eine Rolle, sondern sind auch wesentliche Verhaltenspotenzen des erwachsenen Menschen, insbesondere in ihrer Bedeutung für die wissenschaftliche Forschung. Parallel zu einer Betrachtung aus dem ersten Potenzial der »äußeren und inneren Ordnung« sei zum zweiten Potenzial auch darauf hingewiesen, dass das ästhetische Erleben, das, was ein Mensch als schön empfindet, nicht nur für äußere Eindrücke und Gestaltungen gilt. Es gibt auch die Schönheit der Gedankenkreise, der Sprache, das Schöne in der Struktur einer Hypothese, in einem Erkenntnismodell.

Nachdrücklich sei hier noch einmal die große sozial-gesellschaftliche Bedeutung der psychischen Abwehrmechanismen vermerkt, insbesondere die Bereitschaft zur Illusion, zur subjektiv-wunschbedingten Verfälschung in der Wahrnehmung und Bewertung der Realität.

Als ebenfalls gesellschaftlich nicht unbedeutender Wesenszug soll aus dem zweiten Potenzial die menschliche Neigung genannt werden, die aus einer besonderen Begabung zur Verstellung, zum sozialen Rollenspiel disponiert. Das, was ein Schauspieler auf der Bühne in positiver Weise zum Erkenntnisgewinn und auch zum Vergnügen der Menschen einsetzt, kann im täglichen Leben auch zur emotional-geistigen Verblendung, zur Täuschung der Menschen missbraucht werden, insbesondere wenn der Täuschungsabsicht auf der einen Seite eine große Selbsttäuschungsbereitschaft bei zu vielen einzelnen Menschen andererseits entgegenkommt.

Der Kampf der Widersprüche zwischen Sein und Schein spielt sich nicht nur im kleinen, sondern auch im größeren Rahmen des zwischenmenschlichen Zusammenlebens ab. Um die Gemüter der Menschen erfolgreich verführen zu können, wurden und werden auch schauspielerische Fähigkeiten verwendet und missbraucht. Inge von Wangenheim: »Eine gute Sache, schlecht verkauft, kann niemals so viel Gutes anrichten wie ein schlechte Sache, gut verkauft, Böses anzurichten vermag« (1981, S. 99).

Jedoch entstehen unter der Voraussetzung einer adäquaten Integration des dynamischen Potenzials in die Gesamtpersönlichkeit gerade die Charaktere, die nicht nur die konservative Bereitschaft zum Bewahren und Erhalten, sondern auch die Aufgeschlossenheit und die Bereitschaft zur progressiven Aneignung neuer Erkenntnisse in sich entwickelt haben, was dann auch heißen kann, andere, neue Wege zu gehen.

Abschließend sei die besondere Bedeutung der Verhaltensqualität hervorgehoben, die wir Toleranz nennen, ohne die unser »Eine-Welt-Bekenntnis«, die Bereitschaft zu einem friedlichen Zusammenleben unterschiedlicher einzelner Menschen und auch unterschiedlicher Rassen und Völker auf unserer Erde ohne reale Chance wäre:

> »Ich habe einen Traum,
> dass eines Tages meine vier kleinen Kinder
> nicht nach der Hautfarbe,
> sondern nach ihrem Charakter beurteilt werden ...«
> (Martin Luther King 1963, zit. in: Bahr und Grosse 2003, S. 92)

Abb. 6: Junge Mutter (Ausschnitt) (Käthe Kollwitz)

»Edel sei der Mensch, hilfreich und gut!«
(Goethe)

(3) Das Emotive: Wo du hingehst, da will auch ich hingehen

Bedürfnisse, Fähigkeiten, Aversionen und Abwehrmechanismen

Der Mensch wird nicht als »unbeschriebenes Blatt«, nicht als tabula rasa geboren. Welche Potenzen, Anlagen, Möglichkeiten hat er dann aber »von Natur aus« – ist er primär mehr »gut« oder »böse«? Und was kann er in seiner Entwicklung werden? Dieses uralte Problem ist eine Grundfrage in allen Religionen und Ideologien, es hat von jeher die Philosophen und Dichter und alle Humanwissenschaftler intensiv beschäftigt und bewegt. Aus der langen Geschichte der unterschiedlichen Gedanken und Konzepte zu dieser Frage erscheint in ganz besonderer Weise hervorhebenswert, was Herder 1793 in seinen »Briefen zur Beförderung der Humanität« geschrieben hat: »Humanität ist der Charakter unseres Geschlechts; er ist uns aber nur in Anlagen *angeboren* und muss uns eigentlich *angebildet* werden. Wir bringen ihn nicht fertig auf die Welt mit; auf der Welt aber soll er das Ziel unseres Bestrebens, die Summe unserer Übungen, unser Wert sein [...] Zum Besten der gesamten Menschheit kann niemand beitragen, der nicht aus sich selbst macht, was aus ihm werden kann und soll« (1978, S. 263f.). Aus Herders Formulierung entnehmen wir ganz eindeutig sein Bekenntnis zum Sowohl-als-auch: Der Mensch hat eine Anlage zur Humanität, aber nur als Möglichkeit, die sich nicht im Selbstlauf entwickelt, sondern erst durch Umwelteinwirkungen, durch liebevolle Erziehung und Selbsterziehung zur Entfaltung kommen kann.

Es scheint so, als ob im Projekt der Aufklärung langfristig »Verstand« und »Bewusstsein«, das Rationale als Katalysator für die Entstehung prosozialer Verhaltensweisen, überschätzt worden sind, wobei emotionale Motivationen für Haltungen der Mitmenschlichkeit unterbewertet wurden (Scheler 2000). Und wenn wir uns in der Dialektik zwischen den Ebenen des Rationalen und des Emotionalen insbesondere letzterer zuwenden, dann kommen wir bei der Betrachtung des dritten Potenzials auch zu der Frage nach dem evolutionären Sinnbezug dessen, was wir als das Gute im Menschen bewerten. Gibt es hierfür eine genetische Anlage?

Als Schlussfolgerung formuliert Doris Bischof-Köhler in ihrem Buch: »Der Erziehung zu prosozialer Gesinnung und sozialer Verantwortlichkeit kommt mit der Empathie also eine im Kind angelegte und sich spontan entfaltende Disposition entgegen. Wenn die Sozialisation diese allerdings nicht in angemessener Weise fördert, kann sie verkümmern oder in falsche Kanäle geleitet werden« (1989, S. 169). Auf welche Weise dies geschehen kann und vielfach variantenreich geschieht, schildert der Psychoanalytiker Mentzos (1994, 2002) insbesondere in seinem Kapitel »Verdrängung und Verschüttung des ›Guten‹«. Zu den Bedürfnissen und Strebungen des dritten Potenzials gehört der Wunsch nach emotionaler Nähe und das Mitgefühl, die potenzielle Fähigkeit zum Mitleid und zur Mitfreude. In diesem Charakterpotenzial haben wir – individuell unterschiedlich stark – das menschliche Bedürfnis zum Gut-Sein im ursprünglichen Sinne, also die elementare Grundlage dessen, was sich mit dem Begriff der Humanität in der Kulturgeschichte der Menschheit verbindet.

Eine begriffliche Schwierigkeit stellt das deutsche Wort Liebe dar, das sowohl die erotisch-sexuell-körperliche als auch die altruistische, die Nächsten- und auch die allgemeine Menschenliebe (Agape), das was wir unter »Güte« verstehen, umfasst (»Liebe deinen Nächsten wie dich selbst«). Es sei auf folgende Begriffspaare hingewiesen, die diese beiden Seiten der Liebe auch wörtlich unterscheiden:

Amor	und	*Caritas* (lat.)	– aus dem europäischen
Eros	und	*Agape* (griech.)	Altertum → Christentum
Raga	und	*Metta* (Pali)	– aus dem Buddhismus

Es sind insbesondere die emotiven menschlichen Qualitäten, die Werte des Mitfühlens und der Barmherzigkeit, die als Kern der Glaubensethik in allen großen Religionen vorkommen. Das Mitgefühl (Mit-Fühlen) kommt aus einem eigenen – unabhängig von der Intelligenz, der rationalen Ebene existierenden – Motivationspotenzial, es ist mit emotionalen Bedürfnisempfindungen verbunden. Das dritte Möglichkeitsfeld, das Gemütspotenzial im engeren Sinne, stellt eine ganz besondere, neue Qualität in der evolutionären Höherentwicklung des Psychischen dar.

Wenn die Herausbildung von potenziellen Fähigkeiten zum interindividuellen Beistandsverhalten in der Evolution auch nicht allein das eigentlich Menschliche ist, so stellt aber wohl die evolutive Herausbildung des Mitgefühls als Voraussetzung des Altruismus im engeren Sinne – unter ethischem Aspekt – etwas vordergründig Wesentliches innerhalb dessen dar, was wir allgemein unter Menschlichkeit, unter Humanität als Vorbedingung für den Homo humanus oder Homo sozialis verstehen.

Zur phylogetischen Herkunftslinie schreibt Simonov: »Der erstaunliche Mechanismus des Mitgefühls, diese Fähigkeit, fast physisch die Einwirkung, der der andere ausgesetzt ist, zu empfinden, wurde von der Evolution auf einer vormenschlichen Etappe angelegt und erlangt eine qualitativ neue Bedeutung in den Beziehungen zwischen den Menschen« (1982, S. 38). Der Autor stellt dann im anschließenden Teil mit Bezugnahme auf Tobach (1969) fest, dass die evolutionäre Herkunft der Emotion des Kummers schwer verständlich wäre, wenn sich nicht auch schon parallel das Mitgefühl herausgebildet hätte; denn ohne dieses würde die emotionale Ausdrucksreaktion des Kummers, der Ausdruck eines niedergeschlagenen, depressiven Zustandes die Überlebensmöglichkeiten des Individuums in der Gruppe eher verringern. Mitgefühl und Kummer/Depressivität werden bei diesen Betrachtungen also in einer bestimmten Beziehung zueinander, in einem gemeinsamen evolutiven Entstehungszusammenhang gesehen. Diese Feststellung stimmt überein mit der Bipolarität innerhalb des dritten Potenzials (vgl. Abb. 1), die sowohl Traurigkeit, Hilflosigkeit, Depressivität/Depression (innerer Pol) als auch Mitgefühl, Hilfsbereitschaft, Altruismus (äußerer Pol) in einem qualitativen Zusammenhang, in einem gemeinsamen Möglichkeitsfeld vereint.

Ein anderer Gesichtspunkt zur Phylogenese (s. auch König 1993, S. 27) ist folgender: Das unfreiwillig-passive Verharren im apathischen Zustand einer phasischen Depression spart Körperenergie und könnte so in Hungerperioden einen positiven Selektionswert, eine potenzielle Überlebenschance gehabt haben. Könnte die im Menschen mit interindividuellen Unterschieden teilweise vorhandene Anlage zur psychischen Krankheit »Depression« oder auch »Melancholie« der Preis der Evolution dafür sein, dass sie in der Höherentwicklung des Psychischen das menschliche Mitgefühl, die Gutmütigkeit, Verhaltenspotenzen und Strebungen zum zwischenmenschlich Guten hervorgebracht hat?

Lumsden und Wilson (1984) äußern sich vom Standpunkt des Konzepts der Soziobiologie zur Evolution des Altruismus. In sehr ausführlicher Weise hat sich auch der US-amerikanische Autor Erwin Staub (1982) mit den Fragen von Altruismus und Mitgefühl auseinandergesetzt und dabei verschiedene vorliegende Konzepte, Hypothesen und eigene Forschungsergebnisse zur »Entwicklung prosozialen Verhaltens. Zur Psychologie der Mitmenschlichkeit« in einem Grundlagenbuch vereint.

Meine eigene aus empirischer Beobachtung und Nachdenken, also mehr induktiv entstandene Überzeugung, dass es für das Mitgefühl eine stammesgeschichtlich herausgebildete Anlage als Prädisposition für altruistisches Verhalten geben müsse – bekräftigt durch die Forschungsergebnisse verschiedener anderer Wissenschaftsdisziplinen –, mündete insbesondere bei diesem Problem in die Erkenntnis einer spezifischen ethischen Höherentwicklung des Psychischen, die – auch von der verhaltensbiologischen Ebene her (vgl. z. B. Eibl-Eibesfeldt 1985) – einen humanitären Optimismus trotz aller »niedrigen« Elemente des Menschlichen durchaus nicht unrealistisch erscheinen lässt. Könnte dieser Faktor nicht vor allem die dialektische Potenz für einen vorsichtig begründeten Zukunftsoptimismus sein – auch wenn der Mensch und alles Lebendige weiterhin gefährdet bleiben werden? In diesem Sinne äußert sich auch Hüther in seinem sehr lesenswerten Buch »Die Evolution der Liebe« (2003).

Die nachfolgende Beschreibung der Verhaltensqualitäten des dritten Potenzials beruht also auf der Überzeugung, dass die Erziehung sich auch auf eine angeborene Verhaltensbereitschaft, ein Bedürfnis zum Gutsein stützen kann; dass das »sogenannte Böse«, das Aggressive als angelegte Verhaltenspotenz zwar vorhanden ist (Lorenz 1981), aber nicht dominant, nicht obligat als das eigentliche Böse wirksam werden muss. Es hat einen in der jüngeren, höheren Evolution entstandenen Gegenspieler. Die Schöpfung meint es eigentlich gut mit uns (Duchrow et al. 2006).

Diese für die Ethik hochbedeutsame Ambivalenz ist immer wieder hervorzuheben, wenn zu hören ist, dass rücksichtsloser Egoismus in oberflächlich-entschuldigender Einseitigkeit als »menschliche Natur« gerechtfertigt wird. »Fressen und Gefressenwerden« sei eben das Gesetz des Lebens. Aber wir sind keine Fische. Als Menschen haben wir die Freiheit zur Verantwortung, gerade weil wir von unserer Natur her nicht nur linear auf den Egoismus programmiert sind, sondern auf unserem langen evolutiven Entwicklungsweg auch komplementär die Möglichkeit des Gegenteils in unseren Seins- und Verhaltenspotenzen mitbekommen haben: die Fähigkeit zu Mitgefühl und Nächstenliebe, zum Altruismus. Allerdings gibt es hierzu doch auch weiter und tiefer zu bedenkende offene Fragen. Zum einen: Sollte es vielleicht doch so sein, dass für diese Polarität individuell unterschiedliche Anlagen bestehen? Ich hoffe und wünsche es nicht, dass es teilweise so etwas wie ein primäres Defizit (Gemütsarmut) im dritten Potenzial gibt. Wenn aber doch? Welche Konsequenzen würden sich daraus ergeben? Zweitens scheint es zweifelsfrei so zu sein, dass der Selbsterhaltungstrieb und mit ihm das Cholerisch-Aggressive im phylogenetisch älteren ersten Potenzial mit einer viel stärkeren Temperamentsenergie im Vergleich zum Melancholisch-Emotiven (Potenzial 3) ausgestattet ist, dass das Emotive also wohl das energetisch schwächere ist.

Um bei dieser Erkenntnis, Vermutung nicht in einen anthropologischen Pessimismus zu fallen, ist daran zu denken, dass es auch noch andere emotional-rationale menschliche Potenzen zur ausgleichenden Gegensteuerung gibt. Aus dem Bereich der Verhaltensbiologie meint hierzu Eibl-Eibesfeldt: »Aber weder die Liebe allein, noch die Vernunft für sich könnte eine Zukunft des Menschen garantieren. In der Verbindung von Liebe und Vernunft sehe ich jedoch Chancen für eine humanitäre Evolution« (1991, S. 61). Und der Philosoph C. F. von Weizsäcker ist der Auffassung: »Vernunft und Liebe sind nicht identisch, aber aufeinander angewiesen« (1986, S. 67).

Zur Verdeutlichung der emotiven Wesenskräfte haben wir uns Persönlichkeiten vorzustellen, bei denen das emotive Potenzial stark ausgeprägt und entfaltet und dadurch weitgehend verhaltensbestimmend ist (s. Abb. 1, äußerer Bereich). Der Weltbezug des Fühlens und Glaubens bedeutet diesen Menschen oft mehr als der des Wissens (Glauben: »bewertetes Nichtwissen«; Erpenbeck 2004, S. 5; vgl. Wolf 2005).

Der emotive Gemütsmensch hat im Allgemeinen »zu wenig Phantasie für das Böse« (Riemann 1975). Weil er nach seinem mehr gefühlsmäßigen Lebenskonzept wünscht und möchte, dass alle Menschen – wenigstens überwiegend – gut sind, lässt er sich von anderen leicht täuschen und überfordern.

Das Nein-Sagen fällt grundsätzlich schwer. Durch das starke Harmoniebedürfnis werden konfrontative Auseinandersetzungen »um des lieben Friedens willen« häufig vermieden. Es kommt dann über die subjektive Konfliktverharmlosung zu dem sozialen Phänomen, das allgemein mit »Probleme unter den Teppich kehren« bezeichnet wird. Und so geraten diese weichherzigen Menschen auch häufiger in Lebenssituationen, in denen sie durch andere ausgenutzt werden, woran sie aber auch ihren eigenen Anteil haben.

Es gibt schon seit jeher in der psychologischen, belletristischen und philosophischen Literatur viel darüber zu lesen, was unter echtem Altruismus zu verstehen ist. Ist das »eigentlich Gute« im Alltag immer zu unterscheiden von der Scheinheiligkeit des Hysterischen? Wesentlich bei dieser Unterscheidung ist die Antwort auf die Frage nach dem Eigennutz. So ist beispielsweise demonstratives »Mitleid« verdächtig, mehr Egoismus als Altruismus zu sein: sich selbst gegenüber dem anderen zu erhöhen und dabei noch als gutmütig zu gelten (Adler 1974a, S. 242).

Im Folgenden sei auf Beispiele uneigennützigen Gut-Seins aus der Literatur, der dramatischen Kunst hingewiesen, zunächst auf die stumme Kattrin als Tochter und eigentliche Gegenspielerin der »Mutter Courage« von Bertolt Brecht. Die im Personen-Ensemble eher unscheinbare und bescheidene Kattrin ist die wirkliche Heldin, die aus dem Motiv der Hilfsbereitschaft, der mitfühlenden Fürsorge für die anderen – und im vollen Bewusstsein um das Risiko – ihre große rettende Tat mit dem Opfer ihres eigenen Lebens bezahlt. Ihre Mutter hatte vorher einmal über sie gesagt: »Was die für Träum haben muss! [...] Die leidet am Mitleid.« Und Kattrin steht »in echter Mütterlichkeit gegen ihre Mutter und gegen den Krieg auf, um anderen zu helfen, um viele fremde Kinder zu retten« (Witt, 1962, S. 98). Sophokles ließ seine Antigone sagen: »Nicht mitzuhassen, mitzulieben bin ich da.«

Verzichts- und Opferbereitschaft seien als Verhaltensqualitäten des dritten Potenzials hervorgehoben. In der Ontogenese, der Individualentwicklung oder auch Sozialisation kommt es ganz wesentlich darauf an, dass durch die richtigen Umwelteinwirkungen – speziell durch eine adäquate Befriedigung emotiver Bedürfnisse – aus dem Zustand der Hilflosigkeit (des menschlichen Neugeborenen) bei dem heranwachsenden Kind allmählich eine Haltung der selbstverständlichen Hilfsbereitschaft wird: ein dialektischer Vorgang also.

Dieser Qualitätsumschlag ist keineswegs ein psychischer Automatismus. Gerade das erste Lebensjahr ist eine sensible Phase für die Entwicklung emotiver Qualitäten. Das heißt, insbesondere das kleine Kind, der ganz junge Mensch braucht ausreichend einfühlsam-zärtliche Liebe, um später auch liebesfähig zu sein, um Liebe geben zu können.

> »Tugend will ermuntert sein, Bosheit kann man schon allein!« (Wilhelm Busch).

Versäumnisse im Bereich der emotionalen Entwicklung können sich verhängnisvoll auswirken. Sie verhindern eine optimale Entfaltung des dritten Potenzials und lassen wertvolle Gemütspotenzen verkümmern. Es kann dann aus dem emotiven Möglichkeitsfeld mehr die Haltung einer permanenten Hilfsbedürftigkeit, eine hilflos-passive, nehmende Haltung und – insbesondere bei einer sehr ungünstigen Nehmen-Geben-Bilanz – auch die mehr oder weniger latente Erwartungshaltung mit »Riesenansprüchen« (Schultz-Hencke 1978, S. 77) entstehen.

Stellen wir bei unseren Beobachtungen immer die Frage nach dem Warum, nach dem Motiv eines bestimmten Verhaltens. Leeds (zit. bei Staub 1982) stellte drei Kriterien auf, die bestimmend dafür sind, ob eine Handlung als altruistisch zu bezeichnen ist: 1. Die Handlung ist Selbstzweck und nicht auf eigenen Gewinn ausgerichtet. 2. Die Handlung wird freiwillig ausgeführt. 3. Die Handlung bewirkt Gutes. Dabei müsste aber wohl noch bedacht werden, ob das jeweils einzelne Gute auch wirklich das allgemein Optimale auf längere Sicht ist.

Zum Mitfühlen des emotiven Menschen gehört aber nicht nur das Mitleiden mit anderen, sondern auch die echte Mitfreude. So haben diese Charaktere auch weniger Tendenzen zur Schadenfreude. Da emotive Menschen anderen Gutes gönnen, sind sie auch weniger neidisch als andere Charaktere, und ihre wohlwollende Mitfreude am Erfolg eines anderen ist weitgehend echt (Scheler 1999).

Die Fähigkeit eines Menschen zum echten Mitgefühl äußert sich auch sehr deutlich in seinem Verhältnis zu Tieren. Ein feiner Indikator hierfür kann sein, ob er bei der Beobachtung einer Tierquälerei gleichgültig bleibt oder das drängende Bedürfnis verspürt, dem leidenden Tier zu helfen.

Es erscheint weiterhin interessant und nachdenkenswert, wie das Emotive gegenwärtig mit der Geschlechterfrage korreliert. Es scheint so, als habe es die Zuordnung des eigentlich Weiblichen, des Mütterlichen erhalten. Schopenhauer äußert sich in den Darlegungen seiner Mitleids-Ethik zu diesen Fragen über die Frauen: » [...] hingegen übertreffen sie die Männer in der Tugend der Menschenliebe [...] Gerechtigkeit ist mehr die männliche, Menschenliebe mehr die weibliche Tugend« (1999, S. 336). Zweifellos wird das emotive Potenzial wohl auch gegenwärtig von Frauen mehr entfaltet und ausgelebt als von Männern, bei denen sowohl das Kämpferische als auch die rationale Sachlichkeit häufiger sind. In der Betrachtung dieser Zusammenhänge möchte ich zunächst die Kausalfrage offen lassen: Sind die Ursachen in einer stärkeren Anlage zum Emotiven oder vorwiegend in Umweltbedingungen zu sehen? Zweifellos spielen letztere eine sehr entscheidende Rolle.

Interessant ist in diesem Zusammenhang auch folgender Gedanke: Wenn die positive Entfaltung des dritten Potenzials Prädispositionen für prosoziales Verhalten schafft, dann sollten emotive Menschen weniger kriminell sein. Die Kriminalitätsstatistik sagt weltweit aus, dass der Anteil der Frauen anhaltend wesentlich geringer ist als der der Männer. Der Unterschied ist besonders groß bei Gewaltdelikten. Als Erklärung von der Geschlechterpsychologie her scheint Folgendes wesentlich zu sein:
- Bei Frauen ist sowohl das vorausfühlende Mitleiden mit den möglichen Opfern krimineller Handlungen stärker verhaltenswirksam als auch

- ein stärkeres Angstpotenzial, also mehr Ängstlichkeit, die vor blindwütigem Aktionismus warnt. Bei geplanten Vergehen und Verbrechen mag auch die Angst, dass »es herauskommen könnte«, stärker entscheidungsmotivierend sein.
- Demgegenüber bedingt das größere Aggressivitätspotenzial bei den Männern mehr cholerische, »kriminelle Energien« und so eine stärkere Bereitschaft zur ein- und angreifenden Umweltauseinandersetzung, speziell zur Gewaltkriminalität – durchaus auch mit der Ventilfunktion einer ungehemmten affektiven Entladung.

Und wie ist das mit dem Krieg? (s. Mentzos, 1994/2002). Weichherzigkeit ist gegenwärtig immer noch – mehr oder weniger unausgesprochen – als Schwäche, als »unmännlich« verpönt. Weichheit, auch das so genannte Weichwerden oder Sich-erweichen-Lassen bedeutet jedoch eigentlich mitfühlen können, Barmherzigkeit in sich aufkommen lassen. Wenn man ein kämpferischer Held sein will, ist das störend und muss als »Weichlichkeit« diffamiert und in sich selbst niedergehalten werden.

Es gibt aber auch die echte Schwäche des dritten Potenzials (s. Abb. 1, innerer Bereich; Abb. 2b) in Verhaltensbereitschaften der depressiven Regression, zum Beispiel Kleinmut, Unselbstständigkeit, Abhängigkeit, Hilflosigkeit; weiterhin depressive Verstimmungen mit Minderwertigkeitsgefühlen, Verzagtheit, Pessimismus, Traurigkeit und Resignation; aber durchaus auch die Tendenz zu behaglicher Bequemlichkeit. Der ebenso geistreiche wie gemütvolle Albert Schweitzer sagte humorvoll über sich selbst: »Im Grunde meiner Seele bin ich ein Faulpelz, aber gerade deswegen muss ich so hartnäckig arbeiten« (zit. in Nossik 1984, S. 17). Parallel dazu sollte sich ein mehr zur Passivität neigender, kleinmütig-verzagter Mensch sagen: Im Grunde meiner Seele bin ich ein Feigling, aber gerade deswegen muss ich all meinen Mut zusammennehmen. Wenn er nicht ein depressiv Kranker ist, kann ihm diese Selbstermutigung nützlich sein.

Die Psychopathologie der Depression soll hier nicht beschrieben werden. Es sei jedoch an dieser Stelle erwähnt, dass das dritte Potenzial des Psychischen (s. Abb. 1) in seinem mehr negativen Möglichkeitsfeld die Disposition zur depressiven Erkrankung enthält. Und so erklärt es sich, dass in der medizinisch-psychologischen, vor allem aber in der psychotherapeutischen Fachliteratur auch die allgemein sozial-positiven Verhaltensqualitäten der gemüthaften Charaktere als »depressives Gehabe« (Schultz 1974) oder mit der Bezeichnung »depressive Struktur«, »depressive Persönlichkeiten« (Riemann 1975; König 1993) oder »depressive Position« (Klein 1983) beschrieben worden sind.

Berufe, Tätigkeiten und Interessen

In Berufen, die vor allem eine kühle Sachlichkeit erfordern, fühlen sich emotive Persönlichkeiten auf die Dauer nicht wohl. Der mitmenschliche Bezug ist für sie auch in der Arbeit vordergründig wichtig. So sind diese Charaktere vor allem in Tätigkeiten und Berufen zufrieden, die ein Sozialengagement zur Voraussetzung haben: Kranken-, Behinderten- und Altenbetreuung; Erziehung und Fürsorge. In Heimen für elternlose oder familiengelöste Kinder können emotive Menschen mit ihrer echten liebevollen Warmherzigkeit gerade das ausstrahlen, was hier am allerwichtigsten ist: wohlwollende Mitmenschlichkeit. Nicht selten lassen sich emotive Persönlichkeiten in Sozialberufen überfordern, was sowohl auf ihr Mitgefühl mit den Leiden anderer als auch auf ihre verminderte Fähigkeit zum Nein-Sagen zurückzuführen ist. Das Gleiche gilt auch für alle ehrenamtlichen Tätigkeiten. Über die seelische Problematik der helfenden Berufe hat Schmidbauer (1977/1986) das sehr lesenswerte Buch »Die hilflosen Helfer« geschrieben. Die Motive zum Helfen können sehr facettenreich und insbesondere auch mit der eigenen Lebensgeschichte verknüpft sein.

Wenn der Medizin unserer Zeit durchaus nicht zu Unrecht der Vorwurf einer gemütsarmen Labor- und Apparatemedizin gemacht wird, dann sollten wir uns konkret auf die emotiven Gemütswerte besinnen. Das muss nicht heißen, vor Mitleid und Weichherzigkeit zu zerfließen; aber bei all unserem Tun sollten wir das Einfühlungsvermögen nicht verkümmern, sondern gerade in medizinischen Berufen sich differenziert entfalten und wirksam werden lassen (Dörner 2001). Grundsätzlich ist für emotive Menschen bei allen Tätigkeiten insbesondere die Arbeitsatmosphäre wichtig, das überwiegend freundliche Klima im Wirkungsbereich. »Wo es friert, da wächst nichts«, sagt ein altes Sprichwort.

Liebe und Partnerschaft

Emotive Charaktere mögen, ersehnen und suchen den Paarzustand, in dem mit einem geliebten Menschen an der Seite die Freuden verdoppelt und die Leiden geteilt werden. Sie sind zärtlich Liebende mit tiefen und echten Gefühlen der Zuneigung. Und so suchen sie – bewusst oder unbewusst – einen in dieser Weise passenden Partner zum Lieben und Geliebt-Werden, möglichst lebenslang. Und wenn sich zwei in dieser Art Liebende für eine Partnerschaft entdeckt haben, könnten sie eine im eigentlichen Sinne zutiefst menschliche Liebes- und Lebensgemeinschaft vor sich haben. Ihren Kindern sind sie wirkliche »Eltern der Liebe«, im Unterschied zu den archischen »Eltern der Pflicht«.

Emotionale Zuneigung und Zärtlichkeit sind für emotive Menschen wichtiger als Sexualität, die sie durchaus nicht abwerten und ablehnen; aber sie steht in den Erwartungen innerhalb einer Liebesbeziehung nicht unbedingt an erster, vielleicht an zweiter Stelle. Sexualität ohne Zärtlichkeit erscheint emotiven Menschen primitiv, eher tierisch; stellt sich eine solche Partnereinstellung als unabänderliche Dauerhaltung heraus, so wird der emotive Liebespartner unglücklich sein. Er/sie wird dann entweder mit einer gewissen Opferhaltung in dieser Zweierbeziehung bleiben oder anfällig werden gegenüber anderen Verführungen, die liebevolle Zärtlichkeit bieten. Zum »Aussteigen« entschließt er/sie sich jedoch nicht so leicht; viel häufiger wird wieder jener Abwehrmechanismus wirksam, den wir »Idealisierung« nennen: Durch eigene Wunschvorstellungen wird dem Partner all das zugeschrieben, was er gar nicht hat, was man sich aber von ihm erträumt.

Und da für emotive Menschen ganz grundsätzlich Liebe und Partnerschaft, Leben und Erleben in Gemeinsamkeit einen hohen Wert haben, tolerieren, tragen und ertragen sie auch langfristig einen Partner mit großen Schwächen; aus ihrer Einsamkeitsangst heraus vielleicht sogar in höriger Abhängigkeit. Da diese Charaktere in der Liebespartnerschaft die größte Hingabebereitschaft haben, lassen sie sich auch in dieser Beziehung eher ausnutzen, allerdings häufig mit einer dahinter stehenden Haltung der Dankerwartung.

Das in der Zweierbeziehung realisierte starke Bedürfnis nach Gemeinsamkeit kann sich zu einem Gefühl des Aufgehens, der Verschmelzung steigern. So resultiert daraus die latente Gefahr, den Partner »vor Liebe zu erdrücken«, ihn zu sehr einzuengen, ihm nicht genug Eigenleben zu lassen und ihn vielleicht gerade dadurch in die Flucht zu treiben (Heigl-Evers u. Heigl 1974). Die Verschmelzungstendenz, die zu eng gelebte Zweierbeziehung, kann tatsächlich einer weiteren autonomen Persönlichkeitsentfaltung entgegenstehen; sowohl der eigenen, als auch der des anderen. Das trifft mit Freigabeproblemen für die heranwachsenden Kinder in der Adoleszenz auch auf die Elternrolle zu.

Die meist nur in weichen Formen geäußerte oder auch (pseudo-)altruistisch unterdrückte Eifersucht dieser Charaktere resultiert vor allem aus der Furcht vor dem Verlassenwerden, vor dem Verlust der emotionalen Nähe, aus der Aversion vor der Einsamkeit. Und eine zu übertrieben versuchte Partneridentifikation, meist aus einer nicht bewältigten Verlustangst resultierend, kann bis zur völligen Aufgabe einer eigenen Meinung führen. Ansichten, Werteorientierungen, Lebensgewohnheiten und Hobbys werden vom anderen übernommen und gemeinsam mit ihm gelebt. Auch im Geistigen und in der subjektiven Wertorientierung kann Liebe bis zur Selbstaufgabe gehen.

Kommt es jedoch in der Hingabetendenz nicht zur Übertreibung, dann finden wir gerade in dieser Liebesform echte Mitmenschlichkeit, die über dem Egoismus steht; etwa mit dem Erleben: Mein Glücklichsein besteht vor allem darin, dass ich ihn/sie, den Partner/die Partnerin glücklich mache; Schweres wird gemeinsam getragen und Freude potenziert erlebt. Das Streben nach Harmonie und Verträglichkeit ist – insbesondere als beiderseitiges Bedürfnis – eine Voraussetzung für eine gefühlsinnige Partnerschaft und ein Geborgenheit bietendes Familienleben. Und können wir in dem Bedürfnis, vom anderen nicht nur äußerlich-körperlich, sondern eher noch seelisch berührt zu werden, nicht eigentlich ein Zeichen einer höheren emotional-erotischen Kultur sehen?

Sozial-gesellschaftliche Bedeutung

Machen wir uns noch einmal die wesentlichen potenziellen Werte des Emotiven bewusst: Mitgefühl, Friedfertigkeit, Hilfsbereitschaft, Freundlichkeit, Altruismus, Verträglichkeit, Gutmütigkeit, Güte als Liebesfähigkeit im Sinne der Agape. Freundlichkeit schließt Kritik nicht aus, aber sie bestimmt das »Wie« dabei. Kritisches Wohlwollen in den zwischenmenschlichen Beziehungen entspricht zweifellos einem hohen kulturellen Wert. Nehmen wir diese Gemütswerte an und lassen wir in uns nicht die positiven Wesenskräfte verkümmern, mit denen die Evolution uns Menschen auch ausgestattet hat. Ein gemütsarmer Rationalismus kann die emotiven Werte nicht ersetzen. Was in der Psyche des Folterers fehlt, ist nicht unbedingt Intelligenz – es gibt hochintelligente sadistisch-brutale Verbrecher –, sondern das Mitgefühl, das Mitfühlen mit den Leiden des anderen (Bauer 2006).

Wenn wir das Emotive als eine wesentliche Potenz in der Höherentwicklung des Psychischen (als das evolutionär Jüngere und Höhere) ansehen, dann haben wir uns bewusst zu machen, dass es auch »das Höhere« in den Verhaltensqualitäten des Menschlichen, dass es das Humane im engeren Sinne ist. Es wäre anzusehen als der in der Höherentwicklung entstandene Gegenspieler zu den auch weiterhin vorhandenen »niedrigen« Potenzen, von Niedertracht, von Egoismus, Missgunst und Neid, Brutalität und Grausamkeit.

Je mehr einzelne Menschen sich ihrer unterschiedlichen Verhaltensmotive im alltäglich-persönlichen Leben bewusst werden, um so mehr kann sich wohl auch die echte Freundlichkeit in größerer Dimension entfalten. Mit seinem Buch »Der Verlust des Mitgefühls. Über die Politik der Gleichgültigkeit« warnt der Psychoanalytiker Gruen (2002) vor gegenwärtigen Tendenzen mit Zukunftsbedeutung.

Im globalen Maßstab sollten wir uns immer wieder die Frage stellen: Wer vertritt wo, wie, mit welchen Täuschungsmanövern und warum die Interessen welcher Personen oder Machtgruppen, die das Grundbedürfnis der Menschen nach Frieden missachten und bedrohen? Welche religiösen Gefühle werden für Terrorismus und Kriege missbraucht? Eine unkritische, undifferenziert-generalisierte Gutgläubigkeit in unserer derzeit global gefährdeten Welt wäre nicht nur unrealistisch, sondern sie würde auch eine mögliche Bewusstmachung der Ambivalenz in der Existenzfrage der Menschheit verhängnisvoll behindern.

Emotive Persönlichkeiten entwickeln – wie mehrfach in der Fachliteratur und auch hier bereits beschrieben – »zu wenig Phantasie für das Böse«. In ihrer idealisierten kleinen und großen Welt soll es gemütlich sein. Wenn wir in diesen Zusammenhängen bereit sind, aus der Geschichte zu lernen, so sei an die Vielen in der Vergangenheit erinnert, die das reale Böse leugneten oder verharmlosten und die nicht wahrhaben wollten, was da geschah, weil ihre Gemütsruhe ihnen wichtiger war. So sollte unsere Friedenssehnsucht das Mitgefühl mit den Hungernden und Leidenden auf unserer Erde ebenso einschließen wie die Hoffnung auf eine gesellschaftliche Weiterentwicklung zum planetarischen Frieden. Die Humanität unserer Zeit braucht keine passive Selbstzufriedenheit, keine Apokalypseblindheit (Anders 1988, S. 267), sondern viel eher eine Bewusstseinsrevolution, ein Wissen um die größer gewordene Gefahr. Und dazu bei immer mehr Menschen die Sehnsucht nach einer friedlich-gerechteren Welt – eine Voraussetzung für die Bewahrung der Schöpfung im globalen Maßstab. Nur eine solche, nicht ungeprüfte Einstellung zum Mitgefühl und zur Frage des Friedens kann dazu beitragen, dass das 1892 von Louis Pasteur wie folgt formulierte Hoffnungsbekenntnis auch jetzt, nach über 100 Jahren, vielleicht in einer ferneren Zukunft doch noch Verwirklichungschancen hat:

> »Unerschütterlich glaube ich daran,
> dass Wissenschaft und Frieden siegen werden
> über Unwissenheit und Krieg,
> dass die Völker zur Eintracht gelangen,
> nicht zum Zwecke der Zerstörung,
> sondern des Schöpfertums,
> und dass die Zukunft jenen gehört,
> die das meiste tun für die leidende Menschheit.«
> (Louis Pasteur, zit. in Nicolle 1957, S. 36)

Abb. 7: Der Denker (Auguste Rodin)

»Meine Sachen,
die soviel Beifall gefunden hatten,
waren Kinder der Einsamkeit.«
(Goethe)

(4) Das Kontemplative: Störe meine Kreise nicht[5]

Bedürfnisse, Fähigkeiten, Aversionen und Abwehrmechanismen

Im vorigen Kapitel haben wir erfahren: Der emotive Mensch braucht die Gemeinsamkeit. Der jetzt zu Beschreibende, der Kontemplative benötigt das Alleinsein, die Einsamkeit – zeitweise jedenfalls. »Monatelang, des großen Werkes willen, lebt er im allerstillsten Stillen« (Goethe). Liebt und sucht der Emotive vor allem die zwischenmenschliche Nähe, so braucht und sucht der Kontemplative die persönliche Distanz, Bedingungen zum ungestört vertieften Nachdenken. Auch in diesem Vergleich (Potenzial 3 und 4) sehen wir eine komplementäre Gegensätzlichkeit; zwei Pole, die sich ergänzen. Und wir erkennen auch wiederum das zweite Grundgesetz der Dialektik: Kampf und Einheit der Gegensätze. Auch wenn wir nach diesem Konzept das Kontemplative als das evolutionär jüngste Potenzial und damit als das letzte Ergebnis der Höherentwicklung innerhalb der Strukturanteile, der Möglichkeitsfelder des Psychischen anzusehen haben, so erwarten wir – nach unserer Kenntnis der anderen drei Potenziale – auch hier wieder eine Ambivalenz: die Bipolarität der positiven und negativen Entfaltungs- und Wirkungsmöglichkeiten.

Wir können annehmen, dass das vierte Potenzial die ihm eigenen spezifischen Möglichkeiten um so konstruktiver, positiver zur Entfaltung bringen kann, je mehr es in der Individualentwicklung

---

[5] Der griechische Gelehrte Archimedes (285–212 v. Chr.) war in mathematische Zeichnungen vertieft, als ein römischer Soldat sich ihm näherte. Archimedes rief: »Störe meine Kreise nicht!« – und fiel durch das Schwert.

bei adäquater Bedürfnisbefriedigung zusammen mit den anderen Potenzialen in die Gesamtpersönlichkeit integriert worden ist.

Parallel zu der aus der Verhaltensforschung bekannten Annahme, dass sich das Mitgefühl (Potenzial 3) stammesgeschichtlich aus der gegenseitigen Hilfe in der Gruppe und insbesondere aus der Mutter-(Eltern)-Kind-Beziehung, also aus dem Erleben besonderer emotionaler Nähe heraus, entwickelt hat, wird hier die Überlegung als Hypothese geäußert, dass sich das vierte Potenzial phylogenetisch aus dem Leben in sozialer Distanz, aus der Omega-, der Außenseiterposition, herausgebildet hat.

Zum Verständnis und zur Verdeutlichung seiner Spezifik wird jedoch auch hier wieder zunächst eine mehr isolierte Beschreibung der akzentuierten kontemplativen (schizoiden) Charakterstruktur erfolgen. Als spezifische Verhaltensqualitäten des vierten Potenzials können wir vor allem beobachten (s. Abb. 1, äußerer Bereich; Abb. 2a): Das Streben nach Wahrhaftigkeit, Wahrheitssuche; kritischer Umweltbetrachtung, unbestechlicher Aufrichtigkeit, Unvoreingenommenheit/Vorurteilslosigkeit, Skepsis, autonomer Meinungsbildung (»positiver Eigensinn«); Erkenntnisdrang und kreatives Staunen; schöpferischer Zweifel, Unabhängigkeit, äußerliche Anspruchslosigkeit, Feinsinnigkeit mit der Potenz zur geistig-künstlerischen Originalität; Kontemplation und Intuition. Mit diesem Potenzial korrelieren die so genannten »intellektuellen Gefühle« (vgl. Repina 1974) oder auch kognitiven Gefühle. Wir denken an Aristoteles, der von der »vita activa« die »vita contemplativa« unterschied.

Autonom-kritisches Reflektieren ist meist mit einer subtilen Beobachtungsgabe kombiniert, einer »radarähnlichen Sensibilität der Sinnesorgane« (Riemann 1975), dem kritischen und auch von anderen gefürchteten Scharfblick; dem scharfsinnigen Erkennen; der tiefsinnigen Meditation und dem Hang zum Philosophieren; zur Spiritualität. Diese Menschen sind die so genannten »Intellektuellen« im engeren Sinne, unabhängig von ihrer sozialen Stellung (s. hierzu Habermas 1990). Das vierte Potenzial disponiert zur rationalen, abstrakt-theoretischen Weltbetrachtung. Die Menschen, Dinge und Zusammenhänge werden unvoreingenommen aus kritischer Distanz gesehen und geprüft. Nur wenn sie standhalten, die Echtheitsprobe bestehen, werden sie akzeptiert. So werden auch Normen, Konventionen, Traditionen und Dogmen in Frage gestellt. Und das Alte, das Althergebrachte, das manchmal in eine Sackgasse geraten kann oder durch Verabsolutierung und Gewohnheitsbildung erstarrt und nicht mehr sinnvoll ist, wird einem kritischen Zweifel unterzogen und gegebenenfalls abgelehnt und bekämpft (»Querköpfe«, »Querdenker«).

Schon allein bei dieser Überlegung und Erkenntnis wird uns die große Entwicklungspotenz des vierten Potenzials deutlich: Durch kritisches Reflektieren kommt es zur Negation des Negativen, der kritische Zweifel ist der positive Kern der Weiterentwicklung. In Frage stellen, konstruktive Skepsis und Kritik sind gerade in ihrer evolutionären Potenz bedeutsam.

Thomas Mann (1983, Bd. I, S. 378) macht in einem Fragebogen mit der Überschrift »Erkenne Dich selbst« 1895 folgende Angaben:

Temperament:	kontemplativ;
Lieblingseigenschaften am Manne:	Geist, Geistigkeit;
Idee vom Glück:	Unabhängig und mit mir selbst im Einverständnis zu leben;
Idee vom Unglück:	... abhängig zu sein;
Lieblingsbeschäftigung:	zu dichten, ohne zu schreiben.

Die Selbsteinschätzung von Thomas Mann stimmt weitgehend mit dem überein, was in diesem Kapitel über die individuellen psychischen Bedürfnisse und Strebungen des kontemplativen Menschen beschrieben wird. Nach unseren bisherigen Erörterungen und Zusammenhangsbetrachtungen ist es nun wohl auch verständlich, dass kontemplative Persönlichkeiten ein ausgeprägtes Bedürfnis zum ungestörten Reflektieren, zum vertieften Nachdenken und meist auch ein zumindest zeitweiliges imperatives Einsamkeitsbedürfnis haben.

So wirken die in dieser Weise akzentuierten Charaktere nach außen oft verschlossen, schweigsam, nicht sehr kontaktfreudig, eher kontaktarm, distanziert, wie eine »gläserne Wand«; emotional-kühl, bei Annäherungsversuchen ausweichend und unverbindlich. Isolierungstendenzen und Abschirmbedürfnisse sind immer latent oder offen vorhanden. Der Begriff der »Introversion« (Jung;

Klages; Leonhard; Eysenck) trifft hier am meisten zu. So kann eine kreative Lebensatmosphäre mit Intuition, Inspiration und schöpferischer Kognition ungestört entstehen.

Die Dichter und Denker, die Philosophen und Künstler mit originären Schöpfungen, die Finder neuer Lösungen und die Entdecker, die von der äußeren Erscheinung zum inneren Wesen der Dinge vordringen, haben die psychisch-geistigen Möglichkeiten ihres kontemplativen Wesens und ihres Intellekts entfalten können, das heißt, die Umweltbedingungen haben es ihnen ermöglicht. Schultz-Hencke äußert sich zu den »ruhig Kontemplativen« so: »Diese stellen einen Schatz dar, in jedem Volk, einen Schatz an Kraft des Denkens, der Phantasie, der Besonnenheit, des Überblicks, des Innehaltens und Überschauens dessen, was war, was sein wird und was sein soll [...] Warum noch einmal diese Verteidigung des Kontemplativen in der Welt? Da er selbst in der Minderzahl ist, da er selbst nicht angreift seinem Wesen nach, steht er ständig in Gefahr, ausgerottet zu werden um der Allmacht des Aktiven willen. Das wäre Grund genug, sich für die beschauliche Haltung einzusetzen in einer Welt, der die Not das Tätigsein bis zum äußersten als Rettung gebietet« (1978, S. 196). Auch diese Gegenüberstellung (Aktivität – Kontemplation) verweist auf die besonderen Werte des Sowohl-als-auch bei gleichzeitiger Abwertung des Entweder-oder. Eine aktuelle Würdigung der Kontemplation in einer sinnlosen Arbeitsgesellschaft ist zu lesen bei Straub (2004).

Die nachdenklich-kritischen Charaktere sind es auch, die – zwar nicht unfehlbar, aber doch am ehesten – die verlogenen Versprechungen und verführerischen Machenschaften gefährlicher Demagogen durchschauen und diesem Einfluss widerstehen. So können sie sich auch von dem zweifelhaften Zwang einer Mehrheitsnorm distanzieren, die keineswegs zu jeder Zeit die Werte des Guten und des Wahren beinhalten muss. Originäres Schöpfertum aus Kunst und Wissenschaft hat die psychischen Bedürfnisse und Fähigkeiten des vierten Potenzials zur Voraussetzung; in der Wissenschaft insbesondere durch Zweifel an der Endgültigkeit des bisher Gültigen und eine dadurch motivierte schöpferische Neubesinnung (ausführlicher zu Kreativität: Jun 1994b, S. 284–290).

Aus der distanzierten Weltbetrachtung der hier zu beschreibenden Charaktere wird gewissermaßen die Nähe mit Abstand gesehen, das Gewohnte und Bekannte aus der Position eines »Fremden« betrachtet und in Frage gestellt. Wir assoziieren hier das, was Brecht für das Theater als »Verfremdung« bezeichnet und in besonderer Weise herausgearbeitet hat (Witt 1960, S. 117). Aus der Alltagspsychologie denken wir an die allbekannte »Betriebsblindheit«, das Verharren im Gewohnten, das blind für sinnvolle Veränderungen macht und erst durch die Betrachtung eines Außenstehenden, eines Fremden, »die Augen öffnet«. So gehen die hier zu beschreibenden Persönlichkeiten gewissermaßen immer mit diesen »fremden Augen« durch die Welt. Ihr Scharfblick ist wahrscheinlich sogar mehr gefürchtet als erwünscht. Er beunruhigt die Überangepassten und stört die Bequemen, die vor allem ihre Gewohnheiten lieben. Der distanzierte Mensch misstraut dem Vertrauten und beargwöhnt die unkritische Arglosigkeit.

Ich habe vielfach beobachtet, dass auf der intersubjektiven Kommunikationsebene, auch bei nonverbalen Begegnungen von Personen, die sich nicht näher kennen, spontan Antipathien entstehen zwischen Menschen mit einem jeweils dominantem vierten und ersten Charakterpotenzial. Instinktive Feindblicke kreuzen sich da schnell. Es sind die uralten aversiven Pole von Geist und Macht, die sich wittern und jeweils gegenseitig fürchten.

Der introvertierte Geistmensch hat einen vergleichsweise starken Hang zur Introspektion, zur Innenschau, zur spirituellen Selbstversenkung. Die viel beschriebene Inspiration (Gedankenblitz, »Insight«, Heureka-Erlebnis) als intuitive Wegbereiterin für neue Erkenntnisse, für echte Neulösungen ist jedoch niemals eine »Schöpfung aus dem Nichts«, sondern ist meist lange durch wahrnehmendes und reflexives Bearbeiten des darin ungelöst erscheinenden Problems vorbereitet, wobei sicherlich die heuristische Funktion des sowohl anschaulichen als auch theoretischen Denkens und die subjektive Vorstellungsfähigkeit (Phantasie) eine wesentliche Rolle spielen. Albert Einstein sagte in seiner Rede zum 60. Geburtstag von Max Planck: »Zu diesen elementaren Gesetzen führt kein logischer Weg, sondern nur die auf Einfühlung in die Erfahrung sich stützende Intuition [...] Ich habe oft gehört, dass Fachgenossen dies Verhalten auf außergewöhnliche Willenskraft und Disziplin zurückführen wollten; wie ich glaube, ganz mit Unrecht. Der Gefühlszustand, der zu solchen Leistungen befähigt, ist dem des Religiösen oder Verliebten ähnlich; das tägliche Streben entspringt keinem Vorsatz oder Programm, sondern einem unmittelbaren Bedürfnis« (1993, S. 109).

Geistige Kreativität im Sinne der Schöpfung von Neulösungen ist also keineswegs nur willentlich gesteuertes, bewusst-logisches Denken, sondern sie hat neben dem willentlich Rationalen auch – insbesondere im Anfangsstadium – eine unbewusst/vorbewusst intuitiv-psychische Potenz, einen »subjektiven Faktor« als besondere Fähigkeit aus dem vierten Potenzial zur Voraussetzung. Innerhalb der verschiedenen Bewusstseinsverfassungen, die es gibt, scheint der kreative Zustand mit einer hohen seismografischen Vigilanz (Wachheit) ein spezifisches »Überbewusstsein« zu sein, das von der üblichen Alltagsverfassung so weit entfernt ist wie der Tiefschlaf. Aber ebenso wie dieser hat es eine Abschirmung von Störungsreizen nötig. In einer solchen besonderen Bewusstseinsverfassung kann der Zustand der »Abgehobenheit«, der Abstand von den vielen kleinen Dingen des Alltags entstehen, der erforderlich ist, um größere Zusammenhänge zu erkennen (Wissenschaft) oder herstellen zu können (Kunst).

Geistiges Schöpfertum ist nicht vorrangig durch Planung, Berechnung, Anordnung oder willentlich vorgenommene Zielsetzung zu erreichen. Zweifellos kann aber die Erziehung schöpferische Potenzen stimulieren, latente Fähigkeiten entfalten und – insbesondere im Kindesalter – dafür Sorge tragen, dass kreative Potenzen nicht verkümmern oder gar durch inadäquate Umwelteinwirkungen unterdrückt und behindert werden. Wenn Edison (zit. in Schreier u. Schreier 1982, S. 107) formulierte: »Genie ist zu 99 Prozent Transpiration und 1 Prozent Inspiration«, so weist er darauf hin, wie viel Fleiß und Schweiß nötig sind, um eine potenziell neue Erkenntnis, eine schöpferische Idee so auszuarbeiten, dass sie verändernd praxiswirksam wird. Viel Fleiß ist nötig, um zu erreichen, dass das Neue im dialektischen Sinne im Alten aufgehoben, in das bisher und weiterhin Bewährte integriert wird. Und: Neue Erkenntnisse setzen sich bekanntlich nur gegen Widerstände durch. Auch darum ist es wichtig, schon in der Kindheit die Verhaltenspotenzen der Anstrengungsbereitschaft, Ausdauer und Willensstärke (Potenzial1) zu stimulieren. Diese Verhaltensqualitäten sind zwar nicht das eigentlich Kreative; aber das Schöpferische, die progressive neue Idee (Potenzial 4) kann sich im Allgemeinen nur mit ihrer Hilfe voll entfalten und durchsetzen.

Wenn in der vorangegangenen Beschreibung schöpferischer Persönlichkeiten auch konkret einige Namen und Zitate angeführt wurden, so soll doch klar herausgestellt werden, dass es sich bei den Genannten nicht unbedingt um akzentuierte Charaktere, sondern mehr oder weniger um integrale Persönlichkeiten handelt, die in ganz besonderer Weise über die psychischen Fähigkeiten des vierten Potenzials, das Schöpferische, verfügten, das ein integrierter Bestandteil ihrer allseitig entfalteten Persönlichkeit war, gewissermaßen ein Charakter mit der »vierten Dimension«. So war Goethe als genial-schöpferischer Mensch kein kontaktarmer Einzelgänger, aber natürlich brauchte und suchte er für sein kreatives Schaffen immer wieder Zeiten und Orte des abgeschirmten Alleinseins, der zurückgezogenen Kontemplation, der schöpferischen Einsamkeit.

Wenden wir uns nun wieder mehr den akzentuierten Charakteren zu, bei denen das kontemplative (schizoide) Wesensmerkmal akzentuiert herausragend und weniger integral wirksam wird. Bei diesen Menschen ist im Allgemeinen ein ausgeprägter Hang zur Unabhängigkeit und Ungebundenheit zu beobachten; auch eine primäre Neigung zum Opponieren und zur Skepsis, die keinesfalls nur als reaktive Folge, als Reaktion auf negative Umwelterfahrungen zu erklären ist. Kritisches Reflektieren und das Äußern einer eigenen Meinung sind in einer relativ unabhängigen Lebensform eher zu realisieren, auch wenn dem einzelnen Menschen dieser Zusammenhang durchaus nicht immer ganz bewusst ist. Kontakt- und Bindungsarmut dieser Persönlichkeiten wirken im zwischenmenschlichen Erleben zunächst nicht unbedingt sympathisch. Aber für die Verwirklichung ihrer subjektiven Lebenswerte und Ideale ist eine ungebundene Verpflichtungslosigkeit nicht ohne Bedeutung: So können eine kritische Unbestechlichkeit und auch ungestörtes Reflektieren am ehesten realisiert werden. Im Lebensstil dieser Menschen finden wir auch häufiger – schon im Kindesalter – Einordnungsprobleme und die Neigung zum Einzelgänger, zum Individualisten; insgesamt aber auch zu einer gewissen Selbstgenügsamkeit und Anspruchslosigkeit in Bezug auf materielle Güter, so dass daraus eine relativ größere Unabhängigkeit von äußeren Bedingungen und zweifellos wohl auch eine geringere Korrumpierbarkeit resultieren. Das Streben nach Wahrhaftigkeit hat für diese Menschen eine zentrale Bedeutung und steht in ihrer subjektiven Werteorientierung an oberster Stelle.

In der belletristischen Literatur sind eindrucksvolle Beschreibungen des kontemplativen (schizoiden) Charakters im »Steppenwolf« von Hermann Hesse, in »Tonio Kröger« von Thomas Mann, in Axel Borg, der Hauptfigur des Romans »Am offenen Meer« von August Strindberg zu finden, sowie eine weibliche Variante im »Glasporträt eines Mädchens« von Tennessee Williams. In »Nachdenken über Christa T.« hat Christa Wolf (1978) die reiche Innenwelt, das sensible Fühlen, die autonome Geistigkeit einer jungen Frau beschrieben, die in besonderer Weise »anders als andere« war und die sich nicht das Recht nehmen lassen wollte »nach ihren eigenen Gesetzen zu leben«; das Recht, sich selbst nicht durch eine unkritische Anpassung aufzugeben.

Aus dem Möglichkeitsfeld des vierten Potenzials entwickeln sich auch verschiedene charakterliche Originale und interessante Sonderlinge. Mehr zum inneren Pol hin (s. Abb. 1) finden wir die so genannten schizoiden Persönlichkeiten im engeren Sinne: vom »zerstreuten Professor«, extremen Asketen bis zum weltfremden, schrulligen Sonderling, komischen Kauz, autistischen Eigenbrötler. Um aber der möglichen Mannigfaltigkeit annähernd gerecht zu werden, haben wir uns diese Lebensformen gewissermaßen jeweils »in Verdünnung« vorzustellen. Es wird im Einzelfall zu unterscheiden sein, ob es sich um eine Normvariante, eine schizoide Neurose (erlebnisbedingte Fehlentwicklung), eine primärbedingte Persönlichkeitsstörung oder eine latente beginnende Schizophrenie handelt.

Zum evolutiven Stellenwert des vierten Potenzials, dem aus der Psychopathologie – in diesem Konzept – die Schizophrenie zugeordnet ist (s. Abb. 1), sei auf eine interessante Bemerkung von Leonhard (1968) verwiesen. Der Autor schlussfolgert, dass bei den systematischen Schizophrenien die höchsten psychischen Systeme ausfallen würden. Wahrscheinlich seien es Systeme, die den Menschen vom Tier trennen. Jaspers zitiert 1946 zum »Wissen um das spezifisch Menschliche im Kranksein« Luxenburger: »Schizothymie ist die menschliche Problematik an sich.«

Hier und dort kann man das Schizoide als das kaltblütig Böse beschreiben finden. Diese Betrachtungsweise halte ich für falsch.

Egoistische Mitleidlosigkeit entsteht nicht aus dem vierten Potenzial, sondern ist eine defizitäre Entfaltung des Emotiven (Potenzial 3). Es ist eine gemütsarme Kühle des Schizoiden gemeint; die Betonung liegt dann aber auf dem Adjektiv.

Aus dem Distanzbedürfnis und dem Ungebundensein ergibt sich auch die bekannte und beschriebene »Fernsehnsucht des Schizoiden« (Riemann 1975).

Um einem Missverständnis vorzubeugen: Nicht jeder Mensch mit kontemplativen Bedürfnissen ist auch eine schöpferische Persönlichkeit: Kreativität ist als Möglichkeit, nicht als garantiertes Ergebnis der Beschaulichkeit zu verstehen. Kontemplation kann auch nichts weiter sein als Dösen, und vermutete Besonnenheit nur Versponnenheit. Mancher, der sich selbst für einen Philosophen hält, ist nur ein realitätsferner Spinner. Wie das Leben und die psychiatrische Praxis zeigen, gibt es immer wieder Sonderlinge, die unerschütterlich als fixe Idee das Perpetuum mobile erfinden wollen und manchmal sogar ihr ganzes, meist einsames Leben, ihre Zeit und ihr Geld in diese Idee investieren. Schultz-Hencke meint: »Aber – wie viel Samen muss oft gesät werden, damit einige Körner aufgehen!« (1978, S. 196). Nicht alle kontemplativen Grübler sind kreativ, aber vor allem die nachdenklicheren Menschen verkörpern die Potenzen des geistig Schöpferischen.

Es soll auf eine weitere Möglichkeitsvariante aus dem vierten Potenzial aufmerksam gemacht werden: Wenn eine übermäßige Distanziertheit, auch als Abwehrmechanismus, zusammen mit der vordergründig theoretisch-abstrakten Weltbetrachtung dieser Charaktere, eine zu große Entfernung von der Praxis, vom konkreten alltäglichen Leben bedingt, dann kann das Resultat sowohl eine »Wissenschaft im Elfenbeinturm« sein als auch eine vom Boden der Realität abgehobene distanzierte Beschaulichkeit, der der Blick für das gegenwärtig Wirkliche durch die Unschärfe der zu großen Entfernung getrübt ist. Beide Positionen – zu große Nähe, aber auch zu große Distanz – können das klare Sehen und Erkennen der Realität in einen verschwommenen Unschärfebereich bringen. Eine zu große Distanz zum Alltag, zu den Bedürfnissen, Gedanken und Verhaltensweisen der »einfachen Menschen des Volkes« kann in Intellektuellenkreisen eine besondere Art der Entfremdung erzeugen, die dann ihrerseits eine gesellschaftliche Realitätsverkennung mit möglichen nachfolgenden Enttäuschungen bedingt. Bossle meint dazu: »Arnold Gehlen hat daher guten Grund, wenn er sagt: ›Alles gibt dem Soziologen Georges Sorel recht, der bemerkt hatte, dass die Entfremdung vom Alltag die Fähigkeit aufs höchste ausbildet, in einer imaginären Welt zu leben‹ [...] Die Entfremdung des Menschen ist daher kein proletarisches, sondern vorwiegend ein intellektuelles Problem« (1974, S. 71f.).

Die isolierende Distanz, die mögliche Entfernung von der Mehrheitsstimmung in einem Volk kommt in einer ironischen Definition sehr gut zum Ausdruck: Ein Intellektueller ist ein Mensch, der sich mit anderen Intellektuellen trifft, um über Intellektuelle zu debattieren.[6]

Die Haltung einer distanzierten Gelassenheit kann auch, insbesondere bei einer mangelhaften Entfaltung des Emotiven oder auch während einer abgeschirmt-kreativen Schaffensphase, auf die Umgebung als emotionale Gleichgültigkeit wirken, als ein Sich-Heraushalten aus dem realen Geschehen, ein Unbeteiligtsein am Kummer des Nächsten, an den Problemen der Mitmenschen. Wahrscheinlich ist diese Haltung sogar ein ganz typisches Verhängnis aus dem Möglichkeitsfeld des vierten Potenzials, insbesondere bei seiner akzentuierten Entfaltung, das heißt bei einer relativen Unterentwicklung der anderen drei Potenziale, durch einen Ausfall der komplementären Gegensteuerung. Hier haben wir dann typische, und vor allem in der psychiatrisch/psychotherapeutischen Fachliteratur vielfach beschriebene Wesenszüge des Schizoiden und des Autisten mit der Neigung einer Umwelt-Abgewandtheit und der Tendenz, »sich in die Seide ihrer eigenen Seele einzuspinnen« (Strindberg, zit. in Kretschmer 1929, S. 138).

Verschiedene Beobachtungen aus der Praxis sprechen dafür, dass die formale Intelligenz (IQ) und das kontemplativ-kreative Potenzial eines Menschen zwar verwandte, aber doch getrennte Bereiche sind (vgl. Mehlhorn 1985). Eine formal hohe Intelligenz allein macht noch nicht einen schöpferischen Menschen, aber die akzentuierte Entwicklung und Entfaltung des kontemplativen Potenzials kann auch bei nur durchschnittlicher oder geringerer Intelligenz originelle

---

6 Ein Autor ist mir nicht bekannt. Die Definition stammt aus einer Rundfunksendung ohne Autorenangabe.

Einfälle und Lösungen entstehen lassen. Beobachtungen an autistischen Kindern lassen ganz besonders deutlich erkennen, dass es neben der Ebene der formalen Intelligenz, der rational-kognitiven Ebene im engeren Sinne, das Charakterpotenzial des Kontemplativen mit den Bedürfnissen nach psychosozialer Distanz, Absonderung, Verschlossenheit, dem bekannten Eigensinn und Einzelgängerdrang gibt. Diese Kinder kennen wir mit sehr unterschiedlichen Intelligenzausstattungen. Autisten haben oft kognitive Spezialinteressen mit vielen Fragen nach dem Woher, Wohin und Warum.

Dieser Tatbestand wirkt beim Nachdenken darüber zunächst ganz paradox. Man kann diesen scheinbaren Widerspruch eigentlich nur dann verstehen, wenn man das Schizoide – die autistische Wesensart wäre der Superlativ davon – als Möglichkeitsform aus dem vierten Potenzial des Psychischen erkennt und seinen Beobachtungen zugrunde legt: das autistische Verhalten als besondere Wesensart unabhängig von der Ebene der formalen Intelligenz. Es sei in diesem Zusammenhang insbesondere auf die Mitteilungen des Pädiaters Asperger (1968) hingewiesen.

Die Spezialinteressen der Autisten sind häufig insbesondere auf physikalische Phänomene, meistens auf die unbelebte Welt bezogen. Anankastische Verhaltensweisen (Zwangshandlungen) und insbesondere auch starre Gewohnheitsverhaftungen mit Veränderungsaversionen (Potenzial 1) weisen darauf hin, dass das eigentlich Autistische (Potenzial 4) meist durch eine enge Verbindung mit dem Archischen kompensiert und gestützt wird. Aus dem Lebensalltag haben wir bei der Beschreibung des vierten Potenzials außerdem an viele Tüftler und erfinderische Bastler zu denken, bei denen sicher auch eine technische Begabung eine Rolle spielt. Die formale Intelligenz ist bei ihnen sicherlich nicht immer primär ausschlaggebend, vom geistigen Hochformat bis zur Debilität ist das ganze Intelligenzspektrum zu beobachten. Der geniale Einstein hatte zweifellos beides: eine hohe Intelligenz und die Potenz zum originären Schöpfertum.

Die vorangestellten Beobachtungen, Überlegungen und Zitate, die zunächst in der Zusammenstellung sehr heterogen wirken mögen, sollten zeigen, wie vielfältig das Möglichkeitsfeld des Kontemplativen ist. Der Januskopf, die Ambivalenz dieses Potenzials, wird auch durch folgendes Beispiel klar: Stellen wir uns die Plastik »Der

Denker« von Rodin vor. Beim Betrachten werden – je nach eigener Persönlichkeitsstruktur und Umwelterfahrung – die unterschiedlichsten Empfindungen ausgelöst werden. Ich erlebe Nachdenken, geistige Versenkung, Verarbeitung von Gedankeneinfällen, vielleicht sogar reflexive Schwerarbeit. Meine bäuerliche Großmutter hätte aber zweifellos gesagt: Der Mann ist faul, er sitzt nur da und tut nichts. So werden sicherlich nicht selten Menschen mit kontemplativen Neigungen als faul oder phlegmatisch eingestuft, und das unabhängig davon, ob ihre Kontemplation aktive Denkarbeit oder lediglich passives Dösen ist. Für Letzteres wäre dann die erfolgte Negativbewertung nicht ganz unzutreffend, insbesondere wenn das Dösen die zeitlich ausgedehnte »Lieblingsbeschäftigung« eines Menschen ist. Auch das gibt es. Es sollte bei dieser Bewertung aber auf keinen Fall eine Verwechslung mit Depressionen erfolgen, bei denen der scheinbar stumpf dasitzende Mensch ganz erheblich leidet.[7]

Der Hang zur Selbstbezogenheit, besser Werkbezogenheit bis zur »Besessenheit« (Schottlaender 1983, S. 143) auf Kosten des engeren Umweltbezuges ist missverständlich auch als »Narzissmus« (Eigenliebe) bezeichnet worden. Es wäre jedoch in den hier beschriebenen Zusammenhängen zu oberflächlich geurteilt, wollte man das Bedürfnis zum kontemplativen Alleinsein oder sogar zur schöpferischen Einsamkeit ausschließlich als Selbstbezogenheit oder gar Eigenliebe abwerten. Es entspricht viel eher einer Selbstvergessenheit, die allerdings auch die näheren Umweltbezüge mit

---

7 Die Zuordnung des phlegmatischen Temperaments (als tatenarme, äußerliche Passivität, Trägheit) ist – bezogen auf das vierte Potenzial – diesem zwar am nächsten verwandt, aber nicht als direkt kongruent, nicht als ausschließlich deckungsgleich mit diesem zu sehen. Im weiteren Sinne kann das Phlegmatisch-Sein – über die hier beschriebene distanziert-kontemplative (tatenarme) Haltung hinaus – auch potenzial-übergreifend sowohl einerseits auf die Haltung der zögernden Schwerfälligkeit als auch andererseits auf die Haltung der passiv-behaglichen oder auch regressiven Bequemlichkeit (Potenzial 3) bezogen werden. Ein Mensch, der diese Anteile aus den drei Potenzialen (1, 4, 3) in sich dominant entwickelt hat, wäre dann mit den stärksten Prädispositionen zum Phlegmatisch-Sein ausgestattet. Wenn bestimmte Umweltbedingungen lebenslang (und insbesondere in der Kindheit) diese Verhaltenstendenzen ermöglichen oder gar bekräftigen, kann die Lebenshaltung entstehen, die I. A. Gotscharow mit seinem »Oblomow« so eindrucksvoll beschrieben hat.

erfasst, aber einer um so stärkeren Hinwendung zu einer Idee oder Sache, die dann natürlich ein abgeschirmtes Alleinsein bei zumindest vorübergehend vermindertem Umweltkontakt erfordert: »Störe meine Kreise nicht!«

Die Schriftstellerin Irmtraud Morgner (1983) sprach für diese Zusammenhänge aus eigenem Erleben vom »Störungsschmerz« des geistig-schöpferischen Menschen, insbesondere aus der Lebenserfahrung einer überwiegend kontemplativ lebenden Frau: »Weibliche Forscher leben unabgeschirmt, weil Abschirmung traditionell Frauensache ist« (Jun 1991, S. 41). In einem Essay von Christa Wolf (1985, S. 352) über die schöpferische Geistigkeit von Frauen (Bettina von Arnim und Karoline von Günderrode) findet sich zum Störungsschmerz der Satz: »Nicht gestört, was auch heißt: nicht zerstört. Bedingungslose Hingabe macht wehrlos.« Goethe formulierte gar: »Die angeborne Leidenschaft zur Dichtkunst ist so wenig als ein anderer Naturtrieb zu hemmen, ohne das Geschöpf zu Grunde zu richten.« Frauen mit starken »Denktrieben« (Morgner) haben traditionell wesentlich schlechtere Chancen, in abschirmenden Umweltbedingungen zu leben, insbesondere wenn sie das Lieben und Geliebtwerden nicht entbehren wollen. Dieses Problem, überhaupt die Geschlechterfrage, ist in den meist von Männern verfassten wissenschaftlichen Arbeiten zum Schöpferischen weitgehend ausgespart. Eine aktuelle Ausnahme ist das Buch »Frauen, die schreiben, leben gefährlich« von Stefan Bollmann (2006), zu dem Elke Heidenreich ein engagiertes Vorwort geschrieben hat.

Die Normdistanz und die Neigung zum eigenständigen Erfahrungserwerb disponieren die hier beschriebenen Charaktere auch ganz besonders zum Autodidakten. Lernen nach Vorschrift, womöglich gar Auswendiglernen ohne eigene Meinungsbildung entspricht nicht ihrem »positiven Eigensinn«. Dafür setzen sie sich gern eigene Interessen- und Lernziele, die dann meistens auch ausdauernd und mit Eifer verfolgt werden. Der schwedische Dichter Gunnar Ekelöf sagt über sich in »Der Weg eines Außenseiters«: »Ich habe immer das Empfinden gehabt, auf der Seite der Autodidakten zu stehen und will mich gerne trotz bestandener oder nicht bestandener Examen zu den Autodidakten rechnen. Das, was ich wirklich gelernt habe, habe ich gelernt in einer Art Notwehr gegen das, was man in mich hineinpfropfen wollte« (1983, S. 161).

Wir könnten auch fragen: Wie wenig reflektive Bedürfnisse muss ein Mensch haben, wenn er – fast maschinenhaft – in relativ kurzer Zeit eine sehr große Informationsquantität ungeprüft aufnehmen kann? Innerhalb der möglichen Mannigfaltigkeit der menschlichen Persönlichkeiten kann es aber auch hier Kombinationen geben: Spezielles Faktenwissen wird in großem Umfang aufgenommen, und daneben wird das geistige Material für späteres Überzeugungswissen und für kreative Neukombinationen wiederholt kritisch in Frage stellend durchreflektiert. Das wissenschaftliche Denken hat wohl vor allem diese Mechanismen zur Voraussetzung. Auch Spezialbegabungen sind bei kontemplativen Charakteren häufiger zu beobachten, beispielsweise für die Abstraktionsleistungen der höheren Mathematik, insbesondere bei einer vordergründig dualen Kombination des vierten mit dem ersten Potenzial.

Problematisch ist für den kontemplativ-schizoiden Menschen mit seiner Distanziertheit die Gruppeneinordnung, da sie mit ihrer Nähe- und Kontaktforderung, aber auch der Herausforderung zur aktiven Auseinandersetzung, gegen seine eigentlichen Grundbedürfnisse gerichtet ist. Wenn ein distanzierter Mensch die Einordnung trotzdem versucht, so macht er diesen Kompromiss, »weil es eben so sein muss«, und weil er seine Außenseitergefährdung spürt oder sogar schon in der Omega-Position erlitten hat. Im günstigsten Falle schafft er in der Gruppe das Ansehen eines interessanten Originals oder auch des klug-distanzierten Ratgebers (soziale Beta-Position).

Mit ihrer kritischen Unbestechlichkeit erkennen und entlarven diese Persönlichkeiten aber bei den anderen Oberflächlichkeit, Heuchelei und Scheinheiligkeit, was ihnen – insbesondere bei taktlos-undiplomatischer Mitteilung – Gegner und Feinde schafft, so dass durch dieses Erleben ihr ursprüngliches Distanzbedürfnis noch mehr verstärkt wird. Auch die typischen Zyniker[8] und Sarkasten wären hier zu nennen. Wir finden jedoch auch die Haltung, dass fein beobachtet, jedoch nicht darüber gesprochen wird. Die Unwahrhaftig-

---

8 Bei zynisch-sarkastischen Reaktionen ist anzunehmen, dass sich in dieser Art geistigen Angriffsverhaltens – wohl teilweise resultierend aus eigener Verbitterung – auch agonistisch-aggressive Impulse offenbaren, gewissermaßen als affektiv-geistige Aggressivität (Potenzial 1).

keit anderer tut diesen Menschen weh. Werden sie selbst zu opportunistisch-heuchlerischen Äußerungen veranlasst oder genötigt, reagieren sie mit Distanz oder Opposition. Einmal »Fünf gerade sein zu lassen«, wie es im Volksmund heißt, fällt ihnen schwer. Da ziehen sie sich lieber noch tiefer in ihre Einsamkeit zurück.

Das Objektsein, die überwiegende Fremdbestimmung von außen, wird sehr aversiv erlebt, zum Beispiel beim Militär, in allen autoritären Beziehungen, Strukturen und Systemen. Äußerlichkeiten der Erscheinung und die Art und Pflege der Kleidung bewerten sie als unwesentlich: Es sei denn, es soll »Opposition getragen« werden, wobei häufig auch dynamisch-demonstrative Persönlichkeitsanteile mitwirken. Kontemplativen Charakteren ist alles Banale, Oberflächliche, Unechte zuwider. Das Erleben dieser Zusammenhänge hat August Strindberg (1981, S. 179) mit der Person des Axel Borg (»Am offenen Meer«) in sehr differenzierter Weise mitgeteilt. Wir erfahren darin die gesuchte und doch auch schmerzhaft erlebte Einsamkeit des scharfsinnig-kontemplativen Menschen und auch seine Not als sozialer Außenseiter, der schließlich unverstanden und in seinen eigentlichen Werten unerkannt, statt dessen abgelehnt, verspottet, mit Steinen beworfen, in seiner Isolierung zugrunde geht. Wir erfahren mit dem literarischen Helden das Erleiden der Omega-Position, das Erleben des Prügelknaben als Zielscheibe: »Er war verfolgt worden, unten instinktiv von den ihm Unterlegenen, oben von den Mittelmäßigen, die später als Eichamtsangestellte dasaßen und den Maßstab festlegten, nach dem Größe zu beurteilen war! Er wurde gehasst und gehackt wie der gelbe Rassenvogel von den Kanarischen Inseln, der sich aus dem Käfig verflogen hatte und im Wald unter die Zeisige geraten war, wo sein allzu prächtiges Gefieder die wilden Vögel reizte.« Auch an die individuelle Persönlichkeit und das literarische Werk von Franz Kafka sei bei der Beschreibung des Kontemplativen erinnert.

Die Wahrheitssuche dieser Charaktere, das Bedürfnis nach Wahrhaftigkeit disponiert zu weitgehender Echtheit im eigenen Verhalten. Die sehr differenzierte und erhöhte, ja oft geradezu seismografische Sensibilität der Sinnesorgane in Kombination mit kritischem Reflektieren bezeichnet der Volksmund auch als »das Gras wachsen« und die »Flöhe husten« hören. Der Preis dieser »Feinnervigkeit«, der Hypersensibilität, ist eine leichte Verletzbarkeit, eine erhöhte Vulnerabilität (auch als Psychosegefährdung), die dann ihrerseits wiederum das Rückzugs- und Abschirmbedürfnis dieser Persönlichkeiten verstärkt.

Wenn neben dem Kontemplativen das Emotive, das Gemütspotenzial zu wenig entfaltet und nicht in die Gesamtpersönlichkeit integriert ist, kann man bei diesen vorwiegend distanziert-rational orientierten Charakteren manchmal erleben, wie sie sich – wohl aus einem gewissen Defizitempfinden heraus – bemühen, die emotiven Gefühle der anderen Menschen zu »errechnen«, zu »theoretisieren«, was dann nicht in natürlicher Weise gelingt. Durch diese »Rationalisierung« wird das Gemüthafte manchmal ungerechtfertigt als »Gefühlsduselei« abgewehrt und abgewertet – und durchaus nicht nur das Emotive anderer Menschen, sondern im Kampf der inneren Widersprüche vor allem auch, wenn sich eigene Gefühle mit Liebes- und Nähebedürfnissen regen, die mit dem Drang zum kontemplativen Alleinsein kollidieren. Kontemplative Charaktere sind, wenn bei ihnen das emotive Einfühlungsvermögen unterentwickelt ist, im Miteinander des täglichen Lebens manchmal geradezu »gefühlsblind« für die emotional-soziale Kommunikation, für zwischenmenschliche Beziehungen, für die Erlebnisweise der Mitmenschen. Und so können dann manchmal auch sehr intelligente, geistig-hochstehende Persönlichkeiten durchaus »emotionale Analphabeten«, Menschen ohne »Herzensbildung« sein. Es soll aber darauf hingewiesen werden, dass das Emotive durchaus auch neben dem Kontemplativen voll entfaltet sein kann.

Die Grundaversion der akzentuierten Charaktere des vierten Potenzials kreist um die Gefühle des Unfrei-Seins, des Gestört-Werdens, der Abhängigkeit; das Ziel und zugleich auch der Preis ihrer Bewältigung ist dann die Freiheit als Alleinsein, die Einsamkeit. Diese antinomischen Empfindungen mögen Johannes Brahms bewegt haben, als er das f-a-e-Tonmotiv seiner 3. Sinfonie in F-Dur, op. 90 als »frei aber einsam« bezeichnete. Von Cicero stammt dieses positive Bekenntnis: »Niemals bin ich weniger müßig als in meinen Mußestunden und niemals weniger einsam, als wenn ich allein bin« (zit. in Schwieger 1972, S. 30).

Berufe, Tätigkeiten und Interessen

Akzentuierte Persönlichkeiten dieser Charakterstruktur bevorzugen Tätigkeiten und Berufe, die sie nicht unbedingt in den näheren Kontakt mit anderen Menschen bringen. Es zieht sie mehr zu theoretisch-abstrakten Gebieten, auch im Freizeitbereich: zum Beispiel Astronomie, Informatik, Physik, Technik; Bibliotheken können ihr zweites Zuhause werden. Eine besondere Affinität hat für sie die Philosophie, die nicht unbedingt zum Beruf gemacht werden muss. Nicht nur in der Jugend, auch im weiteren Leben wird immer wieder die Frage nach dem Sinn des Lebens gestellt. Einsamkeitsberufe werden von diesen Persönlichkeiten besser ertragen und bewältigt als von anderen Charakteren.

Wegen ihres Unabhängigkeitsdranges und bei ihrem verminderten Bedürfnis nach körperlichem Tätigsein finden wir manchmal, und nicht nur durch äußere Zwänge, auch hochintelligente Menschen dieser Charakterstruktur unter Gelegenheitsarbeitern, die sich dann gewissermaßen als »Aussteiger« aus den Abhängigkeiten der Leistungsgesellschaft empfinden und mehr oder weniger mit allen Vor- und Nachteilen des sozial-gesellschaftlichen Außenseitertums leben. Der Beruf ist dann nicht Berufung, sondern lediglich Job, Erwerbstätigkeit, um das zu verdienen, was auch bei einer gewissen äußerlich-anspruchslosen Selbstgenügsamkeit zum Lebensunterhalt notwendig ist. Materieller Besitz hat in der subjektiven Werteorientierung dieser Persönlichkeiten im Allgemeinen sowieso keinen hohen Stellenwert. Im Leben mit einem ungeliebten Beruf werden die psychisch-geistigen Bedürfnisse und Neigungen dann vor allem in der Freizeit befriedigt. Dazu gehört neben Nachdenken, Lesen und kreativem Gestalten sehr oft ein ausgeprägtes allgemeines Kunstinteresse mit sehr viel Gespür für echte Werte, abstrakte Sinnbezüge und Symbolik, häufig gepaart mit einem sensiblen Ästhetikempfinden. Der hauptberufliche (Kunst-) Kritiker ist wohl meistens ein kontemplativer Charakter. Goethe äußerte zum Dichter und zum Kritiker: »Ich als Dichter habe ein ganz anderes Interesse, als das der Kritiker hat. Mein Beruf ist zusammenfügen, verbinden, ungleichartige Teile in ein Ganzes zu vereinigen; des Kritikers Beruf ist, aufzulösen, trennen, das gleichartigste Ganze in Teile zu zerlegen.«

Ob ein Mensch mit einem starken vierten Potenzial und einem subjektiven Hingezogensein zur Kunst ein originär-kreativer Künstler oder ein Kunst-Kritiker wird, hängt zweifellos nicht nur von Umweltbedingungen ab. Von den inneren Voraussetzungen her spielt in diesen Entfaltungsprozess auch mit hinein, welche anderen Potenziale neben dem vierten stark entwickelt sind und ob mehr die individuellen Potenzen zum Sensibel-Kreativen oder zum Eigensinnig-Kritischen dominieren. Natürlich gibt es auch Vermischungen. Aber: »Kritische Hochintelligente sind in der Regel unkreativ« (Erpenbeck 1986, S. 182f.).

Bei einem größer werdenden Freizeitvolumen parallel zur fortschreitenden Automatisierung in der Produktion könnte das kontemplativ-schöpferische Möglichkeitsfeld der Menschen rein zeitlich-quantitativ größere Entfaltungschancen, aber auch inhaltlich-qualitativ weitere Differenzierungsmöglichkeiten erhalten: Aus den Bedürfnissen dieses Potenzials könnten durch entsprechende innere Werteorientierungen und äußere Umweltbedingungen reichere Fähigkeiten und Erlebnismöglichkeiten hervorgehen.

In dem Konflikt zwischen der von der Umwelt in unserem Kulturkreis im allgemeinen höher bewerteten handelnden Aktivität und der ruhigen Beschaulichkeit haben sich verschiedene Kompromisslösungen zur Befriedigung kontemplativer Bedürfnisse ergeben (z. B. Alleinsein in der Natur; Meditation). Auch unter den Jogging-Anhängern gibt es Menschen, die nicht nur durch das Körpertraining motiviert sind, sondern die darüber hinaus im Langlauf die Möglichkeit erkannt haben, einmal mit sich allein zu sein, nicht angesprochen zu werden, den Gedanken freien Lauf zu lassen – gewissermaßen in der »Einsamkeit des Langstreckenläufers« (Sillitoe 1975). Albert Einstein hat einmal gesagt: »Ohne schöpferische, selbständig denkende und urteilende Persönlichkeiten ist eine Höherentwicklung der Gesellschaft ebenso wenig denkbar wie die Entwicklung der einzelnen Persönlichkeit ohne den Nährboden der Gemeinschaft« (2000, S. 221).

Liebe und Partnerschaft

Was wir in der psychotherapeutischen Fachliteratur unter schizoiden Persönlichkeiten beschrieben finden, meint fast immer den gemütsarmen rational orientierten Charakter, nicht Persönlichkeiten mit dem harmonisch in die Gesamtpersönlichkeit integrierten vierten Potenzial: Das wirkt dann hart und kalt, emotional unterkühlt. Da es im Leben aber diese akzentuierten Charaktere gibt, soll ihre besondere Liebes- und Partnerproblematik auch hier skizziert werden.

Das Bedürfnis nach Distanz und die Furcht vor abhängiger Nähe, die mangelnde Hingabebereitschaft und die Bindungsscheu bedingen wohl zweifellos vor allem das Hauptproblem in der partnerschaftlichen Liebe. Ein Blick ins Leben – und wir finden unabhängig von aktuellen Üblichkeiten den Überzeugungs-Ledigen mit häufig wechselnden Amouren ohne Verbindlichkeit, die immer dann zu Ende sind, wenn eine Bindungserwartung der Partnerin oder gar ein Kinderwunsch deutlich wird. Eine nicht legalisierte Zweierbeziehung, die auch vom anderen ohne untergründige Gegenerwartung akzeptiert wird, kann von Dauer sein; aber auch eine Ehe, wenn der kontemplative (schizoide) Partner sein »eigenes Reich« hat, beispielsweise einen eigenen Raum, um sich jederzeit zurückziehen zu können. Wird ihm dieses Verhalten jedoch vorgehalten und nachgetragen, wird sein Distanzbedürfnis noch mehr bestärkt und er selbst vielleicht in die Flucht getrieben. Diese Eigenart ausschließlich als egoistische Marotte zu betrachten, wäre zu oberflächlich. Denken wir nur an den Typ des schöpferischen Menschen; wo blieben seine Werke ohne Respekt vor dem ungestörten Alleinsein?

Eventuell aufkommende, begründete oder unbegründete Eifersuchtsgefühle werden dadurch zu bewältigen versucht, dass für die entsprechenden Empfindungen oder Anlässe eine rationale, manchmal auch irrationale Erklärung, eine »Theorie« gebildet wird.

Häufig ist folgende Konstellation zu erkennen: kontemplativ-distanziert lebender Mann und emotiv-einfühlsam-fürsorgliche Frau, die seine Zurückgezogenheit abschirmt und die banalen Dinge des Alltags von ihm fernhält und für ihn mit erledigt. Aus dem Erleben der Frau können wir in einer solchen Partnerschaft die Befindlichkeit »sinnvolle Lebensaufgabe«, »zufriedenes Arrangement« bis zur »neurotischen Aufopferung« finden. Und wenn dieses emotional kühle Partner-Erleben die Frau nicht fort oder ins Depressive treibt, dann wohl deswegen, weil auch noch andere kompensierende Vorzüge vorhanden sind, beispielsweise ein geistiges Miteinander, gemeinsame Kinder oder die Teilhabe am Erfolg des Partners.

Sozial-gesellschaftliche Bedeutung

Wesentliche Gesichtspunkte zu diesem Thema wurden bereits aufgezeigt. Als Hervorhebung und Bekräftigung sei hier noch einmal auf die große Bedeutung der Verhaltenspotenzen und Fähigkeiten zum eigenständig-kritischen Denken, Urteilen und Entscheiden hingewiesen.

Weiterhin sei das kreative Potenzial insbesondere in seiner Bedeutung für wissenschaftliche Neulösungen und für das künstlerische Schöpfertum hervorgehoben; vor allem die große gesellschaftliche Relevanz der Dialektik als Kampf der Gegensätze zwischen archisch-stabilisierend-konservativen Erhaltungstendenzen (Potenzial 1) und kritisch in Frage stellenden, geistig-schöpferischen Neuerungen (Potenzial 4) im gesellschaftlichen Entwicklungsprozess. Der weitgehend vorurteilsfreie Scharfblick der kritisch-kontemplativen Charaktere ist ein wesentliches Potenzial dafür. In ganz besonderer Weise realisiert er sich in den Gedanken und Werken der Künstler, Wissenschaftler und Philosophen. Lesen, hören und sehen wir sie, aber kultivieren wir auch unseren eigenen Scharfblick, das eigene Nachdenken, das Bedürfnis zur Transzendenz, unsere spirituelle Dimension.

Das vierte Potenzial allein reicht nicht als Voraussetzung, um Weisheit entstehen zu lassen. Aber ohne das kontemplative Potenzial kann Weisheit sich nicht entwickeln. Es ist die eigentliche Essenz für das Werden zum Homo sapiens, für die Fähigkeit zur kreativen Verknüpfung von Wissen und Erfahrung. In der gegenwärtigen Weltsituation ist dieses menschliche Potenzial in besonderem Maße herausgefordert. Der zur Zeit global-dominante Homo oeconomicus ist nur schlau, aber nicht weise. Den Titel Homo sapiens haben wir uns erst noch zu verdienen.

»Mit ihrem ›vorauseilenden Gehirn‹ (Christopher Wills) haben die Sapientes aus ihrer Frühzeit eine evolutionäre Reserve geerbt, bei deren Entfaltung sie ohne Zweifel erst am Anfang stehen. Die historische und ökologische Chance der Menschheit besteht darin, daß sie sich eines Tages auf die Höhe ihrer evolutionären Ausstattung heben könnte.«
(Sloterdijk 1998, S. 46).

Zusammenfassende Betrachtung

Folgende Abbildungen sollen zusammenfassen, welche Charakterqualitäten (Abb. 8) und Verhaltensweisen beim archischen, dynamischen, emotiven und kontemplativen Menschen im Allgemeinen auftreten.

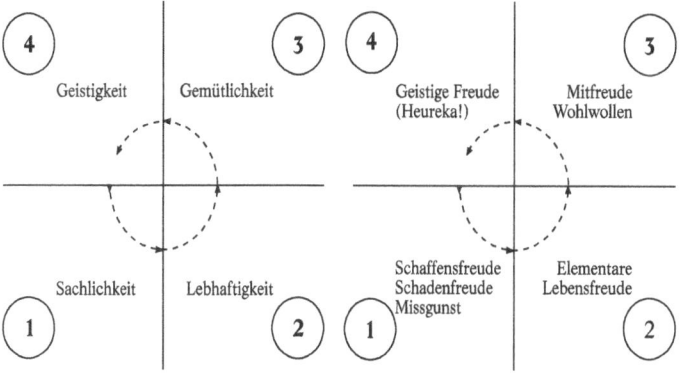

Abb. 8: Entfaltungspotenzen in den vier Potenzialen/Emotion der Freude

Je nach Ausprägung der einzelnen Potenziale hegen Menschen Befürchtungen und Ängste gegenüber (Abb. 9):

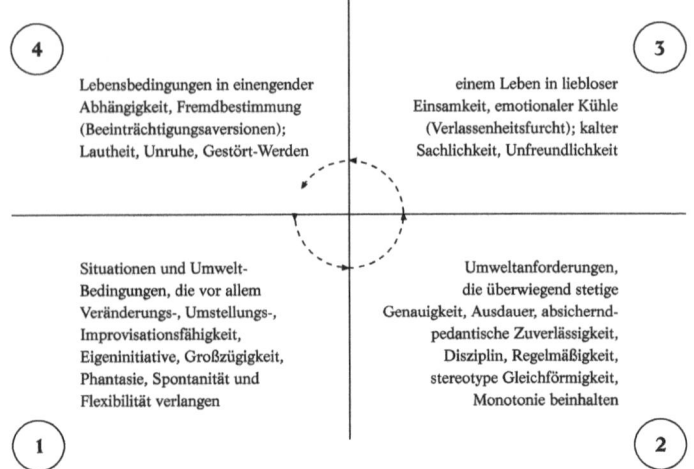

Abb. 9: Aversionen, Abneigungen, Befürchtungen und Ängste

Die subjektiven Interaktionserwartungen und der persönliche Interaktionsstil werden jeweils wesentlich mitbestimmt durch die individuellen Neigungen und Abneigungen, Bedürfnisse, Interessen, Wünsche, Sehnsüchte versus Befürchtungen, Ängste, Aversionen.

Ob bei einem Menschen gesetzwidriges, kriminelles oder unethisches Verhalten entsteht, hängt überwiegend von sozialen, systemischen Bedingungen, von der Umwelt, der Gesellschaft und ihren spezifischen Widersprüchen ab; im Extrem dient der Mundraub in Notzeiten der Selbsterhaltung (Abb. 10).

Welche Art des gesetzwidrigen oder unethischen Verhaltens[9] entsteht, hängt von
- sozial-gesellschaftlichen Bedingungen, aber auch
- von der personalen Motivationsstruktur, von der jeweiligen individuell spezifischen Potenzialhierarchie, vom Charakter des einzelnen Menschen ab.

Abbildung 11 (S. 106) zeigt die Zuordnung verschiedener Abwehrmechanismen zu den einzelnen psychischen Potenzialen.

---

9 Diese Differenzierung erscheint erforderlich, weil es auch ein offiziell legalisiertes unethisches Verhalten gibt, zum Beispiel in Diktaturen und im Krieg. Und umgekehrt gibt es ein ethisches Verhalten, das illegal ist, zum Beispiel den Widerstandskampf im Faschismus.

Störe meine Kreise nicht	*Wo du hingehst, da will auch ich hingehen*
kontemplativ	**emotiv**
Distanzierte Asozialität	Prosoziale Haltung
Anarchismus	(keine kriminelle Disposition)
(Infragestellung gültiger Normen und Gesetze; nonkonformistische Distanz)	Eventuelle Mittäterschaft aus Liebe und Anhänglichkeit, Folgsamkeit, emotionaler Hörigkeit
Individualismus mit sozialer Gleichgültigkeit und Passivität bis zu unterlassener Hilfeleistung	Diebstahl aus Hilfsbereitschaft/Altruismus (z.B. für Notleidende)
Geistige Urheberschaft für	Gefahr: Verharmlosung und arglose, übernachsichtige Duldung von Vergehen und Delikten anderer (auch gefährlicher Demagogen), passive Mitschuld
– komplizierte Delikte (Ideengeber, und rationale Vorausplanung)	
– politische Attentate (Überzeugungstäter)	
– Entwicklung und Verkündigung antidogmatischer/oppositioneller Ideen und Thesen: geistige Erneuerer, Ketzer!	
Antisoziale Zwangs- und Gewaltdelikte (egoistisches Besitz- und Machtstreben; Aggressivität)	Hedonistische Asozialität
	Anarchie
Verleumdung, Diskriminierung; Fremdenhass, Gewalt- und Kriegshetze	Delikte aus: Leichtsinn, Unvorsichtigkeit, Verschwendung, Unbedachtheit, Übermut, Unfug, Tollkühnheit, Abenteuerdrang
Körperverletzung, Totschlag (Affekte!), Mord	Fahrlässigkeit, Versäumnis, Liederlichkeit, Vernachlässigung
Sadismus, Misshandlung, Folterung	
Einbruch, Raub, Diebstahl, Korruption, Nötigung, Erpressung, Vergewaltigung, Zuhälterei	Diebstahl (egozentrische Geltungs- und Genuss-Sucht)
Fälschungen, z. B. Geld und Dokumente (Genauigkeit)	Betrug (Verstellungs- und Täuschungsfähigkeit)
	Hochstapelei, Heiratsschwindel
archisch	**dynamisch**
Ordnung ist das halbe Leben	*Leben und leben lassen*

Abb. 10: Charakterpotenziale und Kriminalität (Korrelationen zwischen den einzelnen Potenzialen und möglichen latenten Prädispositionen zu gesetzwidrigem Verhalten in Abhängigkeit von systemischen Umweltbedingungen)

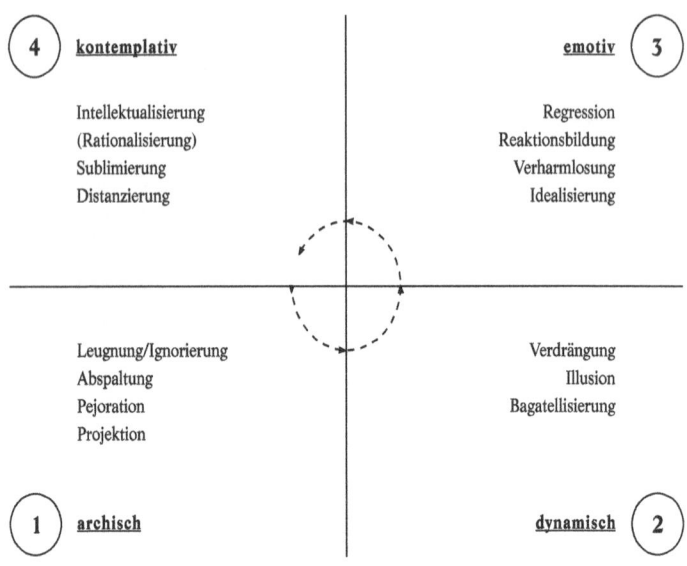

Abb. 11: Abwehrmechanismen

Im Folgenden sollen die verschiedenen *Abwehrmechanismen* kurz erläutert werden.

Erstes Potenzial
- *Leugnung/Ignorierung:* etwas nicht wahrhaben wollen und deswegen nicht wahrnehmen; nur sehen, was man sehen will; »Schuppen vor den Augen«, »ein Brett vor dem Kopf« haben; vor einem Problem, einer Realität »den Kopf in den Sand stecken« (Vogel-Strauß-Haltung).
- *Abspaltung:* eingeengte Wahrnehmung und psychische Verarbeitung; das »Scheuklappensehen«, der Tunnelblick, die teilweise Abspaltung subjektiv unangenehmer und deswegen abgelehnter Anteile der äußeren Realität; der so genannte »blinde Fleck«, es wird »der Splitter im Auge des anderen« attackiert und »der Balken im eigenen Auge« nicht bemerkt; das Abspalten eigener Bedürfnisse und Gefühle (z. B. nach Hingabe und Weichheit, Mitgefühl, Trauer); keine Integration, sondern Abspalten eigener Persönlichkeitsanteile, das teilweise Unterdrücken von Erlebnismöglichkeiten.

- *Pejoration:* die Abwertung, das Schlechtmachen anderer; sich selbst dadurch erhöhen, dass andere erniedrigt werden (unrealistische Selbstwertregulierung); sich von Schuldgefühlen nachträglich oder schon vorher dadurch entlasten, dass das Opfer des eigenen negativen Verhaltens gedanklich oder verbal schlecht gemacht und »in den Schmutz gezogen« wird, so dass es »nichts Besseres verdient« habe; und weiterhin: sich einen objektiv erforderlichen persönlichen Verzicht dadurch subjektiv erträglich machen, dass das vorher angestrebte Ziel nachträglich abgewertet wird (entsprechend der Fabel vom Fuchs und den sauren Trauben).
- *Projektion:* eigene negative und deswegen subjektiv abgewehrte Gefühle und Motive werden auf einen anderen, auf andere projiziert; ein anderer/andere werden zum Sündenbock gemacht; einem anderen »etwas in die Schuhe schieben«, um danach ein Feindbild zu konstruieren.

Zweites Potenzial
- *Verdrängung:* eine objektiv im wesentlichen richtig wahrgenommene, subjektiv negativ bewertete äußere Realität, aber auch eigene Bedürfnisse und Gefühle werden zeitweilig oder auch längerfristig wieder aus dem Bewusstsein verdrängt; »Probleme unter den Teppich kehren«[10]; »motiviertes Vergessen«. Der Mechanismus der Verdrängung hat generell eine große – und durchaus nicht nur negative – Bedeutung in der Alltagspsychologie.
- *Illusion:* eine intrapsychische subjektive Veränderung der objektiven Realität als wunschbedingte Phantasie; unrealistisch positive Erwartungshaltungen; »sich etwas vormachen«, »einbilden«, die Verblendung, auch das »Schönfärben«; bekannte Illusionen im Zustand der Verliebtheit: »Liebe macht blind.«
- *Bagatellisierung:* die subjektive Verkleinerung eines objektiv größeren Problems, die quantitative Herabminderung seiner Bedeutung; ein Problem »herunterspielen«, um es dann »auf die leichte Schulter nehmen« zu können.

---

10 Geschieht dieser Vorgang bewusst, so ist er wohl eher das, was in der Umgangssprache mit »etwas vertuschen« bezeichnet wird.

Drittes Potenzial
- *Regression:* die Tendenz, einer objektiv erforderlichen Realitätsbewältigung durch die subjektiv rückfällige Einstellung der schwachen Hilflosigkeit auszuweichen; sich der wehrlos-passiven Abhängigkeit überlassen, ontogenetisch einem Kleinkind entsprechend: »Ich kann das nicht«, »Wer tut es für mich?«, »Wer nimmt mir das Problem ab?«
- *Reaktionsbildung:* eine Umschaltung ins Gegenteil, zum Beispiel: ein Mensch will seine eigenen, auch vorhandenen, sozial-negativen Bedürfnisse, Antriebe, Gefühle (Geltungssucht, Missgunst, Neid, Antipathie) nicht wahrhaben und reagiert in seinem Verhalten gegenteilig mit unechter Sympathiebekundung, unnatürlich »freundlich«; übertriebene, unangebrachte Verwöhnung und Fürsorge gegenüber einer Bezugsperson (Partner, Kind, andere Angehörige in einer ambivalent erlebten Verpflichtungsbeziehung) bei latentem uneingestandenem Wunsch nach Trennung, Loslösung, nach Unabhängigkeit.
- *Verharmlosung:* eine objektive Realität, insbesondere eine Bedrohung, eine reale Gefahr wird in ihrer Bedeutung subjektiv verharmlost; die qualitative Verharmlosung des Bösen resultiert aus dem Harmoniestreben und dem Bedürfnis, gut zu sein und aus der Erwartung, dass auch die anderen es sind; das Bedürfnis nach der »heilen Welt«.
- *Idealisierung:* die Aufwertung (das Gegenteil der Pejoration), das subjektive Bessermachen, die moralische Veredelung eines anderen/der anderen Menschen oder ihrer Absichten und Handlungsmotive.

Viertes Potenzial
- *Intellektualisierung/Rationalisierung:* Die eigentlichen Motive eines bestimmten Verhaltens werden subjektiv abgewehrt, weil sie bei realistischer Wahrnehmung das eigene Selbstbild herabsetzen würden. So werden zum Beispiel subjektiv egoistische Motive umgedeutet ins Rationale: »Ich tue das alles nur für eine wichtige Sache, aus Gründen einer objektiv-sachlichen Notwendigkeit.« Affektiv-emotionale Vorgänge werden intellektualisiert (rationalisiert); unangenehme Umwelt-Wahrnehmungen, auch eigene Gefühle, werden intrapsychisch mehr oder weniger

rational/irrational oder theoretisierend bearbeitet, um sie von der emotionalen Ebene abzuwehren, »nicht so nahe an sich herankommen, nicht direkt ins Herz hinein lassen.«[11]
- *Sublimierung:* die geistige Veredelung eigener Bedürfnisse und Antriebe (z. B. in künstlerischer oder wissenschaftlicher Tätigkeit) als Transformation ursprünglich anderer, aber nicht befriedigter Strebungen; als Ausgleich von ungelösten Bedürfnisspannungen mit entsprechend bedrückenden, unangenehmen Gefühlen (z. B. Minderwertigkeitsgefühle, depressive Passivität, sexuelle Frustration, aggressive Unruhe). Die Sublimierung ist eigentlich eine Zwischenform von Abwehr und Bewältigung durch Umschaltung, Überführung in geistige Aktivität; sie kann eine spezifische Form des inneren Ausgleichs, der Kompensation sein. Die frühere Annahme aus der Psychoanalyse, dass die höheren geistigen Leistungen, die Kreativität, überhaupt nur oder überwiegend durch Sublimierung zustande kommen, ist nicht aufrechtzuerhalten.
- *Distanzierung:* wesentliche Anteile der objektiven Realität werden aus der Haltung der kritischen Distanz subjektiv weitgehend richtig wahrgenommen und im Bewusstsein aufgehoben; aber durch eine dominante Haltung der sozialen Distanz (bei akzentuiert kontemplativen Charakteren), durch die subjektive Einstellung des passiven Betrachtens der Wirklichkeit, des untätigen Sich-heraushalten-Wollens, durch ein Sich-Zurückziehen, ein Sich-Distanzieren unterbleibt das Sich-Engagieren, das praktisch-konkret notwendige Handeln, wenn nicht auch die anderen psychischen Potenziale ausreichend verhaltenswirksam sind oder wenn besondere Umweltbedingungen ein adäquates Reagieren/Handeln objektiv verhindern; insbesondere bei einer ganzheitlichen (integralen) Charakterentwicklung scheinen – gerade mit den positiven Entfaltungswerten des vier-

---

11 Es gibt Menschen mit der Meinung, dass es nicht in unsere Zeit passe, seine Gefühle (insbesondere die leiseren) als einen wichtigen Teil des eigenen Lebens wahrzunehmen und zuzulassen, weil vielfach Emotionalität generell als Gefühlsduselei abgewertet wird und demgegenüber Rationalität (oder gar nur eine mit strammer Haltung auf Nüchternheit reduzierte Pragmatik, Potenzial 1) eine einseitige, als Zeitgeist empfundene Überbewertung erfährt.

ten Potenzials – wesentliche Voraussetzungen gegeben zu sein für einen hohen Bewusstseinsgrad und generell für die individuelle emotional-rationale Einstellungsbildung mit einem adäquaten Umweltbezug (integrales Bewusstsein).

Die psychischen Abwehrmechanismen sind als Ich-Funktion bei jedem Menschen vorhanden, sie sind also Normalpsychologie. Ihre Ambivalenz von Schutzfunktion und Gefahr ist sehr bedeutsam. Grundsätzlich handelt es sich um unbewusste Vorgänge zur subjektiven Unlustvermeidung, um eine psychische Destabilisierung zu verhindern (A. Freud 1975; König 1996). Das Thema wird in den Psychowissenschaften unterschiedlich bewertet.

Die Abwehrmechanismen sind wirksam als individuell-psychische Bereitschaft zur mehr oder weniger unbewussten subjektiven Veränderung (Vermeidung, Einengung, Umdeutung) in der Wahrnehmung und intrapsychischen Verarbeitung der inneren und äußeren Realität. Es kommt zur subjektiv verzerrten Wahrnehmung und Bewertung der Realität, zu Selbsttäuschungen: »Was ich nicht weiß, macht mich nicht heiß.« Daraus resultierende und teilweise fixierte Fehleinstellungen haben eine Beziehung zur Entstehung von psychischen Fehlentwicklungen/Neurosen. Inadäquate Abwehrmechanismen sind bedeutsam für die Neurosenlehre und Psychotherapie.

Durch die Abwehrmechanismen, vor allem durch die Verdrängung, werden die unbewussten Inhalte vom Zurückströmen ins Bewusstsein abgeschirmt. In diesem Zusammenhang sind Träume und auch psychische Fehlleistungen als Signale aus dem Unbewussten bedeutsam (Freud). Jeder Mensch verfügt über ein persönliches Spektrum an Abwehrmechanismen; je nach seiner Charakterstruktur, seiner Individualität gibt es eine Hierarchie. Bei den Selbsttäuschungsvorgängen können aber auch mehrere Abwehrmechanismen beteiligt sein, die sich nicht immer scharf voneinander abgrenzen lassen.

Die Phasen der Kindheit sind mit ihren erfahrungsbildenden Umwelteinwirkungen sehr wesentlich für die Herausbildung der individuellen Persönlichkeitsstruktur und auch einer entsprechenden funktionalen Hierarchie der psychischen Abwehrmechanismen.

Die Existenz der psychischen Abwehrmechanismen als individuelle Selbsttäuschungsbereitschaft ist die Voraussetzung für den in der Alltags- und auch Massenpsychologie so bedeutsamen Vorgang der Selbst- und Fremdmanipulation. Die Tugend der kritischen Selbstbefragung müsste einen höheren Bedeutungsrang erhalten und schon in der Kindheit vermittelt und vorgelebt werden – eben weil Irren menschlich ist. Ohne eine andere Bewusstseinskultur wird eine menschliche Zukunft nicht zu haben sein.

Das breite Spektrum von Wissen, Ahnen, Unwissen, Unbewusstheit und Nichtwissenwollen (mit der Ambivalenz von Selbstschutz und Gefahr) sollte für uns immer ein großes Thema bleiben – bis in die Allgemeinbildung hinein, nicht nur in den Psychowissenschaften (Longerich 2006). Ich empfehle das Buch »Die gesellschaftliche Produktion von Unbewusstheit« des Züricher Psychoanalytikers Mario Erdheim aus dem Jahr 1984. Günter Anders meint, dass »unser Zeitalter ein ›dark age‹ zu nennen« wäre: »Während früher die Taktik selbstverständlich darin bestanden hatte, die Entmachteten von jeder möglichen Aufklärung auszuschließen, besteht die heutige darin, denjenigen, die nicht sehen, dass sie nicht sehen, einzureden, dass sie aufgeklärt seien« (1988, S. 26).

Aufklärung, Aufgeklärtheit ist kein Status, sondern kann nur als fortlaufender dynamischer Prozess erfolgreich sein: Aufklärung nach innen und nach außen (Innenwelt – Außenwelt). Hier schließt sich die hochbedeutsame, zukunftsrelevante Frage nach der Medienverantwortung an (s. Richter 2003, S. 53–66): Eine Demokratie kann nicht besser sein als ihre Demokraten.

Der Zukunftsforscher Mittelstaedt (2008) fordert für das Prinzip Fortschritt in unserer Zeit eine zweite Aufklärung.

> »Man hat die Lehre von den Temperamenten:
> jeder Mensch trägt alle vier in sich,
> nur in verschiedenen Mischungsverhältnissen.«
> (Goethe 1821)

Verschiedene Potenzialkombinationen: Auf die Mischung kommt es an

In der psychiatrisch-psychotherapeutischen Fachliteratur ist seit Jahrzehnten immer wieder der Begriff der »Legierung« (Kretschmer 1929) und der »Mischstrukturen« gegenüber den so genannten »reinen Typen« zu lesen. Wenn Letztere auch das Typische in besonders klarer Weise zeigen, so ist die Mischung verschiedener Strukturanteile jedoch das Häufigere und Übliche.

Die außerordentlich vielfältigen Kombinationsmöglichkeiten der vier Potenziale als Hierarchie der Substrukturen sind die entscheidende Voraussetzung für die psychische Variabilität der verschiedenen Charaktere, aber auch für die jeweilige psychische Einmaligkeit eines Menschen, die Originalität einer Persönlichkeit.

Zum Aspekt der »Mischung« äußerte Freud in seiner psychologischen Studie über Th. W. Wilson folgende Ansicht: »In seiner Charakteristik des toten Brutus lässt Shakespeare den Antonius sagen: ›... the elements so mixed in him that Nature might stand up and say to all the world: This was a man.‹ In Anlehnung an diese Worte des Dichters sind wir versucht zu behaupten, die Elemente der seelischen Konstitution sind immer die nämlichen. Was in der Mischung wechselt, sind die Mengungsverhältnisse der Elemente und – das fügen wir hinzu – die Unterbringung derselben in verschiedenen Provinzen des Seelenlebens und an verschiedene Objekte« (zit. in Cremerius 1971, S. 33f.).

Nach dem in diesem Buch vorgestellten Konzept kommt die Mannigfaltigkeit der Charaktere insbesondere dadurch zustande, dass sich die einzelnen Potenziale oder Anteile daraus in vielfältigster Weise miteinander kombinieren, mischen. Um jedoch eine annähernde Durchsicht in der Mannigfaltigkeit zu erlangen, wollen wir uns – nachdem die einzelnen Potenziale in ihrer akzentuierten Entfaltung geschildert worden sind – verschiedenen Kombinationen zuwenden, die wir als Grundmuster des Psychischen in der Vielfalt erkennen können.

Die dualen Strukturen: Das »Prinzip der psychischen Komplementarität« und die Balance in der Ergänzung

Die dualen Strukturen sind als sechs Kombinationsmöglichkeiten von jeweils zwei Potenzialen in der psychotherapeutischen Fachliteratur als Persönlichkeitsstruktur des Patienten häufig erwähnt und beschrieben worden, bisher allerdings in der Reihenfolge und Zuordnung ohne das komplementäre Prinzip, das Sinnhafte in der Ergänzung und ohne Integration der evolutionären Basis. Bei Höck und König (1976) lesen wir zu den Mischstrukturen: »Wenn man dabei die jeweils zwei wichtigsten erfasst, so kommt man neben den reinen Strukturen zu den Kombinationen: depressiv-hysterisch, depressiv-zwanghaft, schizoid-depressiv, schizoid-zwanghaft, zwanghaft-hysterisch und schizoid-hysterisch.«

Bei den dualen Strukturen haben wir uns vorzustellen, dass von den vier Grundpotenzialen des Psychischen insbesondere zwei vordergründig-dominant entwickelt sind und dabei die anderen beiden in Bezug auf die motivationale Verhaltensstimulierung untergeordnet, subdominant wirksam sind. Es soll erwähnt werden, dass die Potenzial-Hierarchie nicht im ganzen Leben gleich sein muss, sondern dass es durchaus einen Dominanzwechsel geben kann und gibt. Trotzdem können wir in der Vielfalt des Lebens doch über lange Zeiträume, insbesondere im Leistungsalter des erwachsenen Menschen, mit relativer Dauer typische Charakterstrukturen beobachten.

Da in der Aufeinanderfolge der einzelnen Potenziale immer jeweils abwechselnd auf ein in der Grundwirkung mehr konservatives (1 und 3) ein mehr progressives Möglichkeitsfeld (2 und 4) folgt, ist bei vier der zu beschreibenden dualen Kombinationen jeweils ein konservatives mit einem progressiven Potenzial gekoppelt; je zwei potenzieren sich in der Kombination gegenseitig zur verstärkt konservativen oder progressiven Grundtendenz (s. Abb. 12).

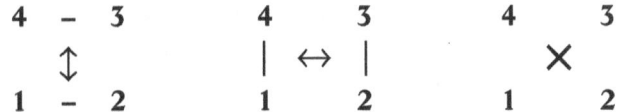

Abb. 12: Komplementarität der dualen Strukturen

So ist in der folgenden Beschreibung die Reihenfolge der dualen Zuordnung nicht willkürlich gewählt, sondern sie folgt einem erkennbaren *Prinzip der psychischen Komplementarität*. Aus der Zuordnung der einzelnen Potenziale in diesem integralen Konzept ergibt sich im Unterschied zu bisherigen, in der psychotherapeutischen Fachliteratur angegebenen unsystematisierten Kombinationen auch eine bestimmte Ordnung der dualen Strukturen: Jeweils zwei duale Kombinationen ergeben als komplementäre Ergänzung die psychische Ganzheit: I: II; III: IV; V: VI (s. Abb. 13).

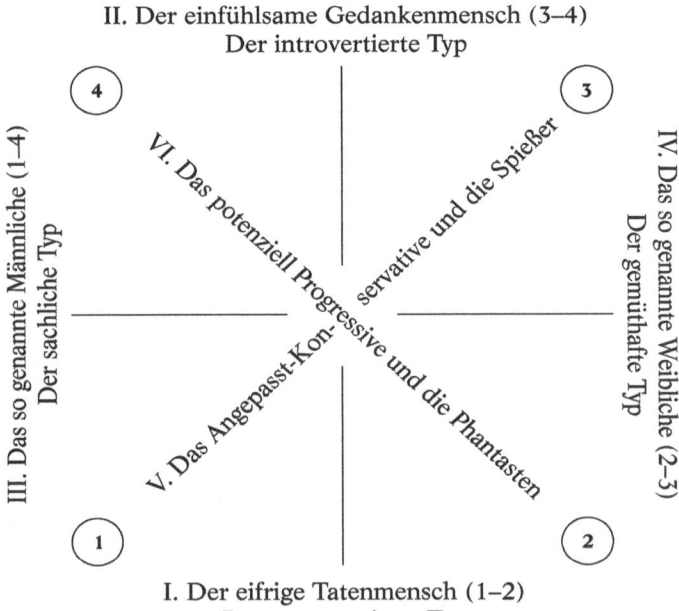

Abb. 13: Das Prinzip der psychischen Komplementarität

Es ist zu erkennen, dass die sich gegenüberliegenden Dualstrukturen und auch die sich kreuzenden Diagonalen jeweils komplementäre Gegensätze bilden. Hennig äußerte 1950: »Aufgabe einer wissenschaftlichen Systematik ist es nicht, in die Fülle der Einzelerscheinungen Ordnung hineinzubringen, sondern die ihr innewohnende Ordnung zu ergründen und darzustellen« (zit. in Löther 1983, S. 12). Wir denken an eine »implizite Ordnung« (Bohm 1992).

Aus Vorträgen und Seminaren ist mir bekannt, dass das dynamische Strukturmodell des integralen Individualkonzeptes mit Hilfe von geeignetem Anschauungsmaterial[12] in relativ kurzer Zeit verständlich zu machen ist – als das Einfache im Komplizierten, als komplementäre Einheit in der Mannigfaltigkeit.

I. Der eifrige Tatenmensch: Der extrovertierte Typ (1–2)

In dieser Charakterstruktur gehen vordergründig die beiden phylogenetisch älteren und energetisch starken Potenziale 1 und 2 eine dominante Koalition ein. In der Umgangssprache werden sie als »energisch« bezeichnet. Wir finden im Möglichkeitsfeld dieser Charaktere[13] den »Tatenmenschen großen Stils« und auch die »Mutter Courage«. Wo sie sind, breiten sich Spannung und Unruhe aus. Mit ihrem unternehmungsfreudigen Tatendrang bringen sie viel in Bewegung. Ihre Gefühle sind eher Affekte: heftig, leidenschaftlich und auch aufbrausend, je nachdem, ob das erste oder zweite Potenzial in dieser Kombination dominiert, mehr durch angespannte Selbstbeherrschung gezügelt, auch mit affekti-

---

12 Farbige Würfel zu unterschiedlichen hohen Strängen aufeinander- und zusammenstellen, dabei die jeweilige Höhe innerhalb des 4-Farben-Strukturmodells entsprechend den Grundmustern der verschiedenen Mischungen und darüber hinaus vielfältig variieren (1: grün, 2: rot, 3: blau, 4: gelb).

13 Hier sei auf die spezielle Kombination der Potenzialanteile hingewiesen, die in Abbildung 1 in den beiden unteren Feldern mehr rechts stehen: der kämpferisch-agonistische (1) mit dem sanguinisch-hypomanischen (2) Anteil. Die beiden mehr links verzeichneten Potenzialanteile würden eher einen ängstlichen (1) – demonstrativ-hysterischen (2) Typ ergeben.

ven Durchbrüchen, oder mehr in Form der prallen Humorigkeit der tatkräftigen Frohnaturen.

Kontemplativ-sensible Persönlichkeiten fühlen sich durch diese lebhaften Naturen aber eher gestört oder auch erdrückt, so dass sie deren Nähe lieber meiden. Dem aktiven Tatenmenschen ist die Bedürfnis- und Erlebniswelt des Kontemplativen meist völlig fremd, so dass er den Denkertyp vielleicht sogar belächelt oder auch als »Schwächling« verachtet. Er ist der starke Macho mit Dominanzgebaren und Eroberungsmentalität. Zu den typischen Wesenszügen der extrovertierten Tatenmenschen gehören die Potenzen zu Selbstsicherheit und Mut: Risikobereitschaft vor dem Hintergrund von Absicherung und Kontrolle. Die soziale Alpha-Position, das Ton-Angeben, das Sich-Durchsetzen fällt ihnen leicht.

Mit der Basis dieser Verhaltenspotenzen sind sie die idealen Organisatoren. Sie können andere Menschen mit großer Eindringlichkeit, Durchsetzungsfähigkeit und Überzeugungskraft, meist auch mit Überredungskunst für ihre Vorhaben gewinnen. So sind sie disponiert für den Typ des erfolgreichen Unternehmers. Gerade wegen der soeben skizzierten extrovertierten Verhaltenspotenzen könnten sich auf diese energiestarken Persönlichkeiten durchaus begründete Hoffnungen richten: Wenn sich in positiver Ausprägung bei ihnen ein starkes Gerechtigkeitsempfinden und Mut mit ihrem Organisationstalent verbinden, könnten sie zu denen gehören, die Initiative und Durchführung von solchen Unternehmungen großen Stils betreiben, die für unsere Zukunft, für die globale Zivilisation erforderlich sind, zum Beispiel im Bereich erneuerbarer Energien (Scheer 1992; Hennicke u. Müller 2005; Assadourian 2006).

Viel Überzeugungskraft und Durchhaltevermögen sind dafür notwendig. Sollten wir nicht auch auf den »gesunden Egoismus« hoffen, der eine positive Triebkraft sein könnte, um für die Lebenserhaltung zu wirken – nicht nur für das eigene Leben, sondern auch für das der Nachkommen? Außerdem gäbe es noch die Hoffnung, dass die Potenziale 3 und 4 von der Kraft des Archisch-Dynamischen intra- und interpersonal nicht ganz erdrückt werden, sondern als innere Ressourcen ebenfalls Wirkungen haben. Treten jedoch defizitär entfaltete Tatenmenschen mit der ihnen eigenen Pathetik als Demagogen für eine schlechte Sache ein, so sind sie wegen ihrer Persönlichkeitswirkung gefährlich. Im privaten Lebensbereich (Partnerschaft und Liebe) sind sie meistens erfolgreich im erobernden Verführen. Abenteuerlust ist auch fast immer mit dabei.

Unter den Schriftstellern der Moderne denken wir wohl vor allem an Ernest Hemingway und seine literarischen Helden der Tat. Als idealen Prototyp kennen wir aus der klassischen Literatur Prometheus. Im Positiven denken wir beispielsweise an die Titanen im Sport und auch an den Typ des tatkräftig erkundenden Forschungsreisenden mit Wagemut und Willensstärke (z. B. Columbus).

Im positiv-negativen Möglichkeitsfeld der mutigen Tatenmenschen finden wir das Charakterspektrum vom aktiven Helden bis zum gefährlichen Ränkeschmied. Sie lieben und suchen durchaus auch den Nervenkitzel, die Gefahr. Von den großen Gestalten der Geschichte ruft wohl gleichermaßen positive wie negative Gefühle und Bewertungen Napoleon hervor. Hacks meint: »Dem gesellschaftlichen Kern nach ist Prometheus [...] Napoleon« (1981, S. 21). Sigmund Freud hatte in einem 1934 an Arnold Zweig geschriebenen Brief Napoleon als »großartigen Lumpen« charakterisiert, »der an seine Pubertätsphantasien fixiert, von unerhörtem Glück begünstigt, durch keinerlei Bindungen außer an seine Familie gehemmt, wie ein Nachtwandler durch die Welt geflattert ist, um endlich im Größenwahn zu zerschellen«, und Zweig ergänzt: »ehrgeizig, dem Moment ergeben, durchaus noch nicht unanständig und dabei gewissenlos – und großes Format« (E. L. Freud 1984, S. 96, S. 98). Die Spannweite der Ambivalenz dieses Charakters ist wohl aufschlussreich in diesen Zeilen enthalten.

Wilhelm Reich hat in seinem Buch »Charakteranalyse« (1976) diesen Typus als »phallisch[14]-narzisstischen Charakter« beschrieben: »[...] im Auftreten selbstsicher, manchmal arrogant, elastisch, kräftig, oft imponierend [...] Aggressiver Mut gehört zu ihren wichtigsten Charaktermerkmalen« (S. 207; s. auch König 2004).

---

14 An dieser Stelle und auch generell wäre zu fragen, ob der aus der Freud'schen Psychoanalyse kommende Terminus »phallisch« inhaltlich im Wesentlichen mit dem korreliert, was wir als cholerische Temperamentsvariante kennen.

Im eindeutig negativen Bereich verfügen diese Charaktere, speziell mit übernachhaltig-hysterischen Wesenszügen, über sozialdestruktive Verhaltenspotenzen, insbesondere wenn ihre gesteigerten Dominanz- und Geltungsbedürfnisse nicht befriedigt worden sind. Hier wären vor allem zu nennen: Missgunst und Neid, Rachegefühle, Verstellung, Heuchelei und Hinterlist, überhaupt die Neigung zum Täuschen und Intrigieren. Denken wir an Shakespeares Jago in »Othello«. Aus den unteren, also aus den niederen Potenzialen, kommt die Niedertracht. Wo diese cholerisch-energiegeladenen Menschen nicht wirklich wichtig sind, da spielen sie sich als Wichtigtuer auf. Der ihnen meist wesenseigene Ehrgeiz (im wahrsten Sinne des Wortes!) lässt sie schlimme Dinge tun, wenn ihre Eigensucht dadurch befriedigt wird. Sie sind – bei negativer Dominanz dieser beiden Basispotenziale – egoistisch und egozentrisch zugleich. Von der großen Palastintrige bis zur geltungssüchtigen Hinterhältigkeit im kleineren Lebenskreis haben diese Charaktere immer schon viel Unfrieden gestiftet.

Der typische Tatendrang und auch der persönliche Ehrgeiz verführt sie zu einer großen Verantwortungsbereitschaft, wobei sie aber selbst ihre tatsächliche Verantwortungsfähigkeit häufig überschätzen, insbesondere, wenn die beiden subdominanten Potenziale 3 und 4 im Rahmen der Gesamtpersönlichkeit unterentwickelt sind. Das große Wort »Freiheit« wird von diesen Menschen gern missbraucht, um für sich persönlich gefährliche Freiheiten in Anspruch zu nehmen. Frei wovon und wofür, wäre da jeweils zu fragen. Freiheit auch für die weitere Plünderung der globalen Energie-Ressourcen? Freiheit für eine forcierte sozial-ökologische Destruktivität? Freiheit als Freisein von Verantwortung und Gewissen? Geld und Geltung, Haben und Schein statt Sein, Lust an der Macht und der permanenten Expansion der eigenen Einflusssphäre sind in der Kopplung dieser Potenziale gefährliche und starke menschliche Antriebskräfte. Welche Charaktere bedienen in welchen Strukturen welche Hebel der Macht?

Wir sollten zu dem Begriff »Ehrgeiz« eine klare Einstellung haben. Das Wort sagt eigentlich ganz deutlich, was gemeint ist: Geiz um Ehre, also Ansehen und Erfolg nur für sich, und Geiz, Missgunst gegenüber anderen – ein potenziell negatives, möglicherweise sogar destruktives Verhalten, wie es die Semantik dieses Wortes unverschlüsselt preisgibt. Und trotzdem wünschen sich die Eltern immer noch ehrgeizige Kinder. Aber das, was sie vielleicht in Wirklichkeit meinen, wäre doch mit den Worten »Anstrengungsbereitschaft« oder »Erfolgsstreben« in positiver Bewertung besser auszudrücken. Es kann jemand nach Erfolg streben und trotzdem gegenüber seinen Mitmenschen überwiegend wohlwollende Gefühle haben und behalten. Und wenn sich Neidimpulse regen, so ist das normal-menschlich, man sollte sich jedoch der Zusammenhänge bewusst sein. »Neid und Hass sind stets beisammen und steigern sich gegenseitig« (La Bruyère 1978, S. 290). »Wem der Neid, die krumme Arglist Nahrung gibt, des Biss wagt an die Besten sich« (Shakespeare 1966, S. 998). Und wir wissen auch, dass es nicht nur den Neid auf das Haben, sondern auch den Neid auf das Sein, das Wesen, den »Neid auf die Persönlichkeit« gibt. Hierzu meinte schon Goethe:

> »Was klagst du über Feinde?
> Sollten solche je werden Freunde,
> denen das Wesen, wie du bist,
> im Stillen ein ewiger Vorwurf ist?«

So sollten wir – vor allem in uns selbst – den destruktiven Potenzen des Neides bewusst entgegenwirken.

Die *positiven* Entfaltungschancen der archisch-dynamischen Charakterstruktur sind unter anderem Zuverlässigkeit, Fleiß, Willensstärke, Disziplin, Ausdauer, Konsequenz und Gerechtigkeitssinn (1); Flexibilität, Risikobereitschaft, Humor, Toleranz, Erneuerungsstreben und Initiative (2); in gebundener Synthese beider Potenziale: Selbstsicherheit und Entscheidungsfreudigkeit, Mut und Organisationstalent (1–2). Diese Verhaltensqualitäten als potenzielle Entfaltungswerte bilden nach dem in diesem Buch vorgestellten Individualkonzept die Grundlage dessen, was die Evolution an positiven Verhaltensmöglichkeiten der beiden Basispotenziale des Psychischen hervorgebracht hat.

Bei einer ethischen Verkümmerung, das heißt ohne die beiden folgenden, phylogenetisch jüngeren Potenziale haben wir hier in dieser Kombination potenziell die Eroberungsmentalität, den extrovert-expansiven Typ, der bedenkenlos den Planeten plündert. »Blinder Eifer schadet nur«, warnt eine alte Menschheitserfahrung. Fühlen wir uns im jetzigen Zustand der globalen Gefährdung immer noch nicht genug gewarnt? Horst-Eberhard Richter meint: »Als Repräsentanten und Träger einer *zukunftsträchtigen* ökologischen Friedenspolitik kann ich mir nur einen Typus vorstellen, der auf die Dauer nach *innen* wie nach *außen* lebt, der introspektiv kontinuierlich an seiner Menschlichkeit arbeitet, die zugleich zum Maßstab seines gesellschaftlichen Handelns werden soll« (1988, S. 274).

II. Der einfühlsame Gedankenmensch: Der introvertierte Typ (3–4)

Diese Charakterstruktur stellt gewissermaßen den Gegentyp zu den soeben beschriebenen Persönlichkeiten dar. Der energische Tatenmensch Prometheus hat einen sanftmütigen, dichtenden Bruder: Epimetheus. Diese seelisch eher weichen Charaktere haben eine »Vorliebe für bestimmte Milieuformen, die nicht wehtun und verletzen« (Kretschmer 1929, S. 138), die ihnen ein »tatenarmes und gedankenvolles« Leben möglich machen.

Im Gegensatz zum Tatenmenschen bevorzugen diese Charaktere mehr die leisen Töne. Sie suchen eher ein Leben der Stille und Ruhe, eine Haltung der beschaulichen Gelassenheit. Von den extrovertiert-aktiven Draufgängern fühlen sie sich in ihrer seelisch dünnhäutigen Introvertiertheit leicht gestört und erdrückt oder auch in die soziale Außenseiter-Position gedrängt. Der einfühlsame Gedankenmensch braucht einerseits Lebensmöglichkeiten zur vertieften Reflexion, zum ungestörten Nachdenken oder zum Dichten. Und doch sucht er andererseits auch das freundliche Nahesein, das liebende Mitgefühl.

Aus dieser schmerzlich erlebten und von der Umwelt nicht immer sanktionierten Ambivalenz gibt Hölderlin den Rat: »Hast du Verstand und ein Herz, so zeige nur eines von beiden, beides verdammen sie dir, zeigest du beides zugleich« (1984, S. 65). Hermann Hesse schildert seinen »Goldmund« als »mit jener sonderbaren Mischung von herzlichem Mitfühlen und kalter Beobachtung, wie Künstler sie haben.« Die in diesem Charakter vereinten Bedürfnisse nach emotionaler Nähe und nachdenklich-kritischer

Distanz, nach Gemeinsamsein und Alleinsein, sind ganz spezifisch seine »zwei Seelen, ach, in meiner Brust«, seine antinomischen Sehnsüchte, die im Leben – insbesondere im weiblichen – nicht immer synthetisch zu versöhnen, sondern polar spannungsreich oder sogar in tragischer Unerfülltheit auszuhalten sind.

Das Bedürfnis dieser Charaktere nach Wahrhaftigkeit lässt sie die Verlogenheit und ihr Mitgefühl die Kümmernisse anderer Menschen in verstärktem Maße erleben. Aus ihrem Mitgefühl wird leicht mitleidende Betroffenheit, fremdes Leid wird eigenes Leid. Diese Menschen haben viel von dem, was man allgemein Verständnis nennt: einfühlendes Verstehen, Echtheit und Wärme.

Ihre seelische Empfindsamkeit und Bescheidenheit lässt häufiger als bei anderen Menschen Skrupel und Selbstwertprobleme aufkommen. Sie stellen sich auch selbst kritisch in Frage, ihr Gegentyp, der selbstsichere Tatenmensch, neigt weniger dazu. Aus ihrer emotiven Geistigkeit entwickeln sie eigene ethische Lebensprinzipien. Das Streben nach Güte und Wahrhaftigkeit dominiert in ihrem subjektiven Wertsystem, in ihrem Gewissen. Machen wir uns wiederum bewusst: Dieser Begriff ist in der alltäglichen Umgangssprache ganz erheblich inflationiert worden. Man spricht von der »Gewissenhaftigkeit« des absichernden Genauigkeitsmenschen auch dann, wenn man seinen Hang zur Gründlichkeit, zur Korrektheit meint. »Er erledigt alles so gewissenhaft«, wird dann gesagt, wenn ein Mensch seine routinemäßigen Tagesverrichtungen perfekt durchführt. In diesem Sinne war aber sogar Adolf Eichmann »gewissenhaft«, denn er hat seine verbrecherischen Tagesaufgaben im Allgemeinen leider ziemlich gründlich und perfekt erledigt (pathologisches Überich). Wir sollten wissen, wovon wir sprechen, wenn wir »Gewissen« sagen. Wahrhaftigkeit, Gerechtigkeit und wohlwollendes Mitgefühl sollten vor allem zu den obersten Richtern in unserem Gewissen gehören.

Der emotiv-kontemplative Mensch hat viel von dieser Gewissenhaftigkeit, denn er denkt immer wieder über die allgemeinen und die persönlichen Werteorientierungen, über den Sinn seines Lebens nach. Seine ausgesprochene Skrupelhaftigkeit lässt ihn auch in selbstquälerisch getönte Grübeleien verfallen. »Die Sensiblen müssen ihre Verfeinerung teuer bezahlen mit einer erhöhten Fähigkeit zum Schmerz« (Weisenborn 1974, S. 145).

Was sind nun die negativen Seiten dieser Charaktere? Wir finden sie weniger im aktiven als im passiven Verhalten, also mehr ein Schuldigwerden durch Unterlassen als ein Schuldigwerden durch aktives Tun: wenn ein Mensch beispielsweise auch noch dann und dort duldsam und nachsichtig (Potenzial 3) oder passivdistanziert (Potenzial 4) etwas aktuell und konkret Notwendiges unterlässt.

Die mehr im negativen Bereich des charakterlichen Möglichkeitsfeldes gelegenen Verhaltenspotenzen, zum Beispiel die Neigung zur passiven Behaglichkeit (Potenzial 3) und der Hang zum tatenarmen, müßigen Sinnieren oder phlegmatischen Dösen (Potenzial 4), bedingen auch Tendenzen zu einem Verhalten, das allgemein Faulheit genannt wird. An dieser Stelle können wir uns den schüchtern-gutmütigen Faulpelz »Oblomow«, die Titelgestalt in dem klassisch gewordenen Roman von I. A. Gontscharow, vor Augen führen, der die meisten seiner Lebenstage apathisch dösend oder träumend auf dem Sofa verbringt.

Es soll nicht unerwähnt bleiben, dass es sich bei den emotivkontemplativen Persönlichkeiten sehr wahrscheinlich auch um »energetisch schwächere Naturen« mit melancholisch-phlegmatischem Temperament handelt. Teilweise wird auch ärztlich zu überprüfen sein, ob zum Beispiel eine depressive Tagesrhythmik mit einem Morgentief vorliegt, die das In-Gang-Kommen von der Stoffwechsellage her erheblich erschwert. Hierbei spielt auch eine Rolle, ob ein Mensch von seinem Biorhythmus her mehr eine »Nachtigall« (Spättyp) oder eine »Lerche« (Frühtyp) oder auch indifferent ist. Dem »Morgenstunde hat Gold im Munde« setzte Erich Kästner aus eigener Erfahrung entgegen: »Es gibt Menschen, für die hat die Morgenstunde weder Gold noch Silber im Munde.« Ein Mensch, der von den Umweltbedingungen her ständig »gegen seine Natur« leben muss, bringt manchmal unter größter Selbstdisziplin Anpassungsopfer, die ein anderer, der diesen inneren Kampf nicht kennt, überhaupt nicht ermessen kann.

Wachzuhalten und auch neu zu diskutieren wäre eine alte Streitfrage in der Ethik: Ist ein Verhalten nur dann tugendhaft, wenn es den eigenen Bedürfnissen entgegensteht, also eine Selbstüberwindung kostet? War ich zu einer guten Tat aus Neigung oder aus Pflicht motiviert, in Übereinstimmung mit mir selbst oder entgegen meinen eigenen Bedürfnissen? Diese Frage kann beim Thema »Individualität und Ethik« nicht ausgelassen werden. Ludwig Klages (1951/1988, S. 170) behandelt in diesem Zusammenhang Kant und dessen kategorischen Imperativ in Verbindung mit den ironischen Zeilen von Friedrich Schiller:

> »Gerne dien' ich den Freunden; doch tu ich es leider aus Neigung;
> Und so wurmt es mich oft, dass ich nicht tugendhaft bin.
> Da ist kein anderer Rat, du musst suchen, sie zu verachten;
> Und mit Abscheu alsdann tun, was die Pflicht dir gebeut!«

Wir wollen uns jetzt der Betrachtung einer Verhaltenstendenz zuwenden, die schon in ihrem wörtlichen Begriff, aber mehr noch in ihren Auswirkungen sehr ambivalent anzusehen ist: der Demut (im Sinne von »dienendes Gemüt«). Von einzelnen Persönlichkeiten, deklarierten Lebenshaltungen und Religionen ist diese Verhaltensbereitschaft zur Forderung erhoben, idealisiert, verklärt und gepredigt worden und wird es noch. Shaw meint: »Überlassen Sie es dem Feigen, aus seiner Feigheit eine Religion zu machen, indem er Demut predigt« (1974, S. 210). Zweifellos kann Demut in der Ambivalenz einerseits auch idealisierte Feigheit sein, während es andererseits glücklicherweise viele Menschen gab und gibt, die subjektiv aufrichtig mit diesem Begriff edle Motive und Gefühle verbinden. Demut empfinde ich persönlich neben anderen Erlebens- und Verhaltensmöglichkeiten, gemeinsam mit vielen anderen Menschen, im Dienst eines helfenden Berufes. Und Demut empfinde ich auch gegenüber der Schönheit und den Wundern der Natur; es ist eine Demut vor den Geheimnissen der Schöpfung. Eine Demütigung, der Vorgang, der von Mensch zu Mensch Erniedrigung, Kleinmut erzeugen soll, wird ganz eindeutig übereinstimmend als negativ erlebt und bewertet. Zu unseren Erziehungszielen gehören keinesfalls solche Charaktere, die der Volksmund »Duckmäuser« nennt.

Grundsätzlich soll aber darauf aufmerksam gemacht werden, dass im negativen Möglichkeitsfeld der oberen Potenziale 3 und 4 im Vergleich zu den Basispotenzialen 1 und 2 ganz eindeutig eine Abschwächung der »Potenzen des Bösen« zu erkennen ist (s. Abb. 1 und Abb. 2b). Könnte uns diese erkennbare Linie in der evolutionären Höherentwicklung mit ihrer besonderen Bedeutung für die Ethik nicht mit Hoffnung erfüllen? So sollten wir auch im Alltagsleben hellhörig werden für diese Entwicklungslinie, und zwar insbesondere deswegen, weil das Höhere, evolutionär Jüngere sich im Allgemeinen zwischenmenschlich weicher, schwächer und leiser gibt und vom Groben, Starken und Lauten zu oft übertönt wird. »Stille Wasser sind tief«, weiß ein altes Sprichwort.

Die altchinesische Philosophie des Laudse (»Das Weiche besiegt das Harte«, 36. Kapitel) könnte für den, der im gegenwärtigen Weltzustand alte Hoffnungszeichen sucht, in diesem Zusammenhang als ein solches gedeutet werden. Im 76. Kapitel des Daudedsching sagt Laudse:

»So sind das Starre und Harte Gefährten des Todes,
das Zarte und Schwache Gefährten des Lebens [...]
So sinkt in die Niederungen das Starke und Große,
indem das Zarte und Schwache die Höhen erklimmt.«

Auf eine reichere Entfaltung der »weichen Kraft«, der höheren menschlichen Potenziale kommt es an. Konfuzius (2005, S. 68) sagt: »Der Gütige findet Befriedigung in der Güte.«

In den unteren beiden Potenzialen finden wir – innerhalb dessen, was wir allgemein »Gefühle« nennen – mehr die groben Empfindungen, die Leidenschaften, die Affekte, während die feineren Gefühlsregungen, die Emotionen im engeren Sinne, mehr in den oberen, phylogenetisch jüngeren, also höheren Potenzialen zu Hause sind (Lukas 1983/1992).

Es sieht so aus, als ob die Emotiv-Kontemplativen die Menschen sind, die aufgrund ihrer besonderen Fähigkeit zum Mitleiden und durch ihre hoch sensitive Empfindsamkeit auch für die Unechtheiten, Verstellungen und Verlogenheiten im Vergleich zu Durchschnittscharakteren mehr zu leiden haben. Kretschmer spricht von einem »natürlichen Talent zum Tragischen«: »In entsprechenden konstitutionellen Legierungen kann natürlich auch diese scheue schizoide Gutmütigkeit Züge wirklicher Güte bekommen, etwas anmutig Zartes, Sanftes und Liebenswürdiges, innig Anschmiegendes, doch immer mit einem leisen elegischen Zug von schmerzlicher Fremdheit und Verletzlichkeit. Das ist der Typus Hölderlin« (1929, S. 139). Diese hoch sensitiven Persönlichkeiten erleiden fast immer »Seelenschmerzen« von den gröberen, lauthals-aktiven

Tatenmenschen, denen die Welt der stillen Seelen fremd ist, so dass sich jene vor ihnen manchmal geradezu in eine flehentliche Abwehrhaltung das In-Ruhe-gelassen-sein-Wollens flüchten. Durch ihre Hypersensibilität und ihre hochdifferenzierten emotionalen Bedürfnisse sind sie stärker von der Umwelt abhängig und verletzbarer. »Wie nahe uns das Gute und das Böse geht, das uns begegnet, hängt nicht nur von dessen Ausmaß ab, sondern von unserer Empfindsamkeit« (La Rochefoucauld 1982, S. 63). Diese Charaktere sind stärker gefährdet, psychisch zu erkranken – insbesondere bei anhaltender Frustration in mehreren für sie wesentlichen Lebensbereichen und Wertorientierungen und bei mangelnder Kompensationsfähigkeit, beispielsweise durch die Potenziale 1 und 2 (s. Abb. 1, Innenkreis der Potenziale 3 und 4).

Wenden wir uns nun im Anschluss an diese Gedanken einem ganz besonderen, vielfach beschriebenen und auch immer wieder zu beobachtenden Phänomen zu: seelisches Leiden als Voraussetzung oder Katalysator für geistig-künstlerisches Schöpfertum, für kreatives Schaffen. Selbstverständlich ist diese Koppelung nicht obligat, aber sie kann auch nicht ganz geleugnet werden. Hermann Hesse hat gesagt: »All mein Tun kommt aus Schwäche, aus Leiden, nicht aus irgendeinem vergnügten Übermut, wie Laien ihn zuweilen beim Dichter vermuten« (1981a, S. 178). Von Goethe stammen folgende Zeilen:

> »Zart Gedicht, wie Regenbogen, wird nur auf dunklen Grund gezogen;
> darum behagt dem Dichtergenie das Element der Melancholie.«

Denken wir an Shakespeares Hamlet: ein Melancholiker, der kontemplativ sein will, aber aktiv handeln soll – in seiner Tragik seit Jahrhunderten ein großer Charakter-Mythos.

Aus der Betrachtungsweise des integralen Gesamtkonzepts ergibt sich folgende Überlegung: Wenn die Liebesbedürfnisse eines emotiv-kontemplativen Menschen allgemein frustriert oder auch plötzlich enttäuscht worden sind, wird er ein depressiv Leidender (Potenzial 3). Und wenn nun in seiner Charakterstruktur und aktuellen Lebenssituation die Basispotenziale 1 und 2 für Kompensationsmechanismen weniger zur Verfügung stehen, so wird alternativ das vierte Potenzial kompensatorisch noch zusätzlich stimuliert, zumal das Alleinsein auch eine wesentliche Voraussetzung für vertieftes Nachdenken und schöpferische Kontemplation ist. So kam und kommt es immer wieder vor, dass im Lebensweg potenziell kreativer Persönlichkeiten gerade dann eine intensive schöpferische Periode einsetzen kann, wenn eine wichtige emotionale Beziehung, wenn eine Liebe zu Ende gegangen ist. In der psychotherapeutischen Fachliteratur ist diese Beobachtung unter anderem von Karen Horney (1973) beschrieben worden.

Über diese Zusammenhänge hinausdenkend, sollten wir uns aber weiterhin Folgendes fragen: Könnte es nicht auch so sein, dass nicht nur bei erlebnisbedingten reaktiven Depressionen, sondern auch bei mehr dispositionell melancholischen Verstimmungen das vierte Potenzial spontan zur intrapsychischen Kompensation aktiviert wird, das heißt im innerpsychischen Kampf mit depressiven Bereitschaften schließlich das kreative Schaffen als unwillkürliche Selbstorganisation innerhalb der vernetzten Ordnung der Potenziale dominiert? Aus dem Kreis der schöpferischen Persönlichkeiten in den Naturwissenschaften seien hierfür Robert Mayer (Gesetz von der Erhaltung der Energie) und Charles Darwin, der Autor der Evolutionstheorie, genannt, aus der Kunst zählen unter anderem Goethe, Hermann Hesse; Dürer, Michelangelo und Käthe Kollwitz dazu. Die genannten Persönlichkeiten werden nicht als vordergründig duale Charakterstrukturen angesehen, aber in ihrer seelischen Differenziertheit waren neben den kreativen Potenzen ganz offensichtlich insbesondere auch depressive Bereitschaften vorhanden.

Wenn die Integration oder Kompensation gelingt oder überhaupt wenn die emotiv-kontemplativen Charaktere in der Vielfalt der Lebensformen einen Platz für sich gefunden haben, der ihnen die materielle Grundlage für ihre meist relativ bescheidenen äußerlichen Bedürfnisse, liebevolles Verständnis, vor allem aber zumindest zeitweise eine Ruheinsel zur zurückgezogenen Kontemplation bietet, dann können sie durchaus das erreichen, was Marc Aurel (1982) in seinen »Selbstbetrachtungen« die »Heiterkeit der Seele« nennt – eine stille, gedankenvolle Heiterkeit.

Eines scheint jedoch zweifelsfrei sicher zu sein: In der Erziehung und Selbsterziehung kommen gegenwärtig die potenziellen Werte der Innerlichkeit, die Entfaltungsmöglichkeiten der in diesem Kapitel beschriebenen Seelenanteile zu kurz. Die stille, äußerlich eher bescheidene, dafür aber gemüt- und geistreiche Form einer Selbstverwirklichung hätte vielleicht die Gunst einer (fernen?) Zukunft, hat aber nicht die Gunst der Gegenwart. Da triumphiert die Tendenz einer sinnentleerten Veräußerlichung. »Wie weitgehend epochale Wertnormen nicht nur Sitte und Moral, sondern auch persönliche Haltungen und Einstellungen beeinflussen, beweist die Kulturgeschichte [...] Als Beispiel einer zeittypischen Veränderung einer Wertnorm kann der Begriff der Introversion oder Einsamkeit gelten, der früher in Europa positiv bewertet wurde, jedoch durch die dominierende Extraversion in den USA suspekt geworden ist« (Nissen 1986, S. 59). »Alle Kultur ist aus Introversion entstanden«, meint Hermann Hesse (1981b. S. 150).

Die *positiven* Entfaltungschancen der emotiv-kontemplativen Charaktere sind vor allem die Fähigkeit zum Mitfühlen und zur Barmherzigkeit, zu Freundlichkeit, Güte und Friedfertigkeit (3); das Streben nach vertieftem Nachdenken, Wahrheitssuche, Geistigkeit, Innerlichkeit, Spiritualität (4). Als Synthese beider Potenziale sei ein besonderer kommunikativer Wert für das zwischenmenschliche Miteinander hervorgehoben: das kritische Wohlwollen (4–3).

Die Vernachlässigung des emotiv-kontemplativen Wert- und Gewissenspotenzials in der Charaktererziehung und im gegenwärtig dominierenden Zeitgeist der Selbstverwirklichung belegen Untersuchungen, die Richter bekannt gegeben hat: »Zwischen 1968 und 1989 haben wir an unserem Gießener Institut repräsentative Studien über die Psychologie der BRD-Gesellschaft gemacht. Die jüngste Untersuchung zeigt vor allem eine Entwicklung ganz deutlich: Merkmale wie egoistischer Durchsetzungswille und Ich-Bezogenheit steigern sich, während die Bereitschaft für soziales Engagement und selbstkritisches Nachdenken abnehmen« (1991, S. 21). Konrad Lorenz schrieb aus seiner Sorge um die menschlichen Wertverluste sein Buch »Der Abbau des Menschlichen«. Kann einer Zivilisation, die im jetzigen Weltzustand diese SOS-Signale als Tendenzbefund ignoriert, eine menschenwürdige Zukunftsfähigkeit zuerkannt werden?

Hatten wir uns bisher innerhalb der dualen Strukturen der Kombination von jeweils zwei »starken« (1 und 2) und zwei »schwachen« (3 und 4) Potenzialen zugewandt, so werden wir jetzt die Koalition von jeweils einem starken, phylogenetisch älteren und einem schwachen, phylogenetisch jüngeren Potenzial betrachten.

III. Das so genannte Männliche:
Der sachliche Typ (1–4)

Der Leser, der bis hierher die wesentlichen Zusammenhänge in der Beschreibung der einzelnen Strukturen des Psychischen verstanden hat, ist jetzt bereits in der Lage, selbst die potenziellen Charakterzüge dieser Struktur (1–4) zu beobachten und zu erkennen.

Zunächst jedoch einige gedankliche Anregungen zur Kapitel-Überschrift: Warum das »so genannte Männliche«? »So genannt« wird verwendet, weil diese Persönlichkeitsstruktur, diese spezielle duale Potenzialdominanz nicht nur bei Männern, sondern auch bei Frauen vorkommt, wenn auch seltener. Das »Männliche« soll ausdrücken, dass die in dieser Weise spezifisch entfalteten Charaktere bei Männern häufiger zu beobachten sind als bei Frauen und von daher – mehr oder weniger bewusst – allgemein als das wesensmäßig eigentlich Männliche empfunden werden; insbesondere, wenn aus dem Archischen die Willensstärke und das agonistische, das kämpferische Verhaltenspotenzial sowie aus dem Kontemplativen die geistig-schöpferischen Möglichkeiten und aus beiden die Fähigkeit der kritischen Sachlichkeit entfaltet sind.

In der »vita contemplativa« der Antike kommen Frauen nicht vor, es sei denn als Hetäre. Die Gründe dieser Dichotomie in den Charakterpotenzen der Geschlechter werden Evolutionswissenschaftler sicherlich auch unter dem Anpassungs- bzw. Überlebensaspekt sehen – was die Vor-Vergangenheit der Menschheit betrifft. Die Gründe sind zwar vielschichtig; im bio-sozialen Ursachengefüge hat aber sicherlich die Spezifik der Mutterrolle, die Mutter-Kind-Beziehung eine besondere Relevanz. Eine wesentliche soziale Teilursache ist wohl zweifelsfrei in der lange tradierten Arbeitsteilung der Geschlechter zu sehen und in den daraus resultierenden und bis in unsere Zeit hinein reichenden Rollenklischees und Voreingenommenheiten für das so genannte »Männliche« und das so genannte »Weibliche«.[15] Die subjektiv-persönlichen Einstellungen hierzu beeinflussen natürlich auch in der Gegenwart ganz

---

15 In diesem Zusammenhang wäre auch das viel diskutierte Gender-Konzept zu bedenken, das im Wesentlichen die sozialen Komponenten des Geschlechts beinhaltet.

wesentlich die variantenreichen Möglichkeiten im sozial-gesellschaftlichen Zusammenleben.

»Der lautlose Aufbruch« (Feyl 1981) der Frauen, auch in der Wissenschaft, hat zwar inzwischen stattgefunden; trotzdem weist die Bilanz der langen Historie der Wissenschaften ganz eindeutig aus, dass in der Reihe der großen kreativen Denker und Entdecker überwiegend Männer und nur sehr wenige Frauen standen. Aber wie konnten sie bei der ihnen zugefallenen biologischen und sozialen Rolle das kontemplativ-schöpferische Potenzial entwickeln?

Eine Frau mit Kindern kann sich im Allgemeinen nicht in die schöpferische Einsamkeit begeben. Das Bedürfnis, »dem in den Dingen wohnenden Widersinn durch gezieltes Nachdenken auf die Spur zu kommen« und in sich »auch die geistige Arbeit als Teil des Menschseins, als das sich bewährende Wesen des Menschen zu entwickeln« (Feyl 1981, S. 22f.), muss bei einer Frau auch heute noch überdurchschnittlich stark ausgeprägt sein, wenn sie – entgegen dem gesellschaftlichen Trägheitsgesetz – bewusst ihren Lebensweg antritt mit der weitgehend illusionsfreien Hoffnung, ihre potenziellen geistig-kreativen Fähigkeiten zu verwirklichen.

Und umgekehrt? Wie hat sich das männliche Selbstbild entwickelt? Haben die Männer auch zunehmend mehr die Gemütswerte des »so genannten Weiblichen« für sich entdeckt, in sich entfaltet und in die männliche Gesamtpersönlichkeit integriert? Beide Geschlechter, Mann und Frau, haben die Chance der Entwicklung einer breiteren und tieferen Menschlichkeit, und zwar insbesondere dadurch, dass sie jeweils zusätzlich zum so genannten Männlichen und so genannten Weiblichen zunehmend mehr auch solche Charakterqualitäten in sich entfalten, die bisher nur als »typisch« für ein Geschlecht angesehen wurden. Und dabei können wir ganz sicher sein, dass die im Zusammenleben durchaus reizvolle Polarität des Männlichen und des Weiblichen immer erhalten bleiben wird.

Kommen wir nun nach diesen allgemeinen Betrachtungen zum Inhalt dieses Kapitels im engeren Sinne. Für die archisch-kontemplativen Persönlichkeiten seien als die typischen »Zwei Seelen, ach, in meiner Brust« genannt: Der nach Erhaltung, Sicherheit und Ordnung strebende und traditionsverbunden-konservative Strukturanteil (1) und mit diesem in rivalisierender Vereinigung das Potenzial 4 mit der Tendenz zum kritischen Infragestellen, nachdenklichen Zweifeln und mit der geistig-kreativen Potenz zu neuen Lösungen. Ein Blick auf die Abbildung 1 zeigt uns deutlich, dass die Kombinationsmöglichkeiten sehr mannigfaltig sind: je nachdem, welche Anteile aus den beiden Potenzialen zur Entfaltung gekommen sind und dann auch die Unterschiedlichkeit danach, ob in dieser dualen Struktur das Potenzial 1 (wahrscheinlich häufiger) oder das Potenzial 4 (wahrscheinlich seltener) dominant ist, wobei die Dominanz zeitweise wechseln kann.

Hier sei wiederum der Hinweis eingefügt, dass wir uns beim Betrachten der Charaktere in ihrer Mannigfaltigkeit trotz der hier geübten Zuordnungsversuche nicht zum Schematismus verleiten lassen sollten. Jede Persönlichkeit ist einmalig; und doch liegen auch der Mannigfaltigkeit bio-psycho-soziale Entwicklungsgesetze zugrunde.

Bei den dualen Strukturen ist jeweils auch noch zu beobachten, in welcher Weise die beiden anderen subdominanten Potenziale entfaltet und inwieweit sie als mehr hintergründige Möglichkeitsfelder für Verhaltenstendenzen und auch als intra-psychische Kompensationsfelder verfügbar sind. So ist es für das gesamte Einstellungs- und Verhaltenspotenzial eines Menschen sehr wesentlich, ob hinter der vordergründigen archisch-kontemplativen Struktur auch das Emotive entfaltet ist. Sollte es in der ontogenetischen Entwicklung weitgehend verkümmert sein, so hätten wir den mehr gemütsarmen, sachlich-kühlen Verstandesmenschen vor uns, vorausgesetzt er hat Verstand.

Auch die geistig-aggressive Reaktionsweise, die wir Zynismus nennen, ist bei dieser Potenzialkombination zu erwähnen. Je weniger das zweite Potenzial, das Dynamische entfaltet ist, um so mehr wird die archisch-kontemplative Persönlichkeit zur Unentschlossenheit und zur Absolutheit neigen. Es mangelt diesem Charakter dann an Flexibilität, Humor und Risikobereitschaft. Diese Menschen können eine Arbeit schwer beenden; sie ist ihnen in ihrem Perfektionsanspruch nie gut genug, insbesondere, wenn ständig neue Impulse des skeptischen Infragestellens (Potenzial 4) auftauchen. Das Relativieren und das Loslassen fällt ihnen schwer. So kann das Fehlen der dynamischen Gegensteuerung auch subjektiv qualvoll sein.

Der Bewegungstyp dieser Menschen entspricht weniger einer

harmonisch-fließenden Beweglichkeit, sondern die äußere Haltung und die Bewegungsabläufe sind eher eckig-verspannt, kantig-steif-verhalten, manchmal auch sprunghaft. Kretschmer (1929) gibt eine »eigentümliche militärische Straffheit in Ausdruck und Bewegung« (S. 150) an. Wie wir innerhalb der Mannigfaltigkeit der Charaktere erkennen können, scheint es – jedenfalls in unserem Kulturkreis – eine besondere Affinität zur Koalitionsbildung zwischen dem vierten und ersten Potenzial zu geben, am häufigsten bei Männern. Diese Annahme wird auch gestützt durch Hinweise aus dem psychotherapeutischen Beobachtungsfeld mit der vielfach beschriebenen schizoid-zwanghaften Neurosenstruktur – im fließenden Übergang von der Pathopsychologie zur Normalpsychologie.

Für dieses integrale Konzept kann ich auf hochinteressante Untersuchungsergebnisse hinweisen, die die psychische Geschlechterspezifik durch eine sehr differenzierte wissenschaftliche Untersuchung auf die Ebene einer hohen Wahrscheinlichkeit oder einer Beweisqualität hebt: Schepank äußert sich zur psychoanalytischen Diagnose der Persönlichkeitsstruktur folgendermaßen: »Hochsignifikant war die unterschiedliche Verteilung der Strukturen auf die beiden *Geschlechter*: Bei den Männern überwiegen die schizoiden und die zwanghaften Strukturen, bei den Frauen die depressiven und die hysterischen Strukturen« (1987, S. 117f.). Die hier verwendeten Begriffe entsprechen der psychoanalytisch-tiefenpsychologischen Terminologie (s. Riemann 1975; König 2005), die – auch wenn sie pathopsychologisch wirkt – gleichfalls das normal-psychologische spezifische Motivations- und Verhaltensspektrum meint. Zwanghaft-schizoid ist demnach der Potenzialkombination 1–4, hysterisch-depressiv der Potenzialkombination 2–3 adäquat. Die wissenschaftlichen Untersuchungsergebnisse der Mannheimer Forschergruppe unterstützen in bedeutsamer Weise die Hypothesen des hier beschriebenen Individual-Konzeptes.

Aus der Kinderpsychiatrie kommen wesentliche Beobachtungen hinzu: Der Autismus als superlative Form dieser Wesensart (1–4) im psychopathologischen Bereich mit hochgradiger Kontaktarmut und zwanghaftem Verhalten ist mit weitgehender Konstanz bei Jungen wesentlich häufiger als bei Mädchen. Autisten haben eine besondere Affinität gegenüber den Erscheinungen der nicht-lebendigen Welt. Ihre typischen Verhaltensweisen sprechen

dafür, dass die komplementären Potenziale 2 und 3 nicht oder zu wenig verhaltenswirksam werden:
- Aus der typisch autistischen Aversion gegen alle Veränderungen (Defizit des zweiten Potenzials) sind sie Gewohnheitsfanatiker mit vielen erschwerenden Auswirkungen im Alltagsleben.
- Für ein Defizit des dritten Potenzials spricht die typische Abneigung gegen soziale Kontakte, meist auch gegen Zärtlichkeiten; ebenso die starke Aversion gegen eine Gruppeneinordnung (s. hierzu Baron-Cohen 2006, S. 184, 206).

Hiermit sind grundlegend-typische Verhaltensbestrebungen von Autisten aufgezeigt. Individuelle Besonderheiten differenzieren dieses variantenreiche Erscheinungsbild, das auch durch den unterschiedlichen Ausprägungsgrad autistischer Wesenszüge bedingt ist. Besonderheiten in der Wahrnehmung und Informationsverarbeitung kommen bei jeweils individuell unterschiedlicher Intelligenzausstattung (von hoher Intelligenz bis zu schwerer geistiger Behinderung) noch hinzu. Die Fachliteratur ist umfangreich.

Aus den Beobachtungen der archisch-kontemplativen oder zwanghaft-schizoiden Charakterstruktur soll jetzt noch auf eine andere Besonderheit hingewiesen werden. Sehr häufig hat man in der Fachliteratur zur Psychopathologie dem Schizoiden Verhaltenstendenzen zur kalten Grausamkeit zugeschrieben. Diese Betrachtungsweise möchte ich in Frage stellen. Demgegenüber scheint Folgendes wesentlich zu sein:
- Es besteht eine besondere Koalitionsaffinität des Schizoiden (Potenzial 4) zum Zwanghaften (Potenzial 1). Brutalität und Grausamkeit kommen aus dem negativen Pol des ersten (nicht aus dem vierten) Potenzial und werden
- innerpsychisch nicht ausreichend gebremst, wenn emotive Verhaltensbereitschaften (Potenzial 3) nur mangelhaft entfaltet und nicht ausreichend gegensteuernd verfügbar sind.

Es ist also eigentlich Gemütsarmut gemeint, ein Defizit des dritten Potenzials. Das Schizoide ist nicht das aktive Böse. Im zwischenmenschlichen Sozialbezug intendiert es eher Passivität und Gleichgültigkeit, was auch emotionale Kühle bedeuten kann. Es ist nicht antisozial, sondern eher asozial im Sinne des Sich-Heraushaltens, des auf passive Distanz-Gehens, auch dort, wo aktives Engagement erforderlich wäre. Eine mögliche Schuld liegt eher im Unterlassen als im aktiven Tun.

In historischen Umbruchzeiten (Weimarer Republik) konnte und kann diese Defensive – ein schweigendes Sich-Zurückziehen aus Entscheidungssituationen und eine opportunistische Anpassung oder Anbiederung gegenüber der Gruppierung, die die Macht zu haben oder zu gewinnen scheint – hochbedeutsam werden. Die Korrumpierbarkeit (Potenzial 1) kann in dieser vordergründigen Kombination das Wahrheitsstreben des vierten Potenzials unterdrücken. In diesen Zusammenhängen ist auch an jene charakterliche Monstrosität zu denken, die es von den inneren Voraussetzungen her ermöglichte, dass unmenschlich-gemütsarme, machtorientierte SS-Verbrecher gleichzeitig Liebhaber klassischer Musik sein konnten. Ihre verkümmerten mitmenschlichen Gefühle reichten aus zum gelegentlichen Streicheln der eigenen Kinder und des Schäferhundes, waren aber ansonsten – wenn sie sich überhaupt noch regten – leicht abzuspalten, zu unterdrücken: Stumpfe oder auch intelligente Mitleidlosigkeit war die innere Leere hinter der äußerlich zackig-strammen Haltung, die klassische Musik in Auschwitz spielen ließ. Im inneren Kampf der Gegensätze kann so die »Schwäche des Guten« (Potenzial 3) die »Stärke des Bösen« (Potenzial 1) bedingen. Das Schizoide (Kontemplative, Potenzial 4) hat in diesem Zusammenhang nur eine neutrale Bedeutung.

Es erscheint sinnvoll, eine relative Aufwertung des Schizoiden/Kontemplativen durch eine Betrachtung in dem soeben aufgezeigten Kontext zu vollziehen. Wenn in einer vordergründig archisch-kontemplativen Persönlichkeit die Gemütspotenzen nicht verkümmert sind, dann haben wir einen sehr sympathischen Menschen vor uns, einen Charakter, der keinesfalls selten ist. Wir spüren und schätzen die angenehme autonome Sachlichkeit auf dem Hintergrund einer freundlichen Zugewandtheit zur Welt.

Innerhalb der Variabilität dieser Charaktere ist jeweils mit zu berücksichtigen, ob aus dem ersten Potenzial mehr die Potenzen des vorsichtigen Zögerns, die Ängstlichkeit oder mehr die kämpferische Zielstrebigkeit entfaltet sind, das Macht- und Durchsetzungsstreben. Bei der zuletzt genannten Variante wären als Möglichkeit die antinomischen Strebungen von Geist und Macht vordergründig dominant in einem Charakter vereint. Gefährlich ist es, wenn das geistige Potenzial eingesetzt wird, um eigene Machtbedürfnisse mit subjektiver Leugnung dieses Motivs zu befriedigen. Bei den im guten Sinne heroischen Geistkämpfern für unterdrückte Wahrheiten ist anzunehmen, dass sie doch ein reicheres Seeleninventar haben.

Die archisch-kontemplativen Charaktere können meist ihre Freude äußerlich nicht sehr deutlich zeigen, vorausgesetzt, dass das dynamische Potenzial nur schwach entwickelt ist. So wirken sie eher ernst und nüchtern. Dabei soll wieder auf die Affinität zum Sachlichen, zum Bereich des Nicht-Lebendigen hingewiesen werden – bei extremer Einseitigkeit bis zum »nekrophilen Charakter« (Fromm 1984).

Diese sachlich-nüchternen Persönlichkeiten verkörpern insbesondere den Typ des Wissenschaftlers, vor allem des Technik- und Naturwissenschaftlers. Denken wir in diesem Zusammenhang insbesondere auch an die im ersten Potenzial gelegenen Verhaltenstendenzen zum Sammeln, Ordnen, Analysieren, Systematisieren und auch zum Fleiß; zur Genauigkeit, Gründlichkeit, Korrektheit, Stetigkeit, Ausdauer und Disziplin; zum Kontrollieren (z. B. von Versuchsbedingungen) und Prüfen (z. B. von Hypothesen). Die schöpferische Hypothesenbildung ist mehr im Zusammenhang mit der Kreativität des vierten Potenzials zu sehen. Es scheint jedoch so – insbesondere, wenn die vordergründig fleißige Aktivität des Tuns (Potenzial 1) in dieser Kombination die Potenzen des kontemplativ-intuitiven Schöpfertums, das vertiefte Nachdenken (Potenzial 4) zu sehr unterdrückt –, dass dann die formalen, die statistisch-mathematischen Mittel und Methoden in der wissenschaftlichen Wahrheitssuche zu einseitig verabsolutiert und in ihrem Stellenwert überschätzt werden.

Ulrich formulierte 1981 mit Bezugnahme auf Jaspers, 1948, »dass fleißige Detailforschung, Korrelationsstatistik etc. in die unfruchtbare Endlosigkeit führen, wenn solche Forschung nicht von intuitiv erfassten Ganzheits- und Prägnanzideen gesteuert wird [...] Zudem vollzieht sich empirische Forschung gerade in den medizinisch-psychologischen Disziplinen, am fortschrittlichen Ideal mathematisch-statistischer Exaktheit orientiert, weit eher methoden- als problemgeleitet. Eine methodisch halbwegs einwandfreie Untersuchung – wie trivial die Ergebnisse auch sein mögen – scheint gegen jede Kritik gefeit. Sie ist um so unangreifbarer, je höher der damit verbundene technische Aufwand war. Das Studium der Fachliteratur zeigt, dass dieser Trend noch immer ansteigende Tendenz hat« (S. 295ff.).

Auch jetzt ist eine fragwürdige Verhältnismäßigkeit von wissenschaftlicher Produktivität (Daten-Quantität) und wissenschaftlicher Kreativität (qualitativer Aspekt) weiterhin der offizielle Trend. Wenn das analytische Denken und Suchen zu ausschließlich in die messende Detailforschung und damit ins immer mehr aufgespaltene Nebeneinander treibt, wenn das analytische Vorgehen zu einer immer mehr zunehmenden Spezialisierung drängt und dabei das synthetische Betrachten des Ganzen, also das holistische Denken, vernachlässigt wird, dann hat auch diese Einseitigkeit ihren Preis (Meyer-Abich 1988, S. 91; Harrington 2002).

> »Was Ihr nicht fasst, das fehlt euch ganz und gar; was ihr nicht rechnet, glaubt ihr, sei nicht wahr; was ihr nicht wägt, hat für euch kein Gewicht; was ihr nicht münzt, das, meint ihr, gelte nicht.«
> (Goethe, Faust II)

Vergegenwärtigen wir uns abschließend noch einmal die möglichen *positiven* Entfaltungschancen der archisch-kontemplativen Charakterpotenziale, so sind insbesondere zu nennen: Sachlichkeit, Gründlichkeit, Anstrengungsbereitschaft, Fleiß, Konsequenz, Ausdauer, Zuverlässigkeit (Potenzial 1); autonomes Denken, Kritikfähigkeit, unvoreingenommene Wahrheitssuche und Kreativität (Potenzial 4).

Bei einer zu geringen Entfaltung (Verkümmerung oder auch Unterdrückung, Abspaltung durch eigene Abwertung) der komplementären Potenziale 2 und 3 haben wir hier jedoch den gemütsarmen sachlich-rationalen Typ, der dazu neigt, gegenüber dem Lebendigen relativ gleichgültig zu sein, es eher zu verdinglichen. Stattdessen ist er von den Phänomenen der nichtlebendigen Welt fasziniert, insbesondere von der Technik (einschließlich Kriegstechnik).

Könnte diese Seitenlastigkeit in den Interessen- und Verhaltensbestrebungen, diese individuell und kollektiv nicht ausreichend bewusst gemachte subjektiv-spezifische Motiviertheit, nicht etwas zu tun haben mit der objektiv vorhandenen nekrophilen Tendenz in der Wissenschaftsentwicklung und in unserer ganzen Zivilisation? Auch nach Auschwitz, Hiroshima, Gulag und Tschernobyl ist immer noch nicht das große Erwachen aus dieser Dominanz der Einseitigkeit erfolgt. Funk meint dazu treffend: »Gleichgültigkeit gegenüber dem Leben ist Feindseligkeit gegen das Leben« (1991, S. 27ff.)

IV. Das so genannte Weibliche: Der gemüthafte Typ (2–3)[16]

Unter diesen Charakteren finden wir die Menschen, die sich herzlich und auch überschwänglich freuen können. Unter ihnen finden wir auch das »Himmelhochjauchzend – zu Tode betrübt«. Es sind die von Kretschmer (1929) als »zyklothym« und von verschiedenen anderen Psychotherapeuten als »hysterisch-depressiv« beschriebenen Persönlichkeiten, die aber doch noch in einer weitaus heterogeneren Vielfalt verbreitet sind. Wir begegnen dem heiteren Geselligkeitsmenschen, dem »sanguinischen Quecksilbertemperament der Hypomanischen bis zu der tiefen und warmherzigen Empfindung der mehr schwerblütigen Naturen in allen Übergängen [...] Sie haben das Bedürfnis, sich auszusprechen, auszulachen und auszuweinen« (Kretschmer 1929, S. 119).

Im Bewegungstyp sind diese Persönlichkeiten eher locker-dynamisch, fließend, weich, harmonisch; eher rund als eckig. In ihrer Lebenseinstellung neigen sie zum Aufgehen in Umwelt und Gegenwart. Es ist allgemein zu beobachten, dass sie eine ästhetische Gemütlichkeit und überhaupt alles Natürlich-Lebendige lieben: Kinder, Pflanzen und auch Tiere. Fromm (1984) bezeichnet das als »biophil«. »Die größere weibliche Nähe zum Leben, die bereits auf biologischer Ebene feststellbar ist, wiederholt sich im psychosozialen Kontext« (Mulack, 1990, S. 126). In ihrem mehr oder weniger bewussten Lebenskonzept haben aktuelle Mensch-zu-

---

16 Zu prüfen wäre auch eine mögliche Korrelation des mehr sachlich-rationalen oder des mehr gemüthaften Typs mit der Hemisphären-Zuordnung (Gehirnhälften-Dominanz links-rechts). Aus der Hirnforschung wurde bekannt, dass bei weiblichen Gehirnen im Corpus callosum (Balken) mehr Querverbindungen zwischen beiden Hirnhälften vorhanden sind.

Mensch-Beziehungen gegenüber sachlich-theoretischen Betrachtungen und Problemen einen wesentlich höheren Rang. Es scheint so, als ob diese Wesenszüge in der Persönlichkeitsentfaltung mehr von Frauen als von Männern verwirklicht worden sind.

Kretschmer (1929) hat nach Scholl in Bezug auf die Umwelt-Wahrnehmung »den Zyklothymen als vorwiegenden Farbseher« und den »Schizothymen als vorwiegenden Formseher« beschrieben (vgl. die Strukturen 2–3, 1–4).

Und wieder kann sich der zum eigenen Nachdenken angeregte Leser ungefähr vorstellen, welche Vielfalt an Kombinationsmöglichkeiten sich auch für diese beiden Potenziale und ihre einzelnen Anteile ergibt (s. Abb. 1). Ein wesentlicher Gesichtspunkt dabei ist vor allem die Beobachtung, ob aus dem dynamischen Potenzial mehr der sanguinisch-hypomanische Bereich (Offenheit, Spontaneität, heitere Aktivität) oder mehr der zum Hysterischen tendierende Anteil (erhöhter Geltungsdrang, Verstellung) oder Anteile aus beiden mit dem emotiven Potenzial und mit welchem Areal aus diesem koalieren. Und weiterhin ist zu fragen: Ist es mehr eine dynamisch-emotive oder eine emotiv-dynamische Konstellation, wobei die Dominanz der Potenziale wiederum durchaus phasenhaft wechseln kann. Schon der Begriff des Zyklothymen beinhaltet das Kreisende, Wechselnde, sich Verändernde. Der Begriff Bipolarität sagt jedoch noch klarer, was gemeint ist: eine zwischen den beiden Polen (aktiv, heiter-hypomanisch und passiv, traurig-depressiv) phasenhaft wechselnde Dominanz. Hier ordnet sich das »Himmelhoch jauchzend – zu Tode betrübt« am besten ein.

An dieser Stelle soll auf Zusammenhänge aufmerksam gemacht werden, die sich – insbesondere beim unreflektierten Sprachgebrauch – in einer »Wortweisheit« verbergen und die uns vielleicht gar nicht immer so bewusst sind: Humor. Den heiteren Sanguiniker (Hypomaniker/Maniker) erleben wir in seinem frohen Tatendrang als saft- und kraftvollen Menschen, der Hochstimmung und Humor um sich herum verbreitet. Wenn er in seiner psychischen Grundstruktur die Bipolarität des Zyklothymen hat, kennt er nicht nur diese Hochstimmungsphasen, sondern er kennt auch das Gegenteil: die Depressivität/Depression mit trauriger Verstimmung und Antriebsarmut. Auch in der äußeren Erscheinung wirken diese Menschen nun ganz anders: die Bewegungen sind verlangsamt, die Körperhaltung ist schlaff und eher niedergedrückt wie die Stimmung; die Haut wirkt durch den verminderten Zellturgor trocken, welk, feuchtigkeitsarm. Und wenn wir uns darauf besinnen oder nachlesen, was unter »Humor« zu verstehen ist, dann finden wir, dass Humor Feuchtigkeit, Flüssigkeit bedeutet. So erinnern wir uns an die antike Lehre der Humoralpathologie und der Temperamente (Hippokrates), die die Krankheiten vor allem auf fehlerhaft zusammengesetzte Körpersäfte zurückzuführen versuchte. Der Begriff »Humor« vereint in sich also eine alte Zusammenhangserkenntnis – bezogen auf das Seelische: heitere Stimmung und gute Laune; bezogen auf das Körperliche: Feuchtigkeit, die richtigen Körpersäfte, den richtigen Zellturgor.

Der Maniker hat viel Humor, wir können sagen: seelisch und körperlich; der Depressive hat ihn verloren, seelisch und auch körperlich. Ein erfahrener Psychiater erkennt vielfach eine beginnende Depression schon im Anfangsstadium nicht nur an dem psychischen, sondern auch als Feuchtigkeitsverarmung am körperlichen Humorverlust: Er bemerkt eine Veränderung im psycho-physischen Gesamteindruck des betreffenden Menschen, und dabei berücksichtigt der Arzt auch den veränderten Hautturgor, die Hauttrockenheit, die man besonders deutlich um die Augen herum, bis zu veränderten Hautfalten, bemerken kann. Die etymologische Betrachtung des Wortes »Humor« zeigt uns seinen zweifachen Sinn, seine doppelte Bedeutung (seelisch-körperlich).

Aber dass bei der Vielfalt der Charaktere nicht nur die heiteren Hypomaniker/Maniker über ihn verfügen, das »wusste« die Sprache schon immer: Sie weist uns darauf hin, dass es auch Menschen gibt, die einen »trockenen Humor« haben. Wie zu beobachten, sind dies am ehesten die oligo-dynamischen Charaktere, bei denen das zweite Potenzial des Psychischen, das saft- und kraftvoll Heitere, weniger entfaltet ist; der so genannte trockene ist mehr ein »geistiger Humor«; insbesondere in den jüdischen Witzen steckt eine besondere Weisheit als Überlebensressource.

Ein zyklothymer Mensch ist aber nicht nur entweder manisch oder depressiv, sondern es gibt gewissermaßen auch eine Vermischung beider Pole, eine »Legierung« beider Potenziale zum besonders gemüthaften Menschen: Hierzu wieder Kretschmer: »[...] was der Mehrzahl aller dieser Naturen durch die verschiedenen habituellen Stimmungslagen hindurch gemeinsam ist: das weiche, warme, gutherzige, menschenfreundliche, in Freude und Leid natürlich schwingungsfähige Temperament [...] Wir finden den Humor besonders gern in den Mittellagen zykloider Temperamente, dort wo die Fähigkeit zum Lachen von der hypomanischen und die Gemütstiefe von der depressiven Seite her in der richtigen Mischung zusammenkommt« (1929, S. 119). Die »richtige Mischung« macht das Angenehme, den eigentlich positiven Kern dieser Charaktere aus.

Während die Manie und die Melancholie/Depression mehr vom klinischen Psychiater behandelt werden, kommen zum ambulanten Psychotherapeuten mehr die an psychischen Störungen/Neurosen Erkrankten. Hier begegnet uns mehr die Depressivität als Lebenshaltung, nicht als klar abgegrenzte phasische Depression. Bei diesen mehr erlebnisbedingt/neurotisch fehlentwickelten Menschen haben wir den Eindruck, dass sie in ihrer psychischen Reifung mehr im Passiv-Depressiven stecken geblieben sind und den äußeren Pol, die Entfaltungswerte des dritten Potenzials (s. Abb. 1) nicht erreicht haben. Sie sind eher unselbständig-abwartend, passiv-hilflos und wehleidig, zeigen sich schonungs- und hilfsbedürftig und haben überhaupt eine große Erwartungshaltung gegenüber anderen Menschen, gegenüber der Umwelt, kurz: »Riesenansprüche« (Schultz-Hencke 1978, S. 77). So verkörpern diese Charaktere mehr die Hilflosigkeit des Kleinkindes als die voll entfaltete und integrierte Hilfsbereitschaft des reifen Gemütsmenschen. Extreme Verwöhnung oder auch Vernachlässigung ihrer emotiven Grundbedürfnisse in der frühen Kindheit, aber auch mangelnde Anregung und Ermutigung zum selbstständigen altruistischen Verhalten (Erziehungsmängel) kommen als wesentliche Ursachen in Betracht, wenn die eigentlichen Gemütswerte des dritten Potenzials nur kümmerlich entfaltet wurden. Kommen zu dieser Art der Depressivität noch hysterische Wesenszüge hinzu, so kann die Haltung einer weinerlich unterlegten Sentimentalität entstehen. Im Kontrast dazu sei an dieser Stelle an Alfred Adler (1974a, 1974b) erinnert, der als engagierter Verfechter seiner Psychologie der Mitmenschlichkeit auch auf diese Zusammenhänge eindrucksvoll hingewiesen hat (Rattner u. Danzer 2004).

In der Psychotherapie wird durch verschiedene Methoden und

Interaktionen in der empathischen Therapeut-Patient-Beziehung versucht, im Rahmen des Möglichen eine emotionale Aktivierung/Nachreifung zu intendieren – mit dem Ziel, die Verhaltenspotenzen/Einstellungen der Umweltbezogenheit, Selbstsicherheit und Eigenständigkeit nach Höck (1981, S. 22) für den Patienten/Klienten aktiv erlebbar und dadurch auch bewusst verfügbar zu machen. Allerdings kann eine solche intrapsychische Nachreifung im Behandlungsprozess durch reale interpersonale Beziehungsstörungen behindert werden, zum Beispiel wenn eine Patientin mit der hier beschriebenen Persönlichkeitsstruktur einen Ehemann/Lebenspartner hat, der sie nur dann weiterhin liebt, wenn sie ihre angeblich »weibliche« Haltung des abhängig-passiven Schwachseins beibehält, wenn sie ihm gegenüber in der Rolle der »Kleinen und Hilflosen«, der Abhängigen verbleibt. Auch die persönliche Einstellung des Therapeuten zu diesen Fragen und sein Menschenbild, seine Auffassung vom so genannten »Männlichen« und »Weiblichen« geht in den psychotherapeutischen Behandlungsprozess mit ein.

Ein ähnliches Hemmnis – wie oben beschrieben – kann in der Psychotherapie jugendlicher Patienten auftreten, wenn deren Eltern den notwendigen pubertären Emanzipationsprozess ihrer heranwachsenden Kinder durch ihre eigene nicht bewältigte Autonomie- und Selbstwertproblematik als Freigabekonflikt behindern. Emanzipation hat etwas mit Erwachsenwerden zu tun, mit menschlicher Reife. Sie ist nicht nur bezogen auf ein Geschlecht. Sie ist eine Entfaltungschance für Mädchen und Jungen, für Frauen und Männer.

Wenden wir unsere Beobachtungen und Überlegungen noch einer anderen Haltungs- und Einstellungsvariante, einer weiteren Lebensform zu: der hörigen Fügsamkeit, der willenlosen Demut und selbstlosen Aufopferung. Es waren schon in einem anderen Zusammenhang Betrachtungen und Erörterungen zur sozialen Bewertung der Demutshaltung vorgenommen worden. Machen wir uns jedoch möglichst noch mehr von den innerpsychischen Wechselwirkungen dieser Einstellungs- und Lebensformen bewusst. Zum einen: Wenn eine Haltung der dienenden Selbstlosigkeit, der hingebenden Fürsorge im Ergebnis eines freiwilligen Entschlusses, als bewusst bejahte Lebenshaltung oder auch nach einem inneren

Lebensplan (Adler, 1974b) gelebt und durchgehalten wird, dann verdient sie innerhalb der möglichen sozialen Werteorientierungen unsere menschliche Verehrung und Hochachtung. Wir wissen, dass es viele Menschen gibt, die in dieser Weise ihren persönlichen Lebenssinn und ihre Selbstverwirklichung suchen und realisieren. Und manchmal kann es auch so sein, dass diese Haltung nicht von Anfang an da ist, sondern dass sich an einem biografischen Wendepunkt, als Ergebnis einer emotionalen Neuorientierung, auch eine Veränderung in der subjektiven Wertehierarchie mit einer neuen Lebenssinnfindung ergibt. Es sei in diesen Zusammenhängen Viktor E. Frankl (1975, 1985, 1994) mit seinem Konzept der Logotherapie genannt. Misanthropen neigen allerdings dazu, edle Motivationen für Haltungen der Agape, des gelebten Altruismus grundsätzlich zu leugnen, vielleicht deswegen, weil sie zu oft enttäuscht wurden oder auch, weil ihnen selbst solche Bedürfnisse und Gefühle immer relativ fremd gewesen sind. Ich denke hier beispielsweise an den geistreichen Friedrich Nietzsche, der in seiner Philosophie das Mitgefühl missachtete und der auch kein Freund des seelisch Weiblichen war.

Ein gesundes Misstrauen bezüglich der Motivation zum Gut-Sein ist jedoch nicht unberechtigt. Steht nicht manchmal hinter einer »Aufopferung« die Dankerwartung, eine Anerkennungssucht oder gar der Wunsch nach dem »Ruhm des Märtyrers«? Im Alltagsleben finden wir die Haltung des Ausnutzens und des Ausgenutzt-Werdens in vielfältigen Formen. Das Zeitalter der Gleichberechtigung scheint auch hier verschiedene Tarnformen in den zwischenmenschlichen Beziehungen als Hemmnis für den gesellschaftlichen Fortschritt hervorgebracht zu haben.

Da ist zunächst die zur aufopfernden Hingabe manipulierte Frau, insbesondere die berufstätige Mutter, zu sehen, von der sich der Ehemann auch noch (ohne Schuldgefühle?) weitgehend bedienen lässt. Es scheint so, als sei die Entwicklung erst in das andere Extrem gegangen: von dem Bild der kleinen, schwachen, schutz- und hilfsbedürftigen Frau der Vergangenheit (das »schwache Geschlecht«) nun zur Erwartung einer überstarken Arbeits- und Lebensleistung (Partnerin, Kinderbetreuung, Beruf, Haushalt, laufende Fortbildung). Diese Forderung erfolgt indirekt, auf psychischen Umwegen, nicht direkt. Das gesellschaftliche Problem der Langzeitarbeitslosigkeit erzeugt neue individuell-partnerschaftliche Konflikte und Probleme.

In der jüngeren Generation haben sich differenziertere Formen des Zusammenlebens entwickelt. Aber auch innerhalb dieser Differenziertheit wird sich wohl teilweise eine seitenlastige Extremform, ganz bestimmt aber die recht häufige komplementäre Partnerform halten: Einer hat mehr oder weniger einen Hochleistungsberuf, der andere, bisher meistens die Frau, trägt und erledigt den größeren Anteil der familiären Verpflichtungen. Manchmal ist es aber auch eine Art »Erpressung mit Liebe«, die indirekt (nicht immer offen ausgesprochen) die Partnerbeziehung konstelliert: Was habe ich alles für dich getan, ich habe mich aus Liebe zu dir »aufgeopfert«, und was ist nun der Dank dafür? – Wenn du mich behalten willst, musst du das alles tun. So bin ich und so bleibe ich, ich stelle mich nicht um. Das heißt: Ich gebe meine tradierten sozialen Privilegien als Mann nicht auf.

Die komplementäre Partnerschaft im besten Sinne beruht auf den sich gegenseitig ergänzenden psychischen Bedürfnisstrukturen und Lebenseinstellungen. Wenn in dieser ein Partner den anderen mehr bedient, dann ist das keine erzwungene Aufopferung, sondern Liebe mit der Hoffnung auf Gegenliebe – ein Verhaltensmotiv aus dem dominanten Grundbedürfnis nach dem Geliebt-Werden. Haben aber beide Partner etwa gleich stark neben diesem auch das Grundbedürfnis nach geistiger Produktivität, überhaupt nach einem geistigen Miteinander, dann erfordert diese Partnerschaft sehr bewusst gestaltete Lebensformen, wenn nicht doch eine einseitige Opferhaltung entstehen soll. Dafür birgt aber gerade diese Partnerschaft wohl die höchste Potenz im zwischenmenschlichen Für- und Miteinander, die differenzierteste und evolutionär höchste Möglichkeitsform im Bereich der nahen Mitmenschlichkeit. In ihr können sich Lieben und Verstehen, also Verständnis im besten Sinne zwischenmenschlich realisieren, wie es schon Friedrich Schlegel 1799 in »Lucinde« (1970) entworfen hat: »Durch alle Stufen der Menschheit gehst Du mit mir, von der ausgelassensten Sinnlichkeit bis zur geistigsten Geistigkeit [...] Ich sehe hier eine wunderbare, sinnreich bedeutende Allegorie auf die Vollendung des Männlichen und des Weiblichen zur vollen ganzen Menschheit.«

In der gegenwärtigen Praxis sehe ich Partnerschaften, in denen bei der Frau parallel zu ihrer geistigen Verwirklichung oder allgemein zu ihrem beruflichen Erfolg eine fast devote Aufopferung zu Hause zunimmt. Mehr oder weniger bewusst oder unbewusst fürchtet sie den Neid des Mannes und das Verlassen-Werden, so dass ihr partnerschaftliches Verhalten durch ihre Angst vor einem Leben in liebloser Einsamkeit motiviert wird; oder auch: durch das Bedürfnis nach dem Geliebt-Werden, nach emotionaler Nähe. Und ich sehe auch Frauen, die aus der gleichen Motivation heraus ihre eigenen schöpferischen Potenzen und Bedürfnisse, ihre potenzielle Kreativität verleugnen und verkümmern lassen. »Eine Frau, die dichtet oder dergleichen, muss mit gnadenloser Einsamkeit rechnen« (Morgner 1983, S. 39).

Zur Differenziertheit des »Frauenproblems«, oder eigentlich des Miteinanderlebens der Geschlechter müssen aber auch folgende Gedanken berücksichtigt werden: Es sind keineswegs nur die Männer, sondern teilweise auch die Frauen selbst, die die Entwicklung zu einer fortschreitenden Vermenschlichung der Geschlechterbeziehungen retardieren. Da gibt es das durchaus behagliche Erleben der historisch tradierten Rolle in anlehnender Abhängigkeit (bei geringerer Verantwortungsbereitschaft) mit Auswirkungen im beruflichen, privaten und gesellschaftlichen Bereich. Es gibt den Männern gegenüber doch auch die Koketterie mit der angeblichen Schwäche (als Verstellung) und auch den zweifellos bei Frauen häufiger zu beobachtenden Abwehrmechanismus der Regression: »Ich bin ja so klein und hilflos« (Struktur 2–3). Während sich Männer durch diese »charmanten« Interaktionen eher zu einer unkritischen Selbsterhöhung verführen lassen, was eigentlich auch beabsichtigt ist, werden diese psychischen Mechanismen von Frauen eher durchschaut. Und das ist dann etwas, was Frauen Frauen übel nehmen. Die Wirkungsweise dieser Zusammenhänge ist keineswegs unbedeutend für die zwischenmenschlichen Beziehungen im Arbeitsbereich, und nicht nur dort.

Wenn es nicht »die Männer« und »die Frauen«, sondern eben sehr mannigfaltige männliche und weibliche Individuen, sehr verschiedene individuelle Persönlichkeiten gibt, so ist in einer größeren Dimension, in der jetzigen Zwischenbilanz der Menschheitsentwicklung zu konstatieren, dass die destruktiv-nekrophile Tendenz des männlichen Prinzips eine höchst gefährliche Dominanz erreicht hat. Eine Situation, die zweifellos auch mit dem lebensferneren maskulinen Fühlen und Denken in einer Verbindungslinie zu sehen ist. Die Antithese hierzu, »Frauen denken anders« (Wisselinck 1991), ist keineswegs nur eine moderne Thematik in der Diskussion zur Geschlechterfrage. Schon lange vor dem Zeitalter der Psychologie meinte zum Beispiel Goethe: »Die Männer denken mehr auf das Einzelne [...]; die Weiber hingegen mehr auf das, was im Leben zusammenhängt.«

Und wenn für die Zukunft des Lebendigen auf unserem Planeten gegenwärtig »Global denken« zu fordern ist – sozial-ökologisch, nicht nur ökonomisch –, dann besteht wohl kein Zweifel daran, dass das männliche Prinzip allein, ohne die Integration des weiblichen, dieses Denken in lebendigen Zusammenhängen nicht erfüllen kann. Wenn wir Menschen eine lebenswerte Zukunft anstreben, dann kommt es darauf an, über das »Erkenne dich selbst« hinaus vielfältige geeignete Möglichkeiten zur *Emanzipation des Menschlichen* – im Allgemeinen und im Einzelnen, gegenwärtig und zukünftig weitgehender als in der Vergangenheit – zu finden. In diesem Sinne ist Emanzipation eine weitgehende Verwirklichung der potenziellen männlich-weiblichen Entfaltungswerte, der individuellen ganzheitlichen Wert-Möglichkeiten (Hastedt 2005).

Im Zusammenleben, in den sozialen Beziehungen der Geschlechter werden dafür vor allem die Werte der Gerechtigkeit und Fairness vordergründig stärker wirksam werden müssen, auch wenn es eine absolute Gerechtigkeit in diesem Sinne nie geben kann und wird. Und wenn die Frauen ohne die positiven Attribute der Weiblichkeit aufzugeben zukünftig noch mehr Mut, ausdauernde Sachlichkeit und geistige Kreativität, und die Männer zusätzlich zum so genannten »Männlichen« zukünftig auch mehr lebensfreundliche Weichheit und überhaupt die eigentlichen Gemütswerte zulassen und in sich entfalten würden, dann könnten beide Geschlechter im Miteinander und Füreinander des Zusammenlebens eine weitaus differenziertere und reichere Menschlichkeit verwirklichen und sich in ihrer Unterschiedlichkeit doch näher kommen und besser verstehen (Bischof-Köhler 2004).

Die bleibende Verschiedenheit wird immer ihren Anziehungsreiz behalten, aber durch eine teilweise größere Annäherung wahrscheinlich auch tragfähiger sein. Müsste nicht eine differenzierte

Pädagogik auch schon in der Kindheit ein Gefühlsbewusstsein in diesen Zusammenhängen fördern und vermitteln? Dass das »Männliche« und das »Weibliche« nicht einfach nur linear damit korreliert, anatomisch ein Mann oder eine Frau zu sein, dazu Christa Mulack: »Weiblichkeit und Männlichkeit umfassen [...] mehr als das individuelle Personsein von Frau und Mann. Sie sind geschlechtsübergreifende Kategorien, die zum einen in beiden Geschlechtern, zum anderen auch im außermenschlichen Bereich wahrgenommen werden, die sich aber dennoch überwiegend und vorrangig in einem Geschlecht manifestieren – global gesehen jedenfalls. Sie sind vor allem kulturhistorische Größen, die entsprechenden Wandlungen unterworfen sind und uns vielfach den Blick verstellen für eine tiefer liegende Wahrheit geschlechtlicher Realität« (1990, S. 21f.).

Wenn wir abschließend noch einmal unsere Gedanken auf das Verhältnis von Geben und Nehmen, Helfen und Sich-helfen-Lassen, Lieben und Geliebt-Werden richten, so kommen wir auf das alte und in schöner Einfachheit formulierte christliche Leitmotiv des »Liebe deinen Nächsten wie dich selbst«. Das heißt: meinen Nächsten, aber auch mich selbst lieben; nicht nur mich selbst, sondern auch meinen Nächsten lieben. Auch hierin finden wir wieder die Negierung des Entweder-oder und die positive Bewertung des Sowohl-als-auch.

Wenn ich nur mich selbst liebe, ist es Egoismus. Wenn ich mich selbst überhaupt nicht und nur die anderen liebe, woher nehme ich dann auf Dauer die Kraft? So kann ich nur durchhaltend und mit guten Gefühlen den anderen, die anderen, lieben, wenn ich mich auch selbst bejahe, wenn ich gut bin zu mir selbst.

Im Bewusstsein des gegenwärtigen Weltzustandes sollte wahre Nächstenliebe auch Fernstenliebe mit einschließen und Selbstbewusstsein auch Weltbewusstsein. Wir sollten uns für die Emanzipation des Menschlichen die anerkannten Werte der Mütterlichkeit, der Väterlichkeit, der Brüderlichkeit und auch der Schwesterlichkeit im besten Sinne stärker bewusst machen. Könnten wir nicht in dieser Weise – jeder in seinem eigenen Leben – bei zunehmender Bewusstheit ein Stück auf dem Wege zu einer solidarischen Mitmenschlichkeit zurücklegen, im kleinen wie im größeren Verantwortungsradius?

»Die Philosophen haben die Welt bisher nur männlich interpretiert. Es kommt aber darauf an, sie auch weiblich zu interpretieren, um sie menschlich verändern zu können.«
(Irmtraud Morgner 1983, S. 312)

V. Das Angepasst-Konservative und die Spießer (1–3)[17]

In dieser Kombination finden wir die Vereinigung der beiden Potenziale, die in ihrer Grundtendenz ein konservatives Element haben: die Anpassungsbereitschaft an traditionelle Werte und gültige Normen, die Tendenz zum Konformismus (Potenzial 1) und die Anlehnungs- und Duldungsbereitschaft (Potenzial 3). Ein Blick auf die Abbildung 1 zeigt auch für diese Koalition, welches Spektrum der Kombinationsmöglichkeiten besteht. Es sind auch nicht immer beide Möglichkeitsfelder in ihrer Ganzheit entfaltet, so dass sich zumeist eine Verbindung von Teilarealen ergibt. Der Typ dieses konservativen Gemütsmenschen oder auch gemütlichen Ordnungsmenschen ist eine relativ häufig anzutreffende Charakterstruktur. Dieser brave Biedermann liebt die solide Beständigkeit, die gleichmäßige Kontinuität des Lebens in zuverlässiger und auch gemütlicher Geborgenheit. In diesem Möglichkeitsfeld der dualen Potenzial-Kombinationen finden wir Charaktere, die – mehr im positiven Bereich – vom wohlwollenden Patriarchen bis zum arglos-braven Biedermann reichen, der in selbstzufriedener Angepasstheit seine Jahre verbringt.

Der archisch-emotive Mensch ist in seinen vordergründigen Werteorientierungen eingestellt auf Solidität, Fleiß, »Strebsamkeit« im Sinne des »Vorwärtskommens« in der Stellungs- und Funktionshierarchie, hingebende Pflichterfüllung, soziale Angepasstheit, Tradition, Konvention, Beständigkeit, Treue, partnerschaftliche Verbundenheit und Bindung, Ordnung und Sauberkeit, Gemütlichkeit und Zufriedenheit. Hier finden wir auch den Men-

---

17 Je mehr zu den Potenzialen 1 und 3 auch die komplementären Potenziale 2 und 4 entfaltet sind, um so weniger besteht eine Neigung zum Spießer. Und umgekehrt: Diese Tendenz ist um so stärker, je weniger die komplementären Potenziale 2 und 4 entfaltet sind.

schen, der den Sinn seines Lebens vor allem darin sieht, regelmäßig seinen Garten zu bestellen, sein Häuschen und sein Auto zu pflegen und die Behaglichkeit des Familienlebens zu genießen.

Er geht im Allgemeinen pünktlich und regelmäßig seinen Tätigkeiten nach. Allem Neuen, insbesondere im Geistigen, steht er abwartend bis ablehnend, meist auch vorurteilsvoll gegenüber; seine Gewohnheiten gibt er nur sehr zögernd auf: »Was der Bauer nicht kennt, das isst er nicht.« Vielfach möchte er das Neue auch gar nicht erst kennen lernen. Er interessiert sich im Grunde auch mehr für seine kleine Welt als für die Probleme in der großen. Sein Interessenhorizont ist im allgemeinen relativ klein und eng. Wir kennen den Begriff der »Engstirnigkeit«.

Zu diesem Strukturkreis gehört der bequeme Opportunist. In die Bedürfnisse und Lebenseinstellungen der dynamisch-kontemplativen Charaktere kann er sich nur schwer einfühlen. Frauen mit einer emotiv-archischen Charakterstruktur werden nicht selten von geistig arbeitenden, kontemplativ lebenden Männern als zuverlässig-versorgende mütterliche Partnerinnen zur Lebensgefährtin gewählt. Der Mann spürt intuitiv: Bei dieser liebevoll-anpassungsbereiten Frau kann er sicher sein, dass sie sich in nachsichtiger Anlehnungs- und Hingabebereitschaft auf seine Ideale einstellt, ihn mit seinen Bedürfnissen der Leiblichkeit gut betreuen und ihn vor den banalen Verrichtungen und Störungen des Alltags weitgehend abschirmen wird. Außerdem kann sie ihm hingebungsvoll zuhören. Und mehr erwarten viele Männer ja auch nicht. Wenn sich bei einer solchen Frau im Laufe des Lebens doch auch noch andere Bedürfnisse durchsetzen, ihr aber – im Kontrast dazu – immer mehr bewusst wird, dass sie vor allem für die Rolle der dienenden Wirtschafterin geheiratet worden ist, kann es zum Identitäts- und Partnerkonflikt kommen. Dieser könnte insbesondere dann tragisch werden, wenn auch die emotionalen Nähebedürfnisse und Zärtlichkeitswünsche einer Frau in dieser Rolle langfristig oder auf Dauer unbefriedigt bleiben.

Unter den Männern dieser Charakterstruktur (archisch-emotiv) finden wir den treu sorgenden, wohlwollend zuverlässigen Familienvater, in dem viele Frauen auch den zärtlichen Versorger und Beschützer lieben. So erscheint es verständlich, dass für Männer und Frauen dieser Charakterstruktur auf der Ebene der gegenseitigen psychischen Anziehung zusätzlich zur sexuellen Sphäre insbesondere das »Gleich und gleich gesellt sich gern« eine Langzeitwirkung im Für- und Miteinander verspricht. Daraus ergeben sich zweifellos auch besondere Stabilitäts- und Geborgenheitserlebnisse für die heranwachsenden Kinder.

Männer und Frauen mit dieser mehr konservativen Persönlichkeit fällt das psychische Loslassen und Sich-Umstellen, das Loskommen-Können von überholten Gewohnheiten, tragischen Ereignissen oder auch enttäuschenden Personen und verlorenen Illusionen besonders schwer. Ihre Möglichkeiten zur Neuorientierung, ihre Einstellungsfähigkeit auf veränderte Lebensbedingungen ist durch das konservative Element ihres Wesens eingeengt. Es fällt diesen Charakteren überhaupt schwer, sich in eine ganz andere Lebensweise hineinzuversetzen, sich in Menschen mit einer anderen, erweiterten Wertorientierung einzufühlen.

Ihre eigenen konservativen Lebensvorstellungen halten sie für die einzig möglichen und auch für die eigentlich richtigen. Und natürlich halten sie sich selbst meistens nicht einmal für konservativ. Mir scheint, als sei hier ein Zusammenhang zu einer verminderten Bereitschaft/Fähigkeit zum lebenslangen Lernen vorhanden. Denn eine positive Einstellung zum Lernen hat doch auch etwas zu tun mit einem Grundbedürfnis nach neuen Erkenntnissen und neuen Erfahrungen, mit Neugier im besten Sinne. Diese Charaktere hängen am Alten und wehren sich gegen das Neue, oder sie schließen sich, wenn das Neue mächtig wird, diesem aus Ängstlichkeit oder auch aus Bequemlichkeit unkritisch-voreilig an. Dabei-Sein, Dazugehören ist bei ihnen ein starkes Gewohnheitsmotiv. Sie unterschätzen die Entwicklungschancen durch kritisches Infragestellen des Gewohnten und so auch des bisherigen eigenen Lebens.

Da diese opportunistischen Potenziale recht häufig sind, muss an dieser Stelle gefragt werden: Wie ist es mit der Fähigkeit, aus der Geschichte zu lernen? Hierzu meint Dorothee Sölle: »In unserer, der christlichen, der deutschen Geschichte dieses Jahrhunderts hat Gehorsam eine katastrophale Rolle gespielt. Wer diesen Hintergrund vergisst oder verdrängt und fröhlich wieder beim Gehorsam anfängt, als komme es nur darauf an, dem richtigen Herrn zu gehorchen, der hat nichts aus dem Unterricht Gottes, der Geschichte heißt, gelernt« (1986, S. 14). »Hat der Mensch sich erst eingeübt in die Gewohnheit des Gehorchens, so funktioniert das autoritär-unsachliche Modell auch unter der Herrschaft anderer Herren. Ist Gehorsam erst als eigenständiger Wert entdeckt, Aufgabe des eigenen Willens zum Ziel geworden, so kann die ihm unterworfene Seele einen Grad masochistischer Selbstbefriedigung erreichen, dem Ziel wie Befehlender gleichgültig geworden sind« (S. 25). Damit scheinen diejenigen, die Gehorsam erwarten, auch zu rechnen – und außerdem: »Keine andere Unterwürfigkeit ist so vollkommen wie diejenige, die den Schein der Freiheit bewahrt« (Rousseau in »Emile«, zit. in Ahrbeck 1978, S. 94)

Es sieht so aus, als ob das tief verwurzelte Erhaltungsstreben (z. B. Erhaltung von Ordnung, Sicherheit, Aus- und Einkommen, Familie, Gesundheit) auch hypochondrische Bereitschaften und entsprechende Besorgnishaltungen fördert. Da wird dann kleinen gesundheitlichen Beschwerden eine große Aufmerksamkeit oder auch eine ängstliche Wehleidigkeit gewidmet. In dem Konflikt, der Arbeit fernzubleiben, siegt aber meistens die pflichtbewusste Anstrengungsbereitschaft.

Die Lebensart der erfolgreichen, schwungvollen Dynamiker wird von diesen Charakteren öfter beneidet. Was jener manchmal mit charmanter Leichtigkeit erobert, kann dieser nur mit mühevoller Kleinarbeit erreichen – oder überhaupt nicht. Jene Art der großzügigen Lebensbewältigung findet dann seine offene oder auch heimliche Bewunderung, die sich manchmal in Neidvarianten einer sanftmütigen Hinterhältigkeit äußern kann. In diesem dualen Möglichkeitsfeld finden wir auch Charaktere, die zu einer nachhaltigen Kränkbarkeit neigen, so dass sie nur schwer von Ärgernissen loskommen, zum missmutigen Nachtragend-Sein und auch zu depressiv-gereizten Verstimmungen tendieren. Manchmal sind es dann von außen kommende, schwungvoll-heitere Ereignisse oder auch Personen, die sie aus ihrer Neigung zur mürrischen Niedergeschlagenheit und aus der eingeengten Erlebnisweise herausreißen.

Der lebenserfahrene Leser ahnt oder weiß bereits, dass aus dem hier beschriebenen Möglichkeitsfeld im Negativen auch jene Charaktere hervorgehen, die – mit allen Vor- und Nachteilen – den Typ des Philisters, des allgemein bekannten Kleinbürgers und auch den selbstgerechten Spießer ausmachen.

Diese in ihrem Lebensentwurf mehr auf solide Enge ausgerichteten Charaktere sehen aber gern zu »großen« Personen auf, die aus ihrem Erleben die willensstarken, durchsetzungsfähigen und dabei dynamischen Tatenmenschen sind. Diesen gilt ihre Verehrung und Bewunderung oder auch ihr heimlicher Neid. Und so kann auch die Sehnsucht nach dem »starken Mann« entstehen, der »für Ordnung sorgt« und auf den man seine eigenen latenten Dominanz- und Machtbedürfnisse aus dem archischen Potenzial projiziert. Daher finden wir hier auch einen ganz bestimmten Typ des Untertans. Sein Sicherheitsbedürfnis mündet in die Hoffnung auf Teilhabe an der Macht.

Weiterhin ist bei diesen Charakter-Potenzialen noch auf jene verhängnisvolle Verhaltensbereitschaft hinzuweisen, die im Emotiven, dem dritten Potenzial zu Hause ist: die latente Bereitschaft zur realitätsverfälschenden Verharmlosung des Bösen. Als in unserer deutschen Vergangenheit in einer bestimmten gesellschaftlichen Situation der sozialen Destabilisierung und Verunsicherung ein von starken Geldgebern unterstützter »starker Mann« antrat, der versprach, wieder für »Ordnung« zu sorgen, da hatte er es mit den Kleinbürger-Seelen relativ leicht. Und es gelang ihm mit erstaunlich einfachen und durchaus unvernünftigen Mitteln relativ schnell, den Jubel der deutschen Ordnungs-Seele zu entfachen – zu einer pathos-getragenen Begeisterung, die eigentlich eher eine Entgeisterung war. »Faschismus gibt es überall auf der Welt, aber die Deutschen sind seine Klassiker gewesen.« Diesen Satz des polnischen Autors Kazimierz Brandys las ich bei Christa Wolf (1980, S. 126). Für mich ist es ein Satz, der immer wieder zu vertieftem Nachdenken herausfordert. Auschwitz war der perfekteste Massenmord der Weltgeschichte, exakt geplant und fabrikmäßig organisiert. Zu den sozialökonomisch-gesellschaftlichen Wurzeln des Faschismus kommen jeweils noch latente affektive Verhaltensbereitschaften in den einzelnen Menschen hinzu, die erst das ganze Ausmaß seiner Gefährlichkeit erklären: bestimmte Verhaltenspotenzen der Anstifter, der Macher, Mitmacher, Entgegenkommer, Mitläufer, Zulasser und Dulder (Goldhagen 1996). Es gab und gibt in allen Diktaturen nicht nur die Täter und die Opfer, »die Bösen« und »die Guten«, sondern die vielen anderen Facetten dazwischen. »Biedermann und die Brandstifter« (Max Frisch) ist auch in diesen Zusammenhängen zu sehen. Unter den archisch-emotiven Charakteren finden wir weniger die bösen Macher, dafür aber um so mehr die anderen soeben genannten und am gesellschaftlichen Geschehen keineswegs unbeteiligten Personen, die in Deutschland am Anfang der 1930er Jahre die aufkommende Gefahr zunächst nicht wahrhaben wollten und dann schließlich den Machern allzu unkritisch, opportunistisch und mehrheitlich gehorsam ihre Gefolgschaftstreue versprachen und auch hielten.

»Es gehört zur Natur aller totalitären Glaubensrichtungen, dass sie ihren Anhängern eine emotionale Erfüllung verschaffen, ein vollständiges Erlebnis des Dazugehörens.« Diesen Satz schrieb Arthur Koestler (1989, S. 69), der 1937 als Spanienkämpfer zum Tode verurteilte Kommunist. Er hat sich nach der Befreiung aus dem spanischen Gefängnis auch geistig vom Stalin'schen Kommunismus befreit und sich in seinem weiteren Leben in England als schreibender Kulturphilosoph vor allem mit der Frage beschäftigt: Was ist der Mensch? Resigniert meinte er schließlich, der Mensch sei eine »biologische Missgeburt« (1990a, S. 121), ein »Irrläufer der Evolution«: »Schon ein flüchtiger Blick auf die Geschichte zeigt: Die Zahl der individuellen Morde, begangen aus selbstsüchtigen Motiven, spielt in der menschlichen Tragödie eine unbedeutende Rolle, verglichen mit der Zahl der Menschen, die aus selbstloser Loyalität gegenüber einem Stamm, einer Nation, einer Dynastie, einer Kirche oder einer politischen Ideologie hingemetzelt wurden [...] Die Tragödie des Menschen liegt nicht an einem Übermaß an Aggression, sondern in einem Übermaß an Hingabebereitschaft« (S. 24f.). Ich nehme Koestlers Argumente – wenn auch nicht in ihrer einseitigen Überbetonung – ernst. Das Demagogisch-Aggressive kann nicht ohne die unkritisch-blindgläubige Gefolgschaftsbereitschaft so überdimensional große Verbrechen anrichten.

Welche Rolle hatte denn bisher in den allgemeinen Erziehungskonzepten und in der Praxis das spezifische Wissen um die Gefährdung durch die menschliche Selbsttäuschungsbereitschaft? Die psychischen Abwehrmechanismen wurden von Sigmund Freud und insbesondere von seiner Tochter Anna Freud bereits am Anfang des 20. Jahrhunderts beschrieben (s. auch König 1996). Die Ignoranz dieses Wissens, das zur Allgemeinbildung gehören müsste, hat auch mit Geschichte gemacht, tragische Geschichte. Dem so genannten »Zeitalter der Aufklärung«, das auch viele Illusionen befördert hat, sollte – im positiven Sinne – ein »Zeitalter der Abklärung« folgen (Riedl 1984, S. 340); ein Zeitalter, in dem es zur Allgemeinbildung gehört, in differenzierter Weise mehr über unsere Möglichkeiten und Grenzen, unsere äußeren und inneren Ressourcen zu wissen: als Aufklärung nach innen.

Durch den spezifischen Mangel an eigener Meinungsbildung bei zu gering gewürdigten und schwach entwickelten Bedürfnissen und Fähigkeiten zum autonomen, kritischen Nachdenken und auch durch eine zu wenig entfaltete und erprobte Risikobereitschaft, also auch durch zu wenig Mut kommt es eher zu einer stillschweigend-unkritischen Überangepasstheit an offiziell gültige Normen, Gewohnheiten und Gebote. Und wenn diese veraltet, gesellschaftlich überholt oder sogar inhuman sind? Seien wir nicht stolz auf eine allzu unkritische Haltung mit allzu wenig Eigensinn. Hörigkeit bei zu vielen Menschen ist eine passive Gefahr. Es ist die verhängnisvoll-unkritische Potenz in den Menschen, auf die machtgeleitete Politiker vor den Wahlen zielen, insbesondere in getarnten Diktaturen.

Weiterhin soll eine besondere intrapsychische Komplementarität dieser Charaktere hervorgehoben werden: Es koexistieren und rivalisieren miteinander die im archischen Potenzial wurzelnde Verhaltenstendenz zur Härte und Strenge und zum willensbetonten Durchsetzungsvermögen sowie die aus dem emotiven Potenzial kommende Tendenz zur Weichheit. Nach Beobachtungen in der Alltagspsychologie ist anzunehmen, dass (im Durchschnitt, aber durchaus nicht gültig für jeden einzelnen Menschen) bei Männern mehr die zuerst genannte, bei Frauen mehr die zuletzt genannte Verhaltenstendenz überwiegt.

Wenn wir uns im täglichen Leben und in unserem eigenen Innenleben umsehen, dann wird uns bewusst, welch große Rolle die Dialektik zwischen den polaren Verhaltenstendenzen von Strenge und Weichheit, Konsequenz und Nachgiebigkeit spielt. Im engeren Zusammenleben und überhaupt im Umgang mit anderen Menschen, insbesondere aber in der Elternrolle, in der Erziehung und Selbsterziehung sind wir eigentlich permanent mehr oder weniger bewusst oder unbewusst herausgefordert, das »Mischungsverhältnis« dieser grundsätzlichen und sich doch ergänzenden Eigenschaften in uns selbst immer wieder neu herzustellen. Die sozialen Beziehungen, und überhaupt der Lebensweg eines Menschen, werden ganz entscheidend dadurch mitgeprägt, wie es gelingt, die individuell optimale Koalition zwischen beiden Polen in sich zu finden und sowohl für sich selbst als auch für andere Menschen im wohlwollenden Sinne einzusetzen.

Kommen wir nun zu einem ganz anderen Blickwinkel bei der Betrachtung dieser Charakterstrukturen, und zwar zur intrapsychischen Kompensation. Hier ordnet sich der auch im Rahmen dieser dualen Kombination zu sehende, von Tellenbach so genannte »Typus melancholicus« ein. Was Tellenbach in der klinischen Praxis beobachtet und dann 1974 in seinem Buch phänomenologisch interessant beschrieben hat, kann als Spontankompensation des Depressiven durch das archisch-zwanghafte Potenzial gesehen werden: Zur Aufrechterhaltung der inneren Stabilität verbindet sich bei seiner depressiven Disposition das phylogenetisch jüngere, energetisch schwächere dritte Potenzial, das auch zur depressiven Erkrankung disponiert, mit dem phylogenetisch älteren, energetisch stärkeren ersten Potenzial. So ist dieser »Typus melancholicus« ein sehr fleißiger, pflichtbewusster Mensch, der in seinem Arbeitseifer schwer ein Ende finden kann, der in besonderer Weise an seinen Gewohnheiten hängt und alles übergenau erledigen möchte (Potenzial 1). Teilweise treten auch Zwangshandlungen auf (z. B. Wasch-, Kontroll- oder Zählzwang), insbesondere im Beginn einer depressiven Phase. Das erste Potenzial wird spontankompensatorisch zur Stabilisierung der depressiven Bereitschaft (Potenzial 3) stimuliert – unabhängig vom Bewusstsein. Als typische Umweltsituationen, die eine Dekompensation dieses kompensatorischen Gefüges herbeiführen können, sind plötzliche Veränderungen im gewohnten Lebensrhythmus, in den täglichen Lebensgewohnheiten, eine Herauslösung aus vorher feststehenden Umweltbedingungen zu nennen: die typische Umzugs-, aber auch die Pensionierungsdepression.

Die intrapersonal negativ erlebten Gefühle und Reaktionsbereitschaften der beiden Potenziale 1 und 3 (z. B. Angst, Zorn und Wut; Missmut, Traurigkeit, depressive Verstimmungen) scheinen zwar mit individuellen Unterschieden, aber grundsätzlich doch bei jedem Menschen primär angelegt, also unbedingt und unabhängig von der weiteren Persönlichkeitsentwicklung vorhanden zu sein, während die interpersonal positiven Reaktionsbereitschaften und

Entfaltungswerte dieser Möglichkeitsfelder sich epigenetisch im bio-psycho-sozialen Prozess der individuellen Lebensgeschichte bedingt, also sich nicht im Selbstlauf, sondern Umwelt- und lernabhängig zu entwickeln die Chance haben: Achtsamkeit, Respekt, Mitgefühl, Wohlwollen. Weitere Einzelheiten zu den vielfältigen Möglichkeiten der intrapsychischen Wechselwirkungen zwischen den Potenzialen 1 und 3, den interpersonalen Beziehungen und den vielfältigen Umweltverknüpfungen bleiben der Beobachtung und Beurteilung des Lesers überlassen.

Abschließend soll jedoch zum Nachdenken über folgende Zusammenhänge angeregt werden: Gerade die beiden Möglichkeitsfelder 1 und 3 enthalten die Potenzen für »Gerechtigkeit und Menschenliebe«, von Schopenhauer als die »beiden Kardinaltugenden« bezeichnet (1919/1999, S. 336). Nach meinen Beobachtungen scheinen diese um so mehr lediglich im engeren, konservativ-kleinbürgerlich-familiären Rahmen ausgelebt zu werden, je weniger innerhalb der Gesamtpersönlichkeit auch die komplementären Potenziale 2 und 4 entfaltet sind. »Meine Familie ist mein und alles« – eine besondere Form von Familienbeschränktheit ist es, wenn für alles andere außerhalb der eigenen Familie relative Gleichgültigkeit besteht.

Sind die beiden anderen Potenziale – wenn auch subdominant, aber doch in einem verhaltenswirksamen Ausprägungsgrad – zusätzlich zu der hier beschriebenen dualen Potenzialkombination 1 und 3 entwickelt, dann besteht eine um so größere Chance, dass die positiven Verhaltensbestrebungen von Gerechtigkeit (nach Schopenhauer häufiger bei Männern) und Menschenliebe (nach Schopenhauer häufiger bei Frauen) auch über den engeren Lebensradius hinaus, im Verantwortungsgefühl für andere Menschen oder sogar für die Menschheit verhaltenswirksam und dadurch gesellschaftlich bedeutsam werden. Auch dieser Gesichtspunkt sollte uns Veranlassung sein, den besonderen Wert der nicht nur akzentuiert oder dual entfalteten, sondern der mehr integral, der ganzheitlichen, der weitgehend allseitig entfalteten Persönlichkeit zu erkennen.

Hiermit sollen vorläufig die Anregungen zum eigenen Beobachten und Nachdenken über die angepasst-konservativen Charaktere beendet werden. Im Übergang zum nächsten Kapitel sei wiederum auf das Prinzip des »Kampfs der Gegensätze« und die vorhandene

Komplementarität, das sinnvolle Sich-Ergänzen beider Pole als dialektische Einheit des Ganzen hingewiesen.

VI. Das potenziell Progressive und die Phantasten (2–4)[18]

Wenn wir bei den bereits betrachteten Charakteren vor allem das auf Sicherheit gerichtete, das erhaltende, konservative Element des Psychischen als motivational weitgehend bestimmend erlebten, so begegnet uns jetzt das Gegenteil: das potenziell Progressive, das mit Risikobereitschaft, Wahrheitssuche, Kreativität und Veränderungsintentionen im Bunde ist. Und wir erwarten auch hier wieder ambivalente Entfaltungsmöglichkeiten, jeweils als Chance oder Gefahr. Erkannten wir die konservativen Persönlichkeiten gewissermaßen als neophob (abwartende oder ablehnende Haltung gegenüber allem Neuen), so sind die progressiven Charaktere eher neophil (bejahende Einstellung gegenüber dem Neuen, Streben nach Erneuerung).

Ist die soziale und häufig auch unkritische Anpassungsbereitschaft bei jenen (1–3) besonders stark, so ist es bei diesen Potenzialen (2–4) eher die kritisch in Frage stellende Tendenz zur Opposition.[19] Und wiederum gibt es auch innerhalb dieser dualen Struktur eine Vielzahl von Kombinationsmöglichkeiten, die nicht alle im Einzelnen beschrieben werden können. Um innerhalb dieser Vielfalt das Typische verständlich und erkennbar zu machen, sollen einige Anregungen gegeben werden.

Zunächst ist wieder zu unterscheiden, ob es mehr eine dynamisch-kontemplative oder eine kontemplativ-dynamische Charakterstruktur ist. Die Dominanz kann jedoch in den einzelnen Lebensphasen, vor allem als Reaktion auf Umweltbedingungen wechseln. Für die Vielfalt dieser Charaktere ist natürlich auch wie-

---

18 Je mehr zu den Potenzialen 2 und 4 auch die komplementären Potenziale 1 und 3 entfaltet sind, um so weniger besteht eine Tendenz zum Chaotischen. Oder umgekehrt: Diese Tendenz ist um so stärker, je weniger die komplementären Potenziale 1 und 3 entfaltet sind.
19 Hinzu kommen können jeweils auch – mehr oder weniger – Machtkampfpotenzen aus dem ersten Potenzial.

der bedeutsam, inwieweit die beiden anderen Potenziale (1 und 3) subdominant entfaltet oder verkümmert sind. Weiterhin ist zu unterscheiden, ob sich aus dem dynamischen Möglichkeitsfeld mehr der sanguinische (hypomanische) oder mehr der demonstrativ-hysterische Anteil mit dem vierten Potenzial kombiniert.

Bevor wir uns nun der dualen Struktur »dynamisch-kontemplativ« im engeren Sinne zuwenden, empfiehlt sich zunächst wiederum ein Blick auf die Abbildung 1 und dabei insbesondere auf die Möglichkeitsfelder 2 und 4. Wenn wir uns nun mit dieser theoretischen Orientierung im alltäglichen, praktischen Leben umsehen, so finden wir die eher unruhigen, phantasievollen, ideenreichen Persönlichkeiten, die viel in Frage stellen, durchaus auch viel in Bewegung bringen und dabei Neuanfänge nicht scheuen: »Und jedem Anfang wohnt ein Zauber inne ...« (Hesse 1972, S. 483).

Wir erleben Menschen, die ausgeprägte ästhetische und kulturelle Bedürfnisse haben[20], um sich herum Esprit und geistvollen Charme versprühen und dabei verkünden, dass »Freiheit« ihnen das Wichtigste sei; Menschen, die insbesondere in Künstlerkreisen zu Hause sind. Es kommt bei diesen Charakteren wohl auch öfter vor, dass sie die Wohnung, die Arbeitsstelle und/oder auch den/die Lebenspartner/in wechseln oder sich gar nicht erst fest binden. Tradierte Verhaltensnormen stellen sie in Frage. Abhängigkeitsverhältnisse irritieren sie (Beeinträchtigungsfurcht). Und so sind sie gewissermaßen latent immer in Distanz- und Veränderungsbereitschaft, woraus auch eine labilere Bindungsfähigkeit resultiert. Sie unterbewerten oder verachten die konstruktiv erhaltende Funktion der Ordnung – im kleinen wie im großen Radius. Dafür verbreiten sie im positiven Sinne um sich herum eher das, was wir eine »schöpferische Unordnung« nennen könnten. Im positiven Möglichkeitsfeld dieser Charaktere finden wir viele bedeutende kreative Künstlerpersönlichkeiten[21], die Schöngeister.

---

20 Der von Spranger (1996) beschriebene »ästhetische Mensch« ist in diesem Kapitel zu erkennen.
21 Bei einer Dominanz des zweiten Potenzials können wir eher die unterhaltende Kunst, beim Überwiegen des vierten Potenzials eher die ernste Kunst assoziieren. Auch wenn beide Formen nicht grundsätzlich streng zu trennen sind, so gibt es aber doch diese unterschiedlichen Pole.

Peter Hacks sagte einmal: »Künstler sein, das ist bis zu einem gewissen Grade immer Nicht- dazugehören« (1980, S. 48f.). Denken wir an den genialen Beethoven: Zum Besonderen seines Charakters sei hier die ansonsten unbedeutende Nebensächlichkeit mitgeteilt, dass er in 35 Jahren dreißig Mal umgezogen ist. Es scheint so, als ob wir insbesondere die großen Komponisten in diesem Strukturkreis sehen können, die aber außer den dominanten Potenzialen 2 und 4 auch über wesentliche seelische Potenzen der anderen beiden Potenziale in individueller Ausprägung verfügten – und selbstverständlich über eine außergewöhnliche musikalische Begabung. Gerade für die Persönlichkeit von Beethoven und für andere große Komponisten klassischer Musik sei hervorgehoben, dass bei ihnen das Schöpferische im Vordergrund einer sehr differenzierten seelischen Struktur zu sehen ist, in der keines der vier großen Potenziale total verkümmert war. Der universal-ganzheitliche Seelenreichtum zeigt sich bei kreativen Menschen, die ganz im Reich der Töne leben, oft weniger deutlich in den äußerlichen alltäglichen Verhaltensweisen als vielmehr unzweifelhaft, wie bei Mozart, in seinem an Tiefe, Breite und Schönheit so umfangreichen musikalischen Werk.

Die für das Schöpferische so wesentliche Phantasie ist wohl bei den dynamisch-kontemplativen Persönlichkeiten am stärksten und differenziertesten ausgeprägt:
- die Breitendimension (aus dem Dynamischen mit der Fähigkeit zur bildlich-anschaulichen Vorstellung);
- die Tiefendimension (aus dem Kontemplativen), zum Beispiel für Gedankenexperimente.

Das vierte Potenzial ist bei den dynamisch-kontemplativen Persönlichkeiten auch die Basis für die kritisch in Frage stellende Umweltbetrachtung, für die Wahrheitssuche mit der Haltung der kritischen Distanz. Zur eigentlichen Kontemplation, zum gründlich vertieften Nachdenken fehlt diesen Menschen oft die Haltung der Ruhe und Muße. Es sei denn, es lösen sich nacheinander eine mehr gesellig-dynamische und eine mehr zurückgezogen-kontemplative Lebensphase ab oder es können beide Ebenen in der Form einer »autistischen Geselligkeit« (Hildesheimer über Mozart, 1981) weitgehend gleichzeitig gelebt werden.

Wir können Leonhard folgen, wenn er für diese Kombination der Wesenszüge unter der Nomenklatur der introvert-hyperthymen Persönlichkeit auf die Gestalt des Settembrini im »Zauberberg« von Thomas Mann verweist: »Er ist lebhaft, gesprächig bis geschwätzig, er weiß über alles in seiner Umgebung Bescheid, neigt zu witzigen Bemerkungen und trällert vorbeigehenden Mädchen lustig zu. Er hat sichtlich eine hypomanische Wesensart [...] Trotz seiner Beweglichkeit hat Settembrini in allem seine eigene, meist sehr feste Meinung, zeigt sich hier also gar nicht von den Eindrücken, die aus der Umgebung kommen, abhängig. Er führt viele philosophische Gespräche [...] Eine bestimmte Idee erfüllt ihn, die er auch in einem Buch zur Darstellung bringen will. Im Mittelpunkt derselben steht die Frage, wie der Fortschritt der Menschheit am besten zu bewerkstelligen ist. Nach alldem erkennt man, dass Settembrini eine introvertierte Art aufweist. Beide Züge, den hypomanischen wie den introvertierten, erkennt man sehr schön« (1968a, S. 304).

Der in die Breite und Tiefe gehende Phantasiereichtum dieser Charaktere bringt interessante Ideen und teilweise auch kühne neue Gedanken hervor. Inwieweit diese praxiswirksam werden können, hängt vor allem von den sozial-gesellschaftlichen Umweltbedingungen ab, aber auch davon, wie in der individuellen Persönlichkeitsstruktur nicht nur die Potenziale 2 und 4, sondern auch die beiden subdominanten Möglichkeitsfelder verhaltenswirksam entfaltet sind. Mangelt es an Ausdauer, Disziplin, Zielstrebigkeit, Durchhaltevermögen, Anstrengungsbereitschaft (Potenzial 1), dann verflüchtigen sich diese Ideen ungenutzt, oder sie werden – wenn sie keine »Luftblasen« sind – von anderen realisiert.

Die Idee und Praxis der »Zukunftswerkstätten – Mit Phantasie gegen Routine und Resignation«, von Robert Jungk schon Mitte der sechziger Jahre initiiert, könnten in diesen Zusammenhängen eine wesentliche sozial-gesellschaftliche Bedeutung haben. Jungk und Müllert (1990) sind folgender Auffassung: »Doch Exerzitien zur Stärkung und Weiterentwicklung der Phantasie erscheinen uns noch immer als überflüssig, wenn nicht sogar als verrückt. Und doch sind solche Übungen gerade heute dringend notwendig. Denn auf diese Weise könnten die durch Manipulation und Konsumhaltung verkümmerten geistigen Kräfte wiederhergestellt werden, auf die wir in einer Zeit drängender Probleme besonders angewiesen sind.« (S. 176) »Uns geht es darum, das Konzept der Zukunftswerkstatt als eine Demokratisierungschance weiter zu verbreiten und zu vertiefen [...] Die Zukunftswerkstatt als beständige Keimzelle neuer Ideen. Ein Geist der Zukunftsfreudigkeit könnte so der vorherrschenden Zukunftsangst entgegengestellt werden« (S. 188f.). Sowohl in Zukunftswerkstätten als auch in Bürgerbewegungen könnte das dynamisch-kreative Potenzial in konstruktiver Weise seine Werte für das menschliche Gemeinwohl entfalten.

Ich meine, dass es nicht nur, aber auch von der individuellen Persönlichkeit, vom Charakter eines Menschen abhängt, zu welcher Form und inhaltlichen Richtung in den gesellschaftspolitischen Strömungen er sich hingezogen fühlt.

Ist bei den dynamisch-kontemplativen Persönlichkeiten auch das Emotive, das weichherzige Mitfühlen, das Gemütspotenzial im engeren Sinne, stark entfaltet, dann finden wir die Charaktere, die wir wohl am ehesten als die eigentlichen Romantiker ansehen können, als Gegensatz zu den sachlich-nüchternen Pragmatikern (Potenzial 1). Unter den dynamisch-kontemplativen Charakteren finden wir auch die ruhelosen Schwärmer und Vagabunden, schillernde Globetrotter und realitätsferne Chaoten, die sich manchmal für Revolutionäre halten, den geistreich-verschwenderischen Bohemien und die romantischen Phantasten, die nirgends zu Hause und ewig auf der Suche sind. Denken wir nur an »Das verwilderte Leben und Dichten des Clemens Brentano«[22] (Seidel 1984) und seine »Heillose Flucht« (Erpenbeck 1984).

Im Allgemeinen sind diese besonderen Persönlichkeiten interessante Unterhalter, die ihre Gedanken mit Witz und Ironie um sich herum verbreiten. Zur möglichen Genese der Witze ist zu vermuten, dass die scharfsinnig in Frage stellenden Beobachter und Nachdenker die Grundidee haben, und die heiteren Dynamiker sie ausschmücken und weitererzählen.

---

22 Die Kindheits- und Jugendjahre verbrachte Clemens Brentano nur zum geringsten Teil in seinem Elternhaus. In dieser für die Charakterentwicklung so wesentlichen Lebenszeit hat er häufige Umweltveränderungen, auch mit einem wiederholten Wechsel der nahen Bezugspersonen, zu verkraften gehabt.

Es sei an dieser Stelle erwähnt, dass die Potenziale 2 und 4 auch zeitweise, in bestimmten Lebensphasen verhaltensbestimmend sein können. Ganz typisch ist hierfür die Zeit des »Sturm und Drang« in der Jugend und Adoleszenz. Wir kennen die bunten Paradiesvögel, die als Bürgerschreck die Spießer verstimmen. »Wer den Wein will, muss den Gärungsprozess zulassen«, sagt eine alte Volksweisheit. »Über das Vergnügen, anders zu sein« ist der Untertitel einer sehr interessanten Studie über »Exzentriker« von Weeks und James (1997).

Ob im Laufe der Zeit, in der weiteren Entwicklung aus den potenziell progressiven Persönlichkeiten resignierte Außenseiter oder progressiv wirksame Veränderer, gesellschaftlich integrierte In-Frage-Steller oder extegrierte Unbequeme, äußerlich-formal Angepasste oder »radikale« Anarchisten, schöpferisch tätige Künstler oder neurotische Randexistenzen werden, hängt vom Wechselverhältnis zwischen Individuum und Gesellschaft, von der jeweiligen konkret-historischen Epoche, der Gesellschaftsform, den realen Machtverhältnissen, von den gesellschaftlich deklarierten und gültigen Normen, Werten und Unwerten ab, das heißt nicht nur von den Veränderern, sondern von der Veränderbarkeit der Verhältnisse – zum Beispiel Diktatur oder Demokratie; Demokratie in welcher Qualität, eine in Machtkämpfen erstarrte oder erneuerungsfähige Form der Demokratie?

Da es in oppositionellen Kreisen mehr eigensinnige Individualisten gibt, ist latent immer die Tendenz der Zersplitterung gegeben: übermäßiger Dissens verhindert den Konsens, ein Dauerclinch die Einigung auf einen gemeinsamen Nenner. Was man nicht will, scheint immer viel klarer zu sein als das, was man will. Im gesamtgesellschaftlichen Kräftepotenzial können diese Tendenzen sehr bedeutsam sein, zum Beispiel weil man im konservativen Lager eher zu Gleichschritt und Schulterschluss fähig und bereit ist. Etwas Chaos muss sein in jeder lebendig-erneuerungsfähigen Ordnung. Aber auch in dieser Relation geht es um die richtige Mischung. Extreme Anarchisten fördern nicht den konstruktiven Widerspruch.

Eine andere Charakterfalle ist gegeben, wenn sich im zweiten Potenzial aus einem akzentuierten Geltungsbedürfnis egozentrisch-narzisstische Verhaltenstendenzen sehr stark entwickelt haben, so dass häufig der Versuchung nicht widerstanden wird, Sachauseinandersetzungen und Problemdiskussionen mehr oder weniger bewusst zur schillernden Selbstdarstellung zu nutzen. Diese Tendenzen kennen wir auch aus anderen Zusammenhängen, zumal sie keine Seltenheit sind. Bei manchen Menschen dauert die psychische Pubertät ein ganzes Leben lang. Es ist erstaunlich, wie zeitlos und doch aktuell »Der Verrat der Intellektuellen« des französischen Historikers Julien Benda (1927, 1964; 1975, 1988) zu lesen ist. Jean Améry hat der Nachkriegs-Edition ein Geleitwort gegeben, das das Buch in seiner Bedeutung als »überzeitlich« bewertet. Ein Klassiker also – zur Aufnahme in die Allgemeinbildung unbedingt zu empfehlen.

Für die vielen kleinen, mittleren und großen Probleme, deren komplizierte Lösung im regionalen, aber mehr noch im globalen Rahmen ansteht, wäre es sehr wichtig, dass viele einzelne Menschen sensibel werden in der Wahrnehmung dafür, wie sich das Subjektive mit dem Objektiven mischt – bei sich selbst und bei anderen. Es gibt die Unechtheit mit dem Schein der Echtheit (Jaspers 1946). Was wir brauchen, sind auf allen Ebenen solche Persönlichkeiten, bei denen sich ein natürliches Charisma mit echtem Problemengagement und Durchhaltefähigkeit verbindet.

Das *real positive Potenzial* finden wir bei den progressiven Persönlichkeiten, die mit kritischem Blick auf die Gegenwart bedeutsame Schwächen erkennen und sich nicht scheuen, verantwortungsbewusst und auch mutig vor Fehlentwicklungen zu warnen. Sie sind auch diejenigen, die sich zu den Problemen der Zukunft viele Gedanken machen und Nächte durchdiskutieren. Selbstzufrieden und gleichgültig sind diese Menschen im Allgemeinen nicht. Da blühen dann auch die Träume, Visionen, Utopien. Am Pranger ihrer kritischen Erörterungen steht – neben dem Kriegsbrandstifter und Planetenplünderer – vor allem ihr Gegentyp, der überangepasste Kleinbürger und der selbstsüchtig-pragmatische Opportunist. Sie sind es auch am ehesten, die Verhängnis und Gefahr des allzu braven Biedermannes in seiner sozialgesellschaftlichen Dimension erkennen und sich selbst als positiven Kontrast zu ihm erleben. Sie ereifern sich gegen die engstirnig-selbstzufriedenen Philister, die sich in ihrer angepassten Indolenz nicht gegen die potenziellen Brandstifter auflehnen (s. Max Frisch: »Biedermann und die Brandstifter«). Da ist man im Vergleich zu den bequem-konformen Etablierten gern der unbequeme Oppositionelle, der sich selbst zu Recht als positiver Außenseiter sieht.

Es ist wohl deutlich geworden, dass gerade die Potenziale 2 und 4 als komplementäre Gegenspieler der Potenziale 1 und 3 wesentliche Potenzen für die wissenschaftliche, künstlerische und gesellschaftliche Kreativität, für Entwicklungschancen im Einzelnen, aber auch für die Erneuerungsfähigkeit eines Systems im Ganzen enthalten. Wo diese Potenziale unterdrückt werden, folgt die Erstarrung. Eine Ordnung, die diese Unruhe zwar duldet, aber ansonsten alles beim Alten lässt, ist krank. Ohne Krankheitseinsicht kann auch dieser Zustand tödlich sein.

Am Schluss dieses Kapitels über die dualen Strukturen wird die Hoffnung geäußert, dass beim Lesen der »rote Faden«, das Einfache im Komplizierten, die wechselseitige Verflechtung der vier Grundpotenziale in der Mannigfaltigkeit des Psychischen im Blickfeld des Lesers geblieben und deutlicher geworden ist. Wir sollten uns fragen, ob in der komplementär-gegensätzlichen Vielfalt nicht ein spezifischer evolutiver Sinn, ein sinnvolles Wirkprinzip zu erkennen sein könnte, das sowohl die wechselseitige Abhängigkeit und das Aufeinanderangewiesensein der einzelnen Teile als auch die mögliche und sinnvolle Ergänzung zum Ganzen regelt. Es kann bei dieser Frage darauf verwiesen werden, dass insbesondere das Prinzip der Komplementarität, das zuerst für die Physik beschrieben wurde, in mehreren anderen Wissensbereichen als Grundprinzip gilt und insbesondere unter den Oberbegriffen Systemtheorie, Chaostheorie, Theorie der Selbstorganisation eine fundamentale Bedeutung hat (Capra 1988, S. 316ff.). Sollte also dieses ubiquitäre Grundprinzip nicht auch für das System unserer Innenwelt, für das individuell Psychische gelten? Das in diesem Buch vorgestellte dynamische Strukturmodell beinhaltet ein System von komplementären Vernetzungen. Es scheint so zu sein, dass jeweils dann die mehr im positiven Bereich gelegenen Entfaltungswerte eines Möglichkeitsfeldes verwirklicht werden, wenn auch ihre komplementären Gegenspieler aus den benachbarten Grundpotenzialen (s. Abb. 1) nicht verkümmert, sondern in der Wechselwirkung mit der Umwelt und im inneren Kampf der Widersprüche ebenfalls weitgehend realisiert worden sind. Nach dem Struktur-

modell der Abbildung 1 ergibt sich folgende Schlussfolgerung für das dynamische Innenweltsystem:
- Das einem Potenzial jeweils diagonal gegenüberliegende Möglichkeitsfeld ist das ihm inhaltlich am nächsten Verwandte (bezogen auf die Dialektik von Erhaltung und Veränderung; konservativ – progressiv);
- Die beiden jeweiligen Nachbarpotenziale sind am ehesten die gegensätzlichen Herausforderer.

Der individuelle Reichtum der psychischen Bedürfnisse, Gefühle und Verhaltensmöglichkeiten entsteht aus der differenzierten Entfaltung und Integration mehrerer Potenziale. Charakterlicher Reichtum kommt aus der entfalteten Differenziertheit, nicht aus dem Defizit, der Verkümmerung. Wie arm oder wie reich wir auf dieser Ebene sind, hängt ganz entscheidend von der Erziehung und Selbsterziehung, von den sozialgesellschaftlichen Umweltbedingungen ab, die die Felder der genetischen Möglichkeiten zu optimalen Wirklichkeiten werden lassen. Könnte dieser potenzielle innere Reichtum nicht unsere eigentliche Ressource für die Zukunft sein?

Die trialen Strukturen

Innerhalb der Vielfalt der Möglichkeiten finden wir Charakterstrukturen, bei denen drei Potenziale etwa gleich stark entfaltet sind oder jeweils eines von den vier Grundpotenzialen des Psychischen nur wenig (oder kaum) verhaltenswirksam wird. Im Vergleich zu den vorher beschriebenen Kombinationen handelt es sich hier aber um differenziertere Strukturen, die im realen Leben relativ häufig sind. Könnte es sein, dass sich – überwiegend durch die sozialgesellschaftlichen Bedingungen der Vergangenheit mit tradierten sozialen Rollenverteilungen – folgende Kombinationen entwickelt haben?

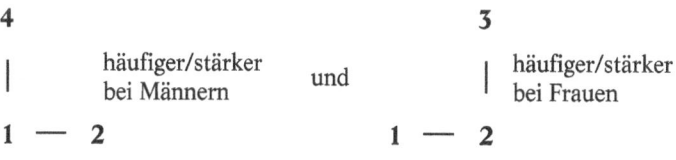

Abb. 14: Triale Strukturen

Vermutlich hat der Leser – insbesondere bei einem nochmaligen Blick auf die Abbildung 1, vor allem aber mit Hilfe der eigenen Menschenkenntnis und Lebenserfahrung und auch mit dem Verständnis des bisher Beschriebenen – selbst eine ungefähre Vorstellung von der Vielfalt des möglichen Entfaltungsspektrums dieser drei Potenziale. So wird auf eine Darstellung der Einzelheiten des trialen Strukturgefüges verzichtet und statt dessen versucht, auf Gedanken und Probleme hinzuweisen, die sich aus der defizitären Ausprägung und Entfaltung eines Potenzials und somit aus der Verkümmerung seiner spezifischen Werte ergeben. Dieses Defizit kann bedeutsam sein für den einzelnen Menschen, aber auch im sozialgesellschaftlichen Rahmen.

1. Ist das *Archische* mangelhaft entfaltet, so wird bei diesem Charakter das Streben nach Erhaltung, Bewahrung, Ordnung, Konvention, Gründlichkeit, Absicherung, Konsequenz, Ausdauer und Zuverlässigkeit zu wenig ausgeprägt sein. Die Negation des Archischen ist uns als Begriff durchaus geläufig: die Anarchie. Im Duden finden wir hierzu auch: das Chaos. Weiterhin soll an dieser Stelle eine bestimmte Geisteshaltung, die Tendenz zum Anarchismus als Ideologie, als geistig-politische Anarchie erwähnt werden. Aus den zurückliegenden Jahrzehnten ist in diesen Zusammenhängen auch an die so genannte antiautoritäre Erziehung zu denken. Der Autoritarismus – dieser Begriff steht im negativen Bereich des archischen Potenzials –, das eigentlich Autoritäre mit einer harten Erziehung zum blinden Gehorsam, brachte sein Gegenteil hervor. Und wir wissen längst aus anderen Beispielen, dass das Richtige nicht unbedingt im anderen Extrem, im Gegenteil zu finden ist. Es gibt nicht nur das einfache Entweder-oder. Für die Erziehung finden wir das Optimum zwischen den beiden Extremen. Es ist die bewährte Haltung der »liebevollen Konsequenz«. Die manchmal lautstark verkündeten Forderungen nach sozial-gesellschaftlichen Bedingungen »ohne Hierarchie« sind lebensfremde Illusionen, anarchische Wunschbilder. Jedes lebendige System, also das Leben selbst, existiert mit und in einer dynamischen Ordnung. »Ungleichheiten unter Gruppenangehörigen bezüglich Kompetenz, Einfluss und Macht gibt es in jedem Fall. Eine deklarierte Hierarchie macht diese Unterschiede sichtbar und damit auch angreifbar. Die Ablehnung sichtbarer Hierarchie führt oft lediglich zu deren

Verschleierung« (Willi 1989, S. 272). Es gibt jedoch harte und weiche Hierarchien. Ist das archische Potenzial zwar schwächer ausgeprägt, aber nicht zu sehr unterdrückt oder verkümmert, so haben wir hier die Romantikerseele in schönster Mischung.

2. Ist das *Dynamische* zu wenig entwickelt, so wird dieser Mensch zu wenig Humor, Risikobereitschaft und Flexibilität haben. Misstrauisch gegenüber allem Neuen, stellt er sich nur schwer auf neue Situationen und Bedingungen ein. Er hängt am Alt-Bewährten und merkt dann vielleicht nicht, dass es im Lauf der Zeit nur noch das Alte, aber nicht mehr das Bewährte ist, das eigentlich verändert werden müsste. Fehlt außerdem die Bereitschaft zum Risiko, die alles Neue braucht, dann kann das vorher Altbewährte zum Veralteten werden, das – wenn keine Veränderung erfolgt – die Weiterentwicklung blockiert und seine früheren Werte in ihr Gegenteil verkehrt. Machen wir uns in symbolhafter Zuspitzung noch einmal bewusst: Fehlt das Archische, so entsteht das Chaos; fehlt das Dynamische, so droht die Erstarrung. Laut Watzlawick »[...] sind wir weit davon entfernt einzusehen, dass Ordnung ohne ein Maß von Unordnung lebensfeindlich wird, da sie jede Möglichkeit der Weiterentwicklung erstickt« (1986, S. 99). Jedes lebendige System ist bedroht von zwei Feinden: einer zu starren Ordnung und einer chaotischen Unordnung. Lebendige Erhaltung bedeutet Bewahrung des Bewährten und dabei auch permanente Erneuerung als Gleichzeitigkeit: die dialektische Aufhebung des Neuen im Alten, im permanent erneuerten Alten, als Stabilität ohne Stagnation – oder auch umgekehrt: die dialektische Aufhebung des bewährten Alten im Neuen. Es ist ein dialektischer Vorgang, den wir Entwicklung nennen.

3. Ist das *Emotive* zu wenig entfaltet, so hat dieser Mensch zu wenig Liebesfähigkeit im Sinne der Agape. Mitgefühl, Altruismus und Gemeinschaftssinn sind verkümmert, so dass egoistische Verhaltensweisen – neben oder unterhalb der rational-kognitiven Ebene – innerpsychisch zu wenig gebremst werden. Mir scheint gerade in dieser Zeit, in unserer so technisierten Welt, eine Aufwertung des Emotiven in seiner elementaren Bedeutung, auch als ethische Kategorie, notwendig zu sein. Ein gemütsarmer Rationalismus kann seine Werte nicht ersetzen. Rationale Sachlichkeit hat ihre Werte, aber diese reichen nicht

aus. Sie repräsentieren lediglich eine sehr verkümmerte Menschlichkeit. Denn was sind die Werte eines auf das Rationale reduzierten Humanismus, wenn das tiefe Gefühl, das Mitleiden, Mitfreuen, das Einfühlen verkümmert sind? Bei der trialen Potenzialentfaltung – mit einem emotiven Defizit – finden wir folgende Verhaltenswirklichkeiten, die in unserer Zivilisation gegenwärtig eine im Wertesystem zweifelhafte, aber weitgehend entwicklungsbestimmende Dominanz haben:

eher nüchtern-sachlicher Part mit den besonderen Interessen und Fähigkeiten zur Technikentwicklung

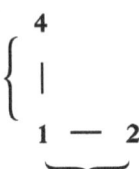

eher kämpferisch-dynamischer Anteil, der das technische Material für seine Machterweiterung expansiv und mitleidlos (Terror und Krieg) einsetzt

Abb. 15: Wertesystem ohne globale Mitleidsethik

Das Empfinden und Erleben echter Mitmenschlichkeit ist eines der großen Themen, die der Schriftsteller Aitmatow (1982, 1988) mit tiefem humanistischem Engagement in die Literatur eingebracht hat. »Sind alle die schrecklichen irdischen Frevel, die seit der Erschaffung der Welt gegen das Gute, gegen die Natur begangen werden, nicht eine schlimmere Strafe als das Jüngste Gericht? Der ursprüngliche Sinn der Geschichte besteht doch darin, die Vernünftigen an die göttlichen Höhen von Liebe und Mitleid näher heranzubringen! [...] Doch die wahre Geschichte, die Geschichte des Aufblühens der Menschlichkeit, hat auf Erden noch nicht begonnen« (1988, S. 169).

4. Ist das *Kontemplative* wenig ausgeprägt und entfaltet, so hat dieser Mensch weniger Neigungen zur kritischen Distanz und zur eigenen Meinungsbildung, zum vertieften Nachdenken und auch weniger Potenzen zum originären Schöpfertum. Für ihn selbst – und die Menschen in seinem engeren Lebenskreis – entstehen aus diesem Mangel im allgemeinen keine besonderen Probleme. Aber: Damit die menschliche Gemeinschaft, die Menschheit überlebt, muss es in ihr Individuen geben, die kreativ denken.

Dabei geht es nicht nur um die Fähigkeiten der sinnlich-gestalterischen Kreativität, sondern vor allem auch um die geistigen Potenzen des kreativen Fragens, des autonomen Denkens, Erkennens und Urteilens. »Die Dialektik ist die Ausbildung des Widersprechungsgeistes, welcher dem Menschen gegeben, damit er den Unterschied der Dinge erkennen lerne« (Goethe). Im Kontrast zu dieser Formulierung ist uns der Charakter des Adolf Eichmann mit folgendem Bekenntnis eine bleibende Mahnung: »Ich gehörte damals zu den Menschen, die sich zufrieden geben, wenn etwas angeordnet war« (Kipphardt 2002, S. 23).

Das Kontemplative, das phylogenetisch jüngste Potenzial der menschlichen Psyche, benötigt und verdient zur Realisierung seiner potenziellen Werte unsere ganz besondere Aufmerksamkeit und Förderung während der menschlichen Individualentwicklung (Jun 1994b, S. 312ff.). Wir sollten uns zukünftig über die tiefgründigen Fragen unserer Kinder noch viel mehr freuen, als wir uns auch weiterhin über die unzulänglichen Antworten der Erwachsenen ärgern werden. Denn: »Der Anfang aller Erkenntnis ist die aus dem staunenden Verwundern geborene Frage nach dem Warum« (Platon, zit. in Schwieger 1980, S. 72).

> »Willst Du ins Unendliche schreiten,
> geh nur im Endlichen
> nach allen Seiten.«
> (Goethe)

Die integrale Persönlichkeit: Homo integralis

Nachdem wir in den vorangegangenen Kapiteln die akzentuierten, die dualen und trialen Persönlichkeitsstrukturen als besondere Entfaltungsformen innerhalb der psychischen Mannigfaltigkeit betrachtet haben, kommen wir jetzt zu den Charakteren, bei denen alle vier Potenziale der psychischen Grundstruktur weitgehend entwickelt, das heißt positiv entfaltet und in die Gesamtpersönlichkeit integriert sind: die ganzheitliche, allseitige, die integrale Persönlichkeit. Menschen mit dieser Charakterentfaltung sind keine absolute Seltenheit. Ein Vollkommenheitsanspruch besteht nicht; aber aus ihrer inneren Potenzialität haben sie als gesellschaftliche Wesen in sich selbst verwirklicht, beispielsweise diese Haltungs- und Verhaltenspotenzen:

(1) aus dem Archischen: Zuverlässigkeit, Sachlichkeit, Ausdauer, Ordnungssinn, Fleiß, Disziplin; Konsequenz und Gerechtigkeit;
(2) aus dem Dynamischen: Risikobereitschaft, Flexibilität, Initiative; Humor, Schönheitssinn und Toleranz;
(3) aus dem Emotiven: Mitgefühl, Güte, Hilfsbereitschaft; Taktgefühl, Freundlichkeit und Friedfertigkeit;
(4) aus dem Kontemplativen: autonomes Denken und Werten, Kritikfähigkeit, Wahrheitssuche und Kreativität.

Die zum Teil komplementär-gegensätzlichen Verhaltenspotenzen sind in ausgewogener Weise als dialektische Einheit in der Psyche der integralen Persönlichkeit durch eine vielfältig angewandte und erlebte Erprobung entfaltet und integriert. Hermann Hesse: »Wir sollten nicht aus der Vita activa in die Vita contemplativa fliehen, noch umgekehrt, sondern zwischen beiden wechselnd unterwegs sein, in beiden zu Hause sein, an beiden teilhaben« (1981b, S. 68). Je mehr die vier Potenziale in ihrem positiven Pol als adäquate Reaktionsmöglichkeit auf Umweltanforderungen verfügbar sind, um so mehr nähert sich das Persönlichkeitsinventar dem Ideal der Ganzheitlichkeit, der allseitig entfalteten Persönlichkeit – ideal im Sinne einer potenziell universalen, optimalen Verhaltensfähigkeit, nicht als generelle Abwertung anderer Individualitäten, denn die vielfältigen anderen Charakterstrukturen haben ebenfalls ihre spezifischen Werte.

Es soll bei der Beschreibung der integralen Charakterstruktur insbesondere auf die positiven Entfaltungswerte im äußeren Pol der vier Möglichkeitsfelder hingewiesen werden (Abb. 1, äußerer Bereich). Bei einer gleich starken Anlage aller vier Potenziale, die aber durch Umweltmängel nicht zur positiven Ausreifung, zur optimalen Entfaltung gekommen sind, wäre der Begriff »integrale Persönlichkeit« nicht zutreffend, im Gegenteil (Abb. 1, innerer Bereich).

»Du hättest Fähigkeiten,
trug dir dein Lehrer ein,
doch um ein Mensch zu bleiben,
musst du zu vielen Dingen
auch ganz unfähig sein« (Petri 1984, S. 42).

Das eigentliche Böse in der Latenz des ersten Potenzials ist jedoch bei einer hoch differenzierten, integral entwickelten Seele stärker gezügelt, mehrfach gebändigt und neutralisiert im Vergleich zu weniger differenzierten Charakterstrukturen. Hier ist auch eher ein Perspektivwechsel in der Selbsterkenntnis möglich (Selbstdistanzierung): »Ich muss mir nicht alles von mir selber gefallen lassen«, meint Frankl (1994, S. 94).

Wenn für die integrale Persönlichkeit kein Unfehlbarkeitsanspruch, kein »Heiligenschein«, keine Makellosigkeit angenommen wird, so aber doch eine weitgehende Verwirklichung und Integration der allseitig überwiegend positiv entfalteten Charakterqualitäten mit ihren spezifischen Werten; durch Erziehung und Selbsterziehung die Verwirklichung dessen, was als Potenz, als Entfaltungsmöglichkeit zum Positiven dem menschlichen Individuum von Anfang an mitgegeben, in allen vier Potenzialen stark angelegt war. Es ist sicher, dass viele dieser Möglichkeiten zur Zeit noch »unterwegs verkümmern« und so in der Individualentwicklung nicht zu Wirklichkeiten werden (zur Ontogenese der einzelnen Potenziale s. Jun 1994b, S. 299–326). Ich habe aber immer noch die Hoffnung, dass viele dieser latenten Möglichkeiten »Potenzen der Zukunft« sind, sein könnten: unsere inneren Ressourcen.

Die Umwelt wirkt permanent durch gegenwärtige Wirklichkeiten. Die Vererbung vermittelt und erhält die Möglichkeiten. Diese können nur durch eine optimale ökonomisch-sozial-kulturelle Umwelt, eine differenzierte Erziehung und lebenslange Selbsterziehung zu optimalen Wirklichkeiten werden. »Menschliche Persönlichkeit ist permanente Autogenese und deren individualhistorisches Produkt« (Jüttemann 2002, S. 295; Jüttemann 2007).

Also: keine rigorose Spaltung von Gefühl und Verstand, von Emotionalität und Rationalität, sondern Vereinigung, Ganzheitlichkeit des Menschlichen, um fühlend zu denken und denkend fühlen zu können. Goleman nennt das »emotionale Intelligenz« (1996).

Bei einer integralen Charakterentfaltung ist so auch am ehesten die Fähigkeit zu vermuten, mit und in Widersprüchen fühlen, denken und leben zu können, ohne deswegen ein »zerrissener«, ein unharmonischer Mensch zu sein; denn dieser hat die natürliche Widersprüchlichkeit des Lebens in sich selbst ganzheitlich vereint. Das lebensnahe Ambivalenzprinzip kann sich so weitgehend entfalten (Otscheret 1988), auch Ambiguität, die Fähigkeit zum Leben mit Vieldeutigkeit. Das integrale Bewusstsein vereint Wirklichkeitssinn und Möglichkeitssinn.

Die Verwirklichung des potenziellen Selbst, der individuellen Entfaltungsmöglichkeiten ist das, was wir konkret unter Selbstverwirklichung verstehen können (vgl. Rogers 1983; Tausch 1973; Helm 1978). Integrale Persönlichkeiten sind sich aber in ihrem Verhaltensbild keineswegs zum Verwechseln ähnlich. In die auch hier mögliche Vielfalt fließen mit ein: die jeweils unterschiedliche Körperlichkeit, die individuelle Intelligenzentfaltung, unterschiedliche und wechselnde Umweltsituationen einschließlich der Rollenmuster im Lebenslauf, insbesondere der berufliche Wirkungskreis, spezifische Abhängigkeitsverhältnisse und zeittypische Haltungen oder Auseinandersetzungen nicht nur mit den »ewigen«, sondern mit den typischen Problemen, Fragen und Lebensformen der jeweiligen konkret-historischen Epoche.

Für Menschen mit einer wenig differenzierten Charakterstruktur kann eine integrale Persönlichkeit als undurchschaubar, wechselhaft, unberechenbar, als unlösbares Rätsel erscheinen. Aus dieser Unklarheit entstehen dann nicht selten Aversionen. Und wenn in dieser Wechselwirkung der zwischenmenschlichen Beziehungen sich nun ein Mensch mit einer archisch-zwanghaft akzentuierten Charakterstruktur, mit Machtgelüsten und ansonsten verkümmerter Seele zum Maßstab der allgemeinen Norm erhebt? Für seine persönliche Umwelt wird er Charaktere bevorzugen, die zu ihm passen, die für sein eigenes grob-spärliches Seeleninventar berechenbar erscheinen. Wie fühlt sich wohl ein Mensch mit großer, reicher Seele, der langfristig umgeben ist von seelisch Armen?[23] Er kann von diesen ebenso wenig erkannt werden wie der ganze

---

23 Es gibt die (nicht seltene) Kombination von hoher Intelligenz mit seelischer Verkümmerung (Oligothymie) wie auch umgekehrt den Gefühlsreichtum bei geistiger Schlichtheit.

Regenbogen von Farbenblinden. »Gleiches wird nur von Gleichem erkannt« (Empedokles, zit. in Capelle 1961). Welterkenntnis korreliert auch mit Selbsterkenntnis. Aus dieser Erkenntnis der Erkennbarkeit leiten sich weitere Fragen ab. Sie sind insbesondere für die Humanwissenschaften von Bedeutung:
- In der praktischen Arbeit, beispielsweise in der Pädagogik und in der Psychotherapie, ist die individuelle Persönlichkeit des Menschen, der über seine seelische Struktur mit anderen kommuniziert (Schülern, Patienten, Klienten) von zentraler Bedeutung. Erziehung zur Selbsterziehung ist das Ziel (Pädagogik). Selbsterziehung setzt jedoch Selbsterkenntnis voraus. Hat diese einfache Wahrheit in der Pädagogik den ihr gebührenden Platz? Wenn ein Mensch eine körperliche Halbseitenlähmung hat, kann er nicht Chirurg werden. Menschen mit einer seelischen Verkümmerung können werden, was sie wollen. Äußerlich-formal kann das in der Funktionshierarchie gelingen, aber was sind die Folgen? Selbsterkenntnis, Selbsterfahrung sind in der Psychotherapie immerhin als eine wesentliche Voraussetzung erkannt und gefordert, was vor allem der Freud'schen Psychoanalyse zu danken ist. Wenn das auch nicht bedeuten kann, dass jeder analysierte Therapeut seine eigene Seele integral entwickelt hat, so kommt es doch im Wesentlichen darauf an, seine besonderen individuellen Möglichkeiten, Fähigkeiten und auch Grenzen erkannt zu haben und sich diese in einem lebenslangen Prozess der Selbsterkenntnis immer wieder aufs Neue bewusst zu machen. Das eigene Leben wird mit dieser Dimension auf jeden Fall reicher und auch interessanter. Selbsterkenntnis – nicht als einmaliger Akt, sondern als fortlaufender Prozess – ist wichtig für den Umgang mit sich selbst und mit anderen, ganz besonders wichtig jedoch in der Psychotherapie, die eine rational reflektierte emotionale Arbeit ist, eine Arbeit mit der eigenen Seele in der Beziehung zur Seele des anderen Menschen. Die Bedeutung der besonderen Individualität in dieser Wechselwirkung hat Riemann in seinem Buch »Grundfragen helfender Partnerschaft« (1979) sehr anschaulich beschrieben.
- Für die Theorie entsteht die Frage: Kann ein zwar hochintelligenter, sachlich-nüchterner, dabei aber gefühlsarmer Mensch die menschlichen Gefühle erforschen, die »ganze Seele« erken-

nen? »Wenn Ihr's nicht fühlt, Ihr werdet's nicht erjagen« (Goethe, Faust I).

Es ist anzunehmen, dass es zu allen Zeiten, seit der Herausbildung des Homo sapiens in der Evolution, potenziell integrale Charaktere gegeben hat. Wenn bei diesen auch allseitig entfaltete Verhaltensfähigkeiten gegeben sind, so bedeutet das nicht, dass diese alle gleichzeitig aktiv sind. Je nach der konkreten Lebenssituation, den aktuellen Umwelt-Erfordernissen und eigenen Bedürfnissen wird das jeweilige Vorherrschen der einzelnen Potenziale wechseln; aber im Lebenslauf werden die wesentlichen Charakterqualitäten aller vier Möglichkeitsfelder herausgefordert und – da sie verfügbar entfaltet sind – auch verhaltenswirksam werden.

So kann durchaus eine mehr tatkräftige, extrovertierte (äußerlich aktive) mit einer mehr besinnlichen, introvertierten (innerlich aktiven) Lebensphase abwechseln. Oder es existiert auch langfristig eine gute Mischung aus beiden. Der Tatenmensch Prometheus und sein kontemplativ lebender Bruder Epimetheus sind potenziell in einem Menschen vereint.

Die integralen Persönlichkeiten haben seelisch das so genannte Männliche und das so genannte Weibliche, Animus und Anima (Jung 1990), in ein Ganzes integriert. Eine mögliche Synthese von westlicher Psychologie und östlicher Weisheit hat Colegrave (1991) in »Yin und Yang, die Kräfte des Weiblichen und des Männlichen« beschrieben. Das immer wieder zitierte Androgyne im Psychischen ist potenziell als das Ganzheitlich-Menschliche entfaltet.

Kretschmer (1929, S. 204) stellt dem »reinen Typus« den »Mischtyp« gegenüber. Innerhalb der beschriebenen »umfassenden Genies« formuliert er beispielsweise zur Persönlichkeit von Goethe und Shakespeare, dass sie »sehr komplexe Legierungen und Synthesen« gewesen sind. Virginia Woolf meint: »Im Mann muss der weibliche Teil noch wirksam sein; und eine Frau muss auch Umgang pflegen mit dem Mann in sich. Coleridge meinte das vielleicht, als er sagte, dass der große Geist androgyn ist. Erst wenn diese Fusion stattfindet, ist der Geist ganz fruchtbar gemacht und kann alle seine Fähigkeiten anwenden. Vielleicht kann ein Geist, der nur maskulin ist, ebenso wenig schöpferisch sein wie ein Geist, der rein weiblich ist [...] In der Tat verweist man auf Shakespeares

Geist als dem Typ des androgynen, des mann-weiblichen Geistes« (1986, S. 113f.).

Hermann Hesse meint: »Für mich ist erster Glaubenssatz die Einheit hinter und über den Gegensätzen. Natürlich leugne ich nicht die Möglichkeit, solche Schemata aufzustellen wie ›aktiv‹ und ›kontemplativ‹, und leugne nicht, dass es nützlich sein kann, die Menschen aufgrund solcher Typenlehren zu beurteilen. Es gibt Aktive und es gibt Kontemplative. Aber dahinter steht die Einheit, und wirklich lebendig und im günstigen Fall vorbildlich ist für mich nur der, der beide Gegensätze in sich hat. Ich habe nichts gegen den rastlosen Arbeiter und Schaffer und habe auch nichts gegen den nabelbeschauenden Einsiedler, aber interessant oder vorbildlich kann ich beide nicht finden. Der Mensch, den ich suche und erwünsche, ist der, der sowohl der Gemeinschaft wie des Alleinseins, sowohl der Tat wie der Versenkung fähig ist. Und wenn ich in meinen Schriften, wie es scheint, dem beschaulichen Leben den Vorzug vor dem tätigen gebe, so ist das vermutlich deswegen, weil ich unsre Welt und Zeit voll von aktiven, tüchtigen, rührigen, der Kontemplation aber unfähigen Menschen sehe« (1981a, S. 56). Der Hirnforscher Hüther beschreibt »die höchste Stufe der Wahrnehmungsfähigkeit eines menschlichen Gehirns« (2001, S. 106). Diese ist am ehesten in Übereinstimmung mit dem Homo integralis zu sehen.

Riemann nennt zu den vier Strukturanteilen des Psychischen »vier Arten des In-der-Welt-Seins«: »Dementsprechend wäre es als ein Zeichen von seelischer Gesundheit anzusehen, wenn jemand die vier Grundimpulse in lebendiger Ausgewogenheit zu leben vermöchte« (1975, S. 17). Durch seine einerseits mitgeteilten Zweifel an der Realisierbarkeit hat der Autor den zitierten Satz in den Konjunktiv gesetzt, während er aber andererseits doch die von ihm sehr differenziert beschriebenen vier Persönlichkeitsstrukturen als »Teilaspekte eines ganzheitlichen Menschenbildes« verstanden wissen will.

Dorothee Bierhoff-Alfermann (1989) hat eine ausführliche Studie zum Androgynie-Konzept veröffentlicht. Darin heißt es abschließend: »[...] dass Androgyne mit größerer Wahrscheinlichkeit psychisch gesunder, sozial kompetenter und situational flexibler agieren« (S. 208).

Jean Gebser, der als Psychologe und Kulturphilosoph in seinem großen Werk »Ursprung und Gegenwart« bereits 1947/48 eine notwendige Denkwende, die Rückkehr zu einem ganzheitlichen Bewusstsein als menschheitliche Überlebenschance beschrieb, formulierte: »[...] damit eine Welt entstehen kann, die weder mutter- noch vaterbetont und auch keine bloß vermännlichte Welt ist, sondern die in Frau und Mann den Menschen ehrt, und nicht nur menschlich, sondern menschheitlich denkt. Das aber würde bedeuten, dass, nachdem das Matriarchat von dem Patriarchat abgelöst worden ist, nunmehr aus dem Patriarchat, wie wir es ausgedrückt haben: das Integrat hervorgehen würde« (1988, S. 224).

Es sei betont, dass wir die integrale Persönlichkeit zwar in vielen als genial bezeichneten und bekannt gewordenen Menschen verwirklicht finden, die integrale Charakterstruktur aber durchaus auch in vielen anderen Menschen erkennen können, wenn wir nicht nur oberflächlich die äußere Erscheinung ihres Wirkens wahrnehmen, sondern auch ihre Wesenstiefen ergründen, wenn wir vom äußerlichen Schein zum eigentlichen Sein vordringen. »Allein der Schale Wesen zu ergründen, [...] das fordert schärferes Gesicht« (Goethe, Faust I).

Der Schweizer Psychiater Luc Ciompi schreibt in seinem – über die Psychiatrie hinaus – bedeutsamen Buch »Außenwelt – Innenwelt«: »Der ›neue Mensch‹ aber, der sich als Leitbild aufgrund eines Überblicks wie des hier erarbeiteten abzeichnet, ist weder ein reines, supercomputerartiges Denkwesen noch ein bloß intuitiver, einseitig ›aus dem Bauch heraus‹ lebender Gefühlsmensch, sondern eine harmonische Kombination von beidem« (1988, S. 289). »Geist ohne Seele ist Ungeist; ›kalte Kognition‹ – das ist der Tod. ›Lebendiger Geist‹ aber, das ist: gefühlter Gedanke, gedachtes Gefühl!« (S. 359). Derselbe Autor schreibt in einem anderen Buch: »Als Fazit ergibt sich: Wer intensiv zugleich fühlt *und* denkt, denkt *und* fühlt, das heißt, seine Umwelt sowohl analytisch wie synthetisch, die Teile *und* das Ganze beachtend wahrnimmt, der entwickelt ein überlegenes Gespür dafür, was heute noch sinnvoll ist [...]« (1992, S. 15).

Es geht um die notwendige Annäherung der Gegensätze des eifrigen Tatenmenschen mit den Wesenskräften des gemütvollen Geistmenschen in einem breiten Bewusstwerdungsprozess, die Annäherung oder zumindest die werterkennende Akzeptanz der

Gegensätze, der basalen menschlichen Wesenskräfte (Potenziale 1 und 2) mit den Werten der jüngeren und höheren Potenziale 3 und 4. Ich bin mir bewusst, dass Ideale nicht mehrheitlich zu verwirklichen sind, schon gar nicht in kurzer Zeit. Es geht nicht um eine sofortige volle Verwirklichung, sondern um mögliche Annäherung, um das Erkennen des Möglichen auf den Wegen zum Wirklichen (E. U. Weizsäcker 1992).

Der Homo integralis hätte in diesem Sinne aus seinen inneren Wesenskräften bei zunehmender Bewusstheit in sich vereint: Das Leben und Streben für die schon seit Platon (1983, S. 131) bis Wilber (1999) immer wieder (in beliebig wechselnder Reihenfolge) benannten Wertekategorien, die in diesem integralen Konzept näherungsweise eine evolutiv begründete Zuordnung finden:

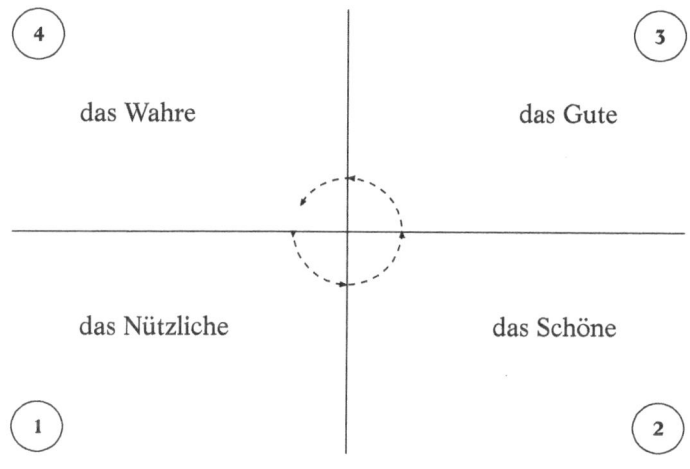

Abb. 16: Wertezuordnung

Über den Fragen zur menschlichen Entwicklungsfähigkeit mag ein Goethe-Wort stehen, das einen bescheidenen Optimismus ausdrückt: »Irrtum verläßt uns nie; doch ziehet ein höher Bedürfnis immer den strebenden Geist leise zur Wahrheit hinan.«

An anderer Stelle (Jun 1994b, S. 284ff.) habe ich beschrieben, welche besonderen Persönlichkeitsqualitäten aus den einzelnen Potenzialen für das schöpferische Entstehen und das praktische Wirksamwerden des zukünftig bedeutsamen Neuen wesentlich

und erforderlich sind: den Prozess der Kreativität. Es ist wahrscheinlich, dass die integrale Persönlichkeit weitgehend über jene schöpferische Phantasie verfügt, die mit ihrer
- *Breitendimension* (vor allem Potenzial 2) eine große anschaulich-bildhafte Vielfalt aufnimmt und in der gedanklichen Vorstellung bewegt (»epische Breite«; große »Simultankapazität« nach Kretschmer 1929, S. 191), nach Zusammenhängen fragt und mit ihrer
- geistigen *Tiefendimension* (vor allem Potenzial 4) aus der breiten Vielfalt doch das Wesentliche vom weniger Wesentlichen differenziert, das Gewohnte in Frage stellt, Vorstellungen zum Warum, Woher und Wohin entwickelt, nach Ursachen fragt und das Erkannte subjektiv einer Bedeutungshierarchie zuordnet.

So kann angenommen werden, dass bedeutende geistig-schöpferische Menschen eine in diesem Sinne sehr differenzierte, mehrdimensionale Phantasie entwickelt haben. Es ist weiterhin sehr wahrscheinlich, dass integrale Persönlichkeiten in ihrem erlebenden Individualbezug zur Umwelt, in ihrem Wahrnehmen, Fühlen und Denken auch die folgenden Gegensätze als Möglichkeit weitgehend in sich vereint haben und wahrscheinlich dadurch auch – zwar nicht ausschließlich – aber in differenziertester Weise und in höchstem Maße über die Fähigkeit des dialektischen und dialogischen Weltbezuges verfügen:

praktisch	und	*theoretisch*
konkret	und	*abstrakt*
induktiv	und	*deduktiv*
intuitiv	und	*rational*
synthetisch	und	*analytisch*
bildhaft-anschaulich	und	*logisch-abstrakt*
Farben	und	*Formen*
rechtshirnig	und	*linkshirnig*

Der integrale Mensch kann im Sinne von Hegel in These und Antithese denken, die Synthese versuchen und doch auch die Spannung von komplementär bestehen bleibenden Gegensätzen nicht nur ertragen, sondern als natürlich erleben. Das dialogische Prinzip von Martin Buber (1983, 1986) könnte sich hier wiederfinden.

Noch einmal sei betont: Die integrale Persönlichkeit finden wir nicht nur in genialen Menschen verwirklicht. Wer erst einmal in diesem Sinn zu sehen gelernt hat und nicht nur die Einseitigkeit des so genannten »reinen Typus« idealisiert, wird erfreuliche Entdeckungen machen können. Dafür ist eine Differenzierung innerhalb des Begriffs der integralen Persönlichkeit realistisch und sinnvoll:

- *integrale Persönlichkeit im allgemeinen Sinne*: die charakterlich allseitig entfaltete, nicht unbedingt originär-schöpferische, aber geistig-autonome Persönlichkeit: autonomes Denken und Werten; eigenständige Überzeugungs- und Meinungsbildung;
- *integrale Persönlichkeit im höchsten Sinne*: die charakterlich allseitig entfaltete und dabei kreative, originär-schöpferische Persönlichkeit.

Beide Formen unterscheiden sich nur in einer Differenzierung des vierten Potenzials. Wenn wir nicht nur die integrale Persönlichkeit im höchsten, sondern auch im allgemeinen Sinne anerkennen, dann sehen wir sie nicht nur in elitärer Ferne, sondern auch in erreichbarer Nähe (Bierhoff 2006).

Über die einfache Logik des Entweder-oder hinaus hat die integrale Persönlichkeit in ihrem Fühlen und Denken die Fähigkeit zum Sowohl-als-auch entwickelt. Damit ist eine Differenzierungsfähigkeit und -bereitschaft verbunden, die sich im Erkennen und Bewerten von komplizierten Sachverhalten und Zusammenhängen, von mehrdimensionalen Beziehungsmustern über das Niveau von Pauschalierungen und Klischees hinaus begeben kann. Das Lebensgefühl dieser Menschen schließt auch am ehesten nicht nur die Verantwortlichkeit für die persönliche kleine Welt von Familie, Arbeit und Freundeskreis, nicht nur die Nächstenliebe, sondern – im Sinne von Albert Schweitzer – auch die Fernstenliebe ein. Eine »Ethik der Fernverantwortung« (nach Jonas 1984) umfasst über den Nahbereich hinaus auch die räumliche und zeitliche Ferne, ist also Zukunftsverantwortung. »Ich möchte so leben, dass auch andere Menschen leben können – neben mir – fern von mir – nach mir« (Schorlemmer 1992, S.7).

Das Gewissen des einzelnen Menschen wird in seiner Funktion als moralischer Regulator des Verhaltens ganz wesentlich bestimmt durch die individuelle Werteorientierung, die Hierarchie der subjektiv bedeutsamen Werte eines Menschen, innerhalb derer das Gewissen der oberste Richter ist. Gewissen hat – wie das Wort besagt – viel mit Wissen zu tun. Welches und wie viel Wissen mit welchen Bewertungen ist individuell in das Gewissen gelangt? Wann und warum melden sich Gewissensbisse, oder auch nicht?

Für eine menschliche Zukunft auf unserem Planeten müsste unser Gewissen ein Weltgewissen sein, es mehr und mehr werden, in seiner Zukunftsethik nicht nur menschlich, sondern menschheitlich verpflichtet: sozial-ökologisch global[24] (Kessler 2003; Laszlo 1998; Mittelstaedt 2004; Richter 2003). Wünschen wir insbesondere allen hohen Verantwortungsträgern eine solche Qualität der Gewissenhaftigkeit.

Auch an dieser Stelle, nach der Beschreibung der verschiedenen Grundmuster in der Mannigfaltigkeit der unterschiedlichen Charaktere und zuletzt der potenziell höchst differenzierten, der integralen Persönlichkeit, möchte ich vor einem realitätsfernen Idealismus warnen. Wenn alles dafür spricht, dass es in der seelischen Evolution eine Linie vom Niederen zum Höheren, vom Einfachen zum mehr Differenzierten gibt, so ist dadurch das Niedere und das potenziell Böse nicht aus der Welt und nicht aus dem Menschen. Das jeweils Niedere ist im Höheren aufgehoben, potenziell enthalten. Bedenken wir deshalb an dieser Stelle noch einmal: Kein Mensch ist unfehlbar. Aber diese Feststellung sollte keine Resignation sein, sondern individuelle Aufgabe und menschheitliche Herausforderung.

Unsere lebenslange Reise zur Ganzheit könnte im guten Sinne eine Globalisierung nach innen sein: als Quintessenz[25] zur differenzierten Charakterentwicklung mit Selbsterkenntnisgewinn und so in berechtigter Weise zum Homo sapiens als Kategorie unserer evolutionär hoch entwickelten Menschenart. Für die Herausforderungen der Zukunft werden wir insbesondere die Entfaltung unserer human-kreativen Potenzen brauchen (Abb. 17).

---

24 H. Geißler (2005), nach Zukunftskonzepten befragt, nennt das »Projekt einer internationalen sozial-ökologischen Marktwirtschaft«: »Das kann ein Land allein nicht realisieren, aber das Konzept muss da sein, für das man dann auch international kämpfen kann. Das würde den Menschen Hoffnung geben« (S. 16).
25 Die ganzheitliche psychische Entfaltung umfasst die mit Vernunft gepaarte Entwicklung aller vier Motivationspotenziale.

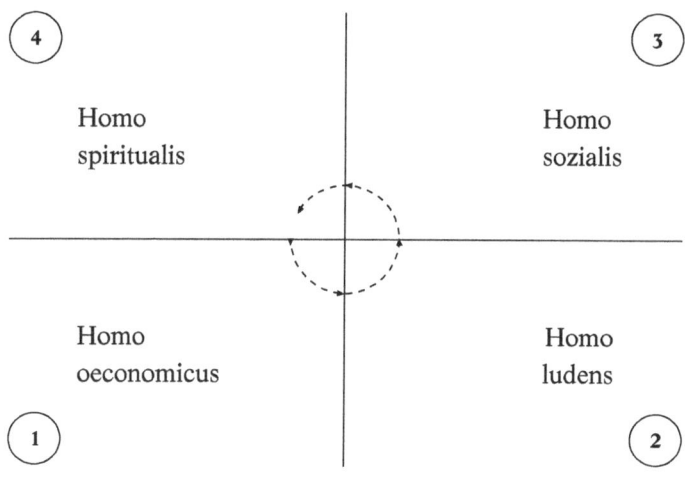

Abb. 17: Potenzialvarianten des Homo integralis

Die äußere Globalisierung vollzieht sich unaufhaltsam mit großer Geschwindigkeit. Aber welche Werte werden globalisiert? Gegenwärtig sterben der UN-Welternährungsorganisation FAO (2005) zufolge weltweit pro Minute elf Kinder an Hunger. Das sind mehr als 15 000 jeden Tag! Bisher haben Appelle zu Veränderungen im strukturellen Ursachengefüge nichts bewirkt.

Konrad Lorenz meinte 1989 zum Menschen: »Es besteht Grund zu der Annahme, dass er eine Entwicklungsstufe auf dem Wege zum wahrhaft humanen Wesen ist. Noch kann man hoffen ...« (S. 281). Jetzt auch noch?

Für eine höhere Bewusstheit im Umgang mit uns selbst und mit anderen lohnt es sich, öfter über die »sieben W« nachzudenken: Was? (sagt, tut oder unterlässt), Wer?, Wem?, Wann?, Wo?, Wie? und Warum? Vereinen wir mit unserem Streben nach mehr echtem Selbstbewusstsein auch das Streben nach einem adäquaten Weltbewusstsein, denn:

> »Nichts ist drinnen,
> nichts ist draußen,
> denn was innen,
> das ist außen.«
> (Goethe)

»Wissenschaft ist der Versuch, die chaotische Vielfalt unserer
Sinneserfahrungen mit einem logisch einheitlichen Denksystem
in Übereinstimmung zu bringen.«
(Albert Einstein, »Science«, 24.5.1940)

Ein integrales Individualkonzept als lebendige Ordnung in der seelischen Vielfalt: Theoretischer Überblick in zwölf Thesen

Zu den großen und immer noch offenen Fragen der Erkenntnisgeschichte gehört die Frage nach der psychischen Individualität des Menschen. Es gibt mehrere Individual- und Persönlichkeitskonzepte, aber keines ist verbindlich anerkannt. In diesem menschlichsten aller Erkenntnisbereiche herrscht die allgemeine Beliebigkeit. Jüttemann meint gar, dass – abgesehen von fleißiger Detailforschung – es zur Zeit unklar sei, ob die bisherige »Krisengeschichte der Psychologie [...] später einmal als eine vorwissenschaftliche oder sogar nur als eine pseudowissenschaftliche Erscheinungsphase der Disziplin deklariert werden wird« (1991/2004, S. 340ff.). In den Psychowissenschaften hat man lange gehofft, für die Vielfalt psychischer Phänomene ein begründetes Ordnungssystem zu finden – parallel zur Chemie mit dem Periodischen System der Elemente nach Mendelejew (Strathern 2000). Diese Suche ist offen geblieben und somit auch die Frage: Liegt der psychischen Mannigfaltigkeit ein Chaos zugrunde oder nicht doch eine lebendige Ordnung, ein immanentes Prinzip?

Aus den Fachbereichen der Psychiatrie und Psychotherapie kann es bei dieser Frage keinen begründeten Zweifel geben, dass Normalpsychologie und Pathopsychologie in einem holistischen Zusammenhang zu sehen sind. Einen besonders eindrucksvollen Beitrag hierzu hat Uebelhack (1999, S. 214) in »Psychopathologie und Weltgeschichte« geliefert. Weiterhin sei auf die interdisziplinäre Studie »Evolutionsbiologische Konzepte in der Psychiatrie« (Brüne u. Ribbert 2001) hingewiesen. Leider geht der bedeutsame Ganzheitsaspekt vielfach durch aufgespaltene Forschungsbereiche verloren. In vielen Forschungs- und Lehrbereichen werden die Mauern zwischen den Spezialfächern mehr gepflegt als die Brücken, beispielsweise zwischen Persönlichkeitspsychologie und Klinischer Psychologie. Das hat Auswirkungen auf die Praxis. Was in der interdisziplinären Fachliteratur zur Persönlichkeitstheorie nachzulesen ist, kann uns auf der allgemein-abstrakten Ebene zwar durchaus befriedigen. Zu uns Praktikern kommt jedoch nicht die abstrakte Menschheit, sondern der einzelne, der konkrete Mensch mit seiner besonderen Individualität.

Das in diesem Buch beschriebene Individualkonzept wird in zwölf Thesen vorgestellt. Mit dem dynamischen Strukturmodell wird ein komplementäres System als lebendige Ordnung innerhalb des Psychischen aufgezeigt. Es beinhaltet eine sinnvolle Zuordnung des Einzelnen und des Besonderen zum Allgemeinen. Dieses bio-psycho-soziale Konzept vereinigt Bekanntes und Bewährtes mit neuen Zusammenhangserkenntnissen, die für das interdisziplinäre Spektrum der Humanwissenschaften bedeutsam sein können.

These 1
Die Basis des Strukturmodells bilden vier bipolare Potenziale (Möglichkeitsfelder) der psychischen Grundstruktur (Abb. 1 und 2) – hier für die psychische Entwicklung auf der motivationalen, affektiv-emotionalen Ebene (III, 1, 2, 3, 4), auf die sich das Buch hauptsächlich bezieht:

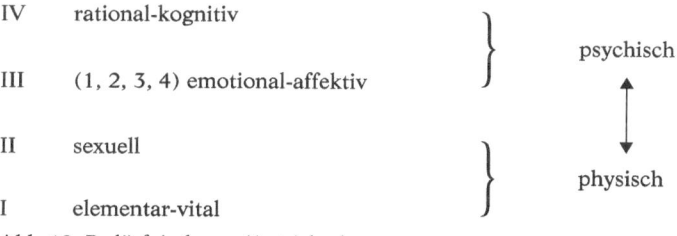

Abb. 18: Bedürfnisebenen/Antriebsebenen

In der Abbildung 1 (s. S. 14f.) sind unter anderem integriert:
– die alte Lehre der vier Temperamente,
– die im 20. Jahrhundert aus der tiefenpsychologischen Psychotherapie hervorgegangene Vierertypologie (Riemann 1975/2003),
– aus der Psychiatrie die Psychosen (Abb. 1, innerer Kreis).

Auch die so genannten »Big Five« (Extraversion, Neurotizismus, Offenheit, Verträglichkeit, Gewissenhaftigkeit), denen eine theoretische Begründung bisher fehlt (Becker 1995, S. 26; Jüttemann 2002, S. 292; Laux 2003, S. 187), könnten zugeordnet werden.

These 2
Jedes der vier Potenziale (Möglichkeitsfelder) enthält spezifische psychische Bedürfnisse und potenzielle Fähigkeiten; Aversionen und Abwehrmechanismen. Diese individuellen Neigungen und Abneigungen sind für die Person-Umwelt-Wechselwirkung mit spezifischen Emotionen in ihrer Bewertungsfunktion gekoppelt.

These 3
Der Interaktionsstil eines Menschen, sein individualtypisches Erleben und Verhalten, sind phylogenetisch, ontogenetisch und aktualgenetisch bestimmt (Tembrock 1992). Für eine kausal begründete Reihenfolge der vier Potenziale wird in Ergänzung zur bisherigen Beschreibung der Ontogenese-Phasen als Entwicklungslinie (Riemann u. a.) auch nach einem evolutionären Sinnbezug der vier Potenziale gefragt und dafür (s. Abb. 2a) eine Linie der Phylogenese als linksdrehende Spirale vorgestellt (Schuchardt 2006, S. 8). Die in Abbildung 19 dargestellten Bedeutungskerne

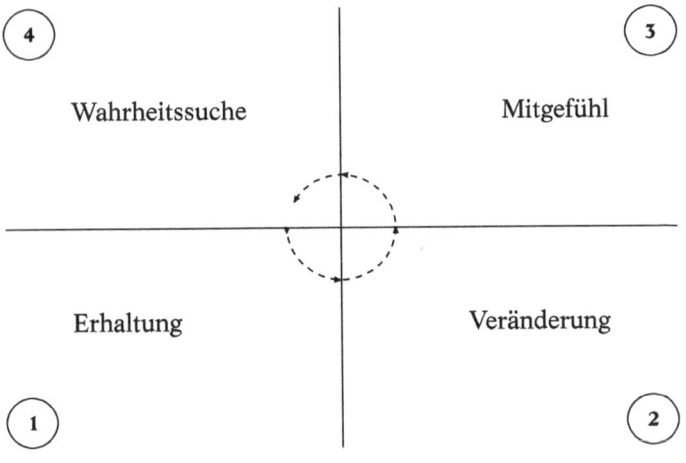

Abb. 19: Bedeutungskerne

der vier Potenziale lassen qualitativ deutlich eine evolutive Linie der Höherentwicklung des Psychischen erkennen.

These 4
Aus dieser Zuordnung der einzelnen Potenziale und der verschiedenen mannigfaltigen Kombinationsmöglichkeiten (s. Abb. 1) ergibt sich als deutliches Grundmuster ein komplementäres System: dialektisch sinnvolle Einheit der Gegensätze (s. Abb. 2a). Bei einer verhaltenswirksamen Dominanz von jeweils zwei Potenzialen zeigt sich folgende Komplementarität:

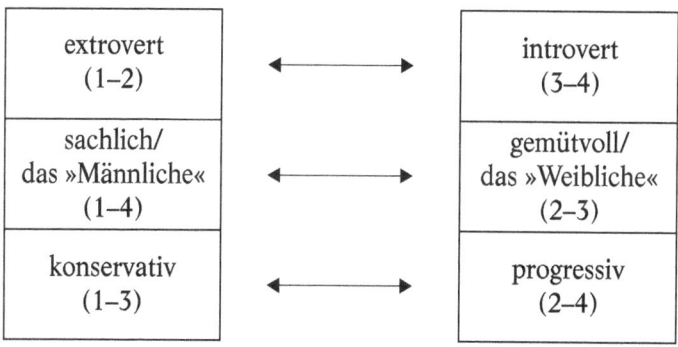

Abb. 20: Komplementäre duale Bedeutungskerne

Jeweils zwei duale Kombinationen ergeben als komplementäre Ergänzung die psychische Ganzheit. Eine ausgewogen positive Entfaltung aller vier Potenziale bei einem Menschen entspräche einer integralen Persönlichkeit: dem Homo integralis.

These 5
Sowohl die Einmaligkeit psychischer Individualität als auch die vorhandene Mannigfaltigkeit werden aus folgendem Prinzip abgeleitet: Jeder Mensch hat alle vier Potenziale, aber in einem unterschiedlichen Mischungsverhältnis mit jeweils unterschiedlichen Entwicklungsgraden und Entfaltungswerten.

These 6
Für das Verhältnis von Möglichkeiten und Wirklichkeiten sind sowohl

- genetische Anlagen (Prädispositionen, innere Möglichkeiten) als auch
- Umweltbedingungen (äußere Möglichkeiten, einschließlich pränataler Umwelt) wesentlich.

Diese interaktionelle bio-soziale Ko-Determination in der psychischen Individualentwicklung erteilt jedem einseitigen Biologismus und Soziologismus eine Absage. Menschliche Individualität entsteht nicht auf einer tabula rasa.

These 7
Die vier Potenziale sind jeweils bipolar organisiert. Sie enthalten primär ambivalente Potenzen mit sozial-positiven (s. Abb. 1, äußerer Bereich) wie auch negativen Realisierungsmöglichkeiten (s. Abb. 1, innerer Bereich), Potenzen zum Gesunden wie auch zum Pathologischen in fließenden Übergängen. Für die Ausdifferenzierung im Verlauf der Ontogenese sind weitgehend Umweltfaktoren bestimmend (Art, Zeitpunkt, Stärke, Dauer), insbesondere in der frühen Kindheit.

These 8
Diese ambivalenten Erlebens- und Verhaltensmöglichkeiten mit jeweils potenziellen Werten (und Unwerten) existieren in unserer Lebenswelt, auch wenn sie – als Besonderheit von nicht-linearen Systemen – nicht immer exakt zu berechnen sind. Bei der vorhandenen Komplexität des Psychischen sind aber durch dieses begründete Synthese-Konzept zweifellos differenziertere Erkenntnisse und neue interdisziplinäre Themenbildungen (Forschungsansätze) möglich.

These 9
Das Streben nach dem Nützlichen (1), dem Schönen (2), dem Guten (3) und dem Wahren (4) ist jeweils den Potenzialen 1, 2, 3, 4 als Entfaltungsmöglichkeit immanent (s. Abb. 2a). Insbesondere unter dem Aspekt dieser seit Platon bekannten und viel zitierten, aber bisher nicht systematisierten Wertekategorien könnte das integrale Konzept auch eine Brücke sein zwischen den Berei-

chen von Natur- und Kulturwissenschaften, von Wissenschaft und Kunst.

These 10
Das eigentliche Problem der Menschheit ist der Mensch. Wir stehen vor der dringenden Aufgabe, mehr echtes Selbstbewusstsein zu entwickeln. Unsere Möglichkeiten und Grenzen, unsere realen Stärken und Schwächen sollten uns nicht nur abstrakt-allgemein, sondern im lebenslangen, ständigen Prozess des Werdens auch konkret-individuell immer mehr bewusst werden. Das macht das Leben sinnvoller und interessanter.

These 11
Das integrale Individualkonzept ist ein in sich geschlossenes und doch (auch zur weiteren Bearbeitung) offenes System, zumal es keine starre, sondern eine dynamische, eine in der Evolution des Lebendigen entstandene natürliche Ordnung als Strukturmodell zum Inhalt hat.

These 12
In der Zahlensymbolik im Kulturvergleich (Endres u. Schimmel 1986, S. 102, 108, 118) soll die Vier als Ordnungszahl wesentlich sein für eine im Chaos verborgene Struktur, nach Jung ist sie der »Archetypus der Quaternität«. Für die interdisziplinäre Ebene wären in diesen Zusammenhängen folgende Grundannahmen zu bedenken:
- in der *Physik*: vier Grundkräfte;
- in der *Biologie*: vier Grundbausteine der DNS;
- in der *Psychologie*: vier Temperamente, vier Strukturanteile des Psychischen (aus der Tiefenpsychologie).

Für die vier Strukturanteile des Psychischen wurde mit dem hier vorgestellten integralen Individualkonzept ein komplementäres Prinzip in einem evolutionär begründeten dynamischen System aufgezeigt. Mit einem Zitat von Staudinger soll dieses Buch beschlossen werden: »Trotz aller Erkenntnisse nach 100 Jahren psychologischer Forschung ist immer noch eine übergreifende Theorie gefragt [...] Die Antworten werden eher von der Anwendung der dynamischen Systemtheorie der Naturwissenschaft auf psychische Phänomene zu erwarten sein, wonach Leben und Persönlichkeit mehr sind als die Summe ihrer Teile. Biologie und Psychologie, soziokulturelle Phänomene und historische Ereignisse – alles zusammen formt eine Persönlichkeit als ein dynamisches Ganzes« (zit. in Luczak 1998, S. 52).

Das in diesem Buch beschriebene integrale Konzept versteht sich als ein Beitrag auf diesem langen Erkenntnisweg und als Anfrage an die verschiedenen Bereiche der interdisziplinären Humanwissenschaften.

Literatur

Adler, A. (1974a): Menschenkenntnis. Frankfurt a. M.
Adler, A. (1974b): Der Sinn des Lebens. Frankfurt a. M.
Adorno, T. (1973): Studien zum autoritären Charakter. Frankfurt a. M.
Ahrbeck, R. (1978): Jean-Jacques Rousseau. Berlin u. a.
Aitmatow, T. (1982): Der Tag zieht den Jahrhundertweg. Berlin.
Aitmatow, T. (1988): Die Richtstatt. Berlin.
Amery, C. (2002): Global Exit. Frankfurt a. M.
Anders, G. (1988): Die Antiquiertheit des Menschen I. Über die Seele im Zeitalter der Zweiten industriellen Revolution. 7. Aufl. München, 1956.
Anders, G. (1988): Die Antiquiertheit des Menschen II. Über die Zerstörung des Lebens im Zeitalter der dritten industriellen Revolution. 4. Aufl. München, 1980.
Anders, G. (1988): Wir Eichmannsöhne. Offener Brief an Klaus Eichmann. 2. Aufl. München.
Arendt, H. (1985): Vita activa oder Vom tätigen Leben. München u. Zürich.
Asperger, H. (1968): Heilpädagogik. Wien u. New York.
Assadourian, E. (2006): International agierende Unternehmen im Wandel. In: Worldwatch Institut (Hg.): Zur Lage der Welt 2006. Washington u. Münster.
Aurel, M. (1982): Selbstbetrachtungen. Leipzig.
Bachmann, I. (1983): Die Wahrheit ist dem Menschen zumutbar. München u. Zürich
Bahro, R. (1991): Rückkehr. Die In-Weltkrise als Ursprung der Weltzerstörung. Frankfurt a. M.
Bahr, H.-E.; Grosse, H. W. (2003): Martin Luther King – »Ich habe einen Traum«. Düsseldorf.
Baron-Cohen, S. (2006): Vom ersten Tag an anders. Das weibliche und das männliche Gehirn. München.
Barth, D.; Bierhoff, B. (1989): Revolution des Herzens. Durch Bewusstheit zur Selbstwerdung. Freiburg.
Bastian, T. (1996): Zivilcourage. Von der Banalität des Guten. Hamburg.
Bateson, G. (1983): Ökologie des Geistes. Anthropologische, psychologi-

sche, biologische und epistemologische Perspektiven. 3. Aufl. Frankfurt a. M.
Bauer, J. (2006): Prinzip Menschlichkeit. Warum wir von Natur aus kooperieren. Hamburg.
Bauer, J. (2006): Warum ich fühle, was du fühlst. Intuitive Kommunikation und das Geheimnis der Spiegelneurone. 7. Aufl. München.
Becker, P. (1995): Seelische Gesundheit und Verhaltenskontrolle. Eine integrative Persönlichkeitstheorie und ihre klinische Anwendung. Göttingen u. a.
Beauvoir, S. de (1972): Das andere Geschlecht. Sitte und Sexus der Frau. Reinbek.
Beese, M. (1981): Friedrich Hölderlin. Leipzig.
Benda, J. (1988): Der Verrat der Intellektuellen. Frankfurt a. M.
Bierhoff, B. (2006): Vom Homo consumens zum Homo integralis. In: Hosang M.; Seifert, K. (Hg.): Integration. Natur – Kultur – Mensch. München.
Bierhoff-Alfermann, D. (1989): Androgynie. Möglichkeiten und Grenzen der Geschlechterrollen. Opladen.
Biermann, R.; Biermann, G. (1988): Die Angst unserer Kinder im Atomzeitalter. Frankfurt a. M.
Binswanger, H. C. (1993): Das Menschenbild in der herkömmlichen Nationalökonomie. Zschr. für Sozialökonomie 97: 18–26.
Bischof-Köhler, D. (1989): Spiegelbild und Empathie. Die Anfänge der sozialen Kognition. Bern u. a.
Bischof-Köhler, D.(2004): Von Natur aus anders. Die Psychologie der Geschlechtsunterschiede. 2. Aufl. Stuttgart.
Bock, T.; Dörner, K.; Naber, D. (Hg.) (2004): Anstöße. Zu einer anthropologischen Psychiatrie. Bonn.
Bohm, D. (1992): Die implizite Ordnung und die supra-implizite Ordnung. In: Weber, R. (Hg.): Wissenschaftler und Weise. Reinbek, S. 51.
Bollmann, S. (2006): Frauen, die schreiben, leben gefährlich. München.
Bossle, L. (1974): Das Gewissen in der Politik. Osnabrück.
Bräutigam, W. (2003): Psychotherapie. Neue Grundlagen – neue Wege. Die Dynamik bio-psycho-sozialer Lebenszeitentwicklungen. Weinheim u. a.
Brecht, B. (1962): Mutter Courage und ihre Kinder. Leipzig.
Brizendine, L. (2007): Das weibliche Gehirn. Warum Frauen anders sind als Männer. Hamburg.
Brüne, M.; Ribbert, H. (Hg.) (2001): Evolutionsbiologische Konzepte in der Psychiatrie. Frankfurt a. M.
Bruyère, J. de la (1688): Die Charaktere (oder: Die Sitten des Jahrhunderts). Leipzig, 1978.
Brüggen, W.; Jäger, M. (Hg.) (2003): Brauchen wir Feinde?. Berlin.

Buber, M. (1983): Ich und Du. Heidelberg.
Buber, M. (1986): Reden über Erziehung. Heidelberg.
Capelle, W. (1961): Die Vorsokratiker. Fragmente und Quellenberichte. Berlin.
Capra, F. (1988): Wendezeit. Bausteine für ein neues Weltbild. München.
Ciompi, L. (1982): Affektlogik. Stuttgart.
Ciompi, L. (1988): Außenwelt – Innenwelt. Göttingen.
Ciompi, L. (1992): Geleitwort zu: Andresen, B.; Stark, F.-M.; Gross, J. (Hg.): Mensch – Psychiatrie – Umwelt. Bonn.
Colegrave, S. (1984): Yin und Yang. Die Kräfte des Weiblichen und des Männlichen. Frankfurt a. M., 1991.
Cremerius, J. (Hg.) (1971): Neurose und Genialität. Psychoanalytische Biographien. Frankfurt a. M.
Damasio, A. R. (2005): Der Spinoza-Effekt. Wie Gefühle unser Leben bestimmen. Berlin.
Darwin, C. (1859): Die Entstehung der Arten durch natürliche Zuchtwahl. Leipzig, 1984.
Darwin, C. (1881): Erinnerungen an die Entwicklung meines Geistes und Charakters. Leipzig u. a., 1982.
Der Spiegel. (2005): Gott gegen Darwin. Glaubenskrieg um die Evolution. Nr. 52 v. 24.12.05, S. 136–150.
Dobel, R. (Hg.) (1968): Lexikon der Goethe-Zitate. Zürich u. Stuttgart.
Dörner, G.; Hüllemann, K.-D.; Tembrock, G.; Wessel, K.-F.; Zänker, K. S. (Hg.) (1999): Menschenbilder in der Medizin – Medizin in den Menschenbildern. Bielefeld.
Dörner, K. (2001): Der gute Arzt. Lehrbuch der ärztlichen Grundhaltung. Stuttgart.
Dörner, K.; Ploog, U. (1980): Irren ist menschlich. Bonn.
Duchrow, U.; Bianchi, R.; Krüger, R.; Petracca, V. (Hg.) (2006): Solidarisch Mensch werden. Hamburg.
Dührssen, A. (1988): Dynamische Psychotherapie. Berlin u. a.
Dürr, H.-P. (1991): Immer diese blöde Exaktheit. Ein Gespräch über die Krise der Zivilisation. Zschr. Freitag Nr. 47, 15.11.91: S. 19–20.
Dürr, H.-P.; Zimmerli, W. C. (Hg.) (1989): Geist und Natur. Über den Widerspruch zwischen naturwissenschaftlicher Erkenntnis und philosophischer Welterfahrung. Bern u. a.
Ebert, W. (1993): Lernen ist Evolution. Theorien, die Bildung und Erziehung revolutionieren. Trostberg.
Eibl-Eibesfeldt, I. (1985): Liebe und Hass. Zur Naturgeschichte elementarer Verhaltensweisen. 12. Aufl. München u. Zürich.
Eibl-Eibesfeldt, I. (1991): Fallgruben der Evolution – Der Mensch zwischen Natur und Kultur. Wien.
Einstein, A. (1940): Das Fundament der Physik. Science, 24.5.1940.

Einstein, A. (1984): Aus meinen späten Jahren. Frankfurt a. M.

Einstein, A. (1993): Mein Weltbild. Hg. von C. Seelig. 25. Aufl. Frankfurt a. M.

Einstein, A. (2000): Einstein sagt. Zitate, Einfälle, Gedanken. Hg. von A. Calaprice. München u. Zürich.

Ekelöf, G. (1983): Der Weg eines Außenseiters. Leipzig.

Endres, F. C.; Schimmel, A. (1986): Das Mysterium der Zahl. Zahlensymbolik im Kulturvergleich. Köln.

Erpenbeck, J. (1984): Heillose Flucht. Halle.

Erpenbeck, J. (1986): Das Ganze denken. Zur Dialektik menschlicher Bewusstseinsstrukturen und -prozesse. Berlin.

Erpenbeck, J. (2004): Was kommt? – Kompetenzentwicklung als Prüfstein von E-Learning. In: Hohenstein, A; Wilbers, K. (Hg.): Handbuch E-Learning. Expertenwissen aus Wissenschaft und Praxis. Neuwied u. a.

Erpenbeck, J.; Rosenstiel, L. von (Hg.) (2003): Handbuch Kompetenzmessung. Erkennen, verstehen und bewerten von Kompetenzen in der betrieblichen, pädagogischen und psychologischen Praxis. Stuttgart.

Erpenbeck, J.; Weinberg, J. (1993): Menschenbild und Menschenbildung. Münster u. New York.

Erdheim, M. (1984): Die gesellschaftliche Produktion von Unbewusstheit. Eine Einführung in den ethno-psychoanalytischen Prozess. Frankfurt a. M.

Erikson, E. H. (1982): Kindheit und Gesellschaft. Stuttgart.

Federn, E. (1989): Versuch einer Psychologie des Terrors. Psychosozial 12 (37): 53–73.

Feyl, R. (1981): Der lautlose Aufbruch. Frauen in der Wissenschaft. Berlin.

Fischer, E. P. (1995): Die aufschimmernde Nachtseite der Wissenschaft. Träume, Offenbarungen und neurotische Mißverständnisse in der Geschichte naturwissenschaftlicher Entdeckungen. Lengwil.

Fischer, E. P. (2001): Die andere Bildung. Was man von den Naturwissenschaften wissen sollte. München.

Fischer, E. P.; Herzka, H. S.; Reich, K. H. (Hg.) (1992): Widersprüchliche Wirklichkeit. Neues Denken in Wissenschaft und Alltag. München u. Zürich.

Frankl, V. E. (1975): Die Psychotherapie in der Praxis. Wien.

Frankl, V. E. (1985): Das Leiden am sinnlosen Leben. Psychotherapie für heute. 9. Aufl. Freiburg u. a.

Frankl, V. E. (1994): Logotherapie und Existenzanalyse. München.

Freud, A. (1975): Das Ich und die Abwehrmechanismen. München.

Freud, E. L. (Hg.) (1984): Sigmund Freud – Arnold Zweig, Briefwechsel. Frankfurt a. M.

Freud, S. (1971): Thomas Woodrow Wilson. Eine psychologische Studie.

In: Cremerius, J. (Hg.): Neurose und Genialität. Psychoanalytische Biografien. Frankfurt a. M., S. 27–34.

Freud, S. (1975): Massenpsychologie und Ich-Analyse. Frankfurt a. M.

Freud, S. (1994): Das Unbehagen in der Kultur. Frankfurt a. M.

Freundel, N. (2002): Interdisziplinarität weichgespült. Warum reden die Wissenschaftskulturen nicht miteinander? Eine Tagung der Berlin-Brandenburgischen Akademie. Berliner Zeitung, 04.10.2002.

Frisch, M. (1977): Homo faber. Frankfurt a. M.

Frisch, M. (1981): Die chinesische Mauer. In: Gesammelte Werke. Bd. II. Frankfurt a. M.

Froese, M.; Seidler, Ch. (Hg.) (2004): Biografie als Ressource. Berlin.

Fromm, E. (1979): Haben und Sein. München.

Fromm, E. (1984): Die Seele des Menschen. Ihre Fähigkeit zum Guten und Bösen. Frankfurt a. M.

Fromm, E. (1996): Vom Haben zum Sein. Hg. von R. Funk. München.

Funk, R. (1991): Gleichgültigkeit gegenüber dem Leben ist Feindseligkeit gegen das Leben. In: Ich – Die Psychozeitung (3): 27–34.

Funk, R. (2005): Ich und Wir. Psychoanalyse des postmodernen Menschen. München.

Geyer, M. (1985): Das ärztliche Gespräch. Berlin.

Gebser, J. (1988): Ursprung und Gegenwart. 3 Bde. München.

Geißler, H. (2004): Was würde Jesus heute sagen? Reinbek.

Geißler, H. (2005): Interview in der Berliner Zeitung vom 11.08.2005.

Gerhards, J. (1988): Soziologie der Emotionen. Weinheim u. München.

Gierer, A. (1998): Im Spiegel der Natur erkennen wir uns selbst. Wissenschaft und Menschenbild. Reinbek.

Goethe, J. W. von (1974): Werke in zwölf Bänden. Weimar.

Goldhagen, D. J. (1996): Hitlers willige Vollstrecker. Ganz gewöhnliche Deutsche und der Holocaust. Berlin.

Golemann, D. (1996): Emotionale Intelligenz. München u. Wien.

Göllnitz, G. (1977): Kinderneuropsychiatrie. In: Seidel, K.; Schulze, H. A. F.; Göllnitz, G. (Hg.): Neurologie und Psychiatrie. Berlin.

Gore, A. (1992): Wege zum Gleichgewicht. Ein Marshallplan für die Erde. Frankfurt a. M.

Gross, R. (1991): Chaos und Ordnung – Dynamische Systeme in der Medizin. Deutsches Ärzteblatt 88 (25/26): 2053–2061.

Grumach, E. (Hg.) (1959): Aristoteles: Über die Seele. Bd. 13. Berlin.

Gruen, A. (2002): Der Verlust des Mitgefühls. Über die Politik der Gleichgültigkeit. München

Habermas, J. (1990): Heinrich Heine und die Rolle der Intellektuellen in Deutschland. In: Habermas, J.: Die Moderne – ein unvollendetes Projekt. Leipzig.

Hacks, P. (1980): Was ist ein Drama, was ist ein Kind? Zschr. Neue deutsche Literatur 28: 48–49.
Hacks, P. (1981): Saure Feste. Essay. In: Pandora nach J.W. v. Goethe. Berlin u. Weimar
Hagemann, P. (1987): Endogene Psychose und Menschheitsentwicklung. Zschr. Psychiatrie, Neurol. u. med. Psychol. 39 (10): S. 584.
Harrington, A. (2002): Die Suche nach Ganzheit. Die Geschichte biologisch-psychologischer Ganzheitslehren. Reinbek.
Härtling, P. (1978): Hölderlin. Berlin u. Weimar.
Hassenstein, B. (1980): Verhaltensbiologie des Kindes. München und Zürich.
Hassenstein, B. (1991): Zur Natur des Menschen – Innere Widersacher gegen Vernunft und Humanität? I u. II. Zschr. Wissenschaft und Fortschritt 41 (4/5).
Hastedt, H. (2005): Gefühle. Philosophische Bemerkungen. Stuttgart.
Heidenreich, E. (2006): Vorwort. In: Bollmann, S. (2006): Frauen, die schreiben, leben gefährlich. München.
Heigl-Evers, A.; Heigl, F. (1974): Lieben und Geliebtwerden in der Ehe. München.
Heigl-Evers, A.; Schepank, H. (Hg.) (1982): Ursprünge seelisch bedingter Krankheiten. I/II. Göttingen.
Heinrichs, J. (1997): Sprung aus dem Teufelskreis. Wien.
Hellbrügge, T. (Hg.) (1978): Kindliche Sozialisation und Sozialentwicklung. München u. a.
Helm, J. (1978): Gesprächspsychotherapie. Berlin.
Hennicke, P.; Müller, M. (2005): Weltmacht Energie. Herausforderung für Demokratie und Wohlstand. Stuttgart.
Hentig, H. von (1977): Wahrheitsarbeit und Friede. Rede auf M. Frisch am 19.9.1976. In: Frisch, M.; Hentig, v. H.: Zwei Reden zum Friedenspreis des Deutschen Buchhandels 1976. Frankfurt a. M.
Hentig, H. von (1999): Ach, die Werte! Über eine Erziehung für das 21. Jahrhundert. München u. Wien.
Herder, J.G. (1978): Briefe zur Beförderung der Humanität. In: Herder – ein Lesebuch für unsere Zeit. Berlin u. Weimar.
Herrmann, T.; Lantermann, E.-D. (Hg.) (1985): Persönlichkeitspsychologie. Ein Handbuch in Schlüsselbegriffen. München u. a.
Hesse, H. (1972): Das Glasperlenspiel. Frankfurt a. M.
Hesse, H. (1981a): Lektüre für Minuten. Frankfurt a. M.
Hesse, H. (1981b): Lektüre für Minuten. Neue Folge. Frankfurt a. M.
Hesse, H. (1982): Narziss und Goldmund. Berlin u. Weimar.
Hesse, H. (1986): Der Steppenwolf. Berlin u. Weimar.
Heyse, V.; Erpenbeck, J. (Hg.) (2007): KompetenzManagement. Münster.
Hirigoyen, M.-F. (1999): Die Masken der Niedertracht. Seelische Gewalt im Alltag. München.

Hildesheimer, W. (1981): Mozart. Berlin.
Hosang, M. (2000): Der integrale Mensch. Homo sapiens integralis. Gladenbach.
Höck, K. (1981): Konzeption der Intendierten Dynamischen Gruppentherapie. Zschr. Psychotherapie und Grenzgebiete Bd. I.(1). Leipzig, S. 22.
Höck, K.; König, W. (1976): Neurosenlehre und Psychotherapie. Eine Einführung. Jena.
Hölderlin, F. (1951): Hyperion. Leipzig.
Hölderlin, F. (1984): Gedichte. Leipzig.
Holzkamp-Osterkamp, U. (1977): Grundlagen der psychologischen Motivationsforschung. Bd. I u. II. Frankfurt a. M. u. New York.
Horney, K. (1973): Unsere inneren Konflikte. München.
Hörz, H. E.; Hörz, H. (1973): Dialektik von genetischen Grundlagen und gesellschaftlicher Entwicklung des Menschen. Deutsche Zschr. f. Philosophie (9): 1061.
Hüther, G. (2001): Bedienungsanleitung für ein menschliches Gehirn. Göttingen.
Hüther, G. (2004): Die Macht der inneren Bilder. Wie Visionen das Gehirn, den Menschen und die Welt verändern. Göttingen.
Hüther, G. (1999/2003): Die Evolution der Liebe. Göttingen.
Irrlitz, G. (1982): Anaximander von Milet. In: Lange, E.; Alexander, D. (Hg.): Philosophenlexikon. Berlin, 36–39.
Irving, W. (1984): Leben und Reisen des Christoph Columbus. Rostock.
Jaspers, K. (1946): Allgemeine Psychopathologie. Berlin u. Heidelberg.
Jaspers, K. (2000): Was ist der Mensch? Ausgewählt von H. Saner. München u. Zürich.
Jonas, H. (1984): Das Prinzip Verantwortung. Versuch einer Ethik für die technologische Zivilisation. Frankfurt a. M.
Jun, G. (1985): Psychiatrie und Psychotherapie ohne Psyche? – Ein integrales Psychosynthesekonzept als mögliche Therapie-Grundlage. In: Schulze, H. A. F.; Kühne, G.-E. (Hg.): Integrative und interdisziplinäre Aspekte der Nervenheilkunde. Leipzig.
Jun, G. (1987/1989): Charakter. Ein Beitrag zur Diskussion eines alten Themas. Berlin.
Jun, G. (1990): Leben mit geistig Behinderten. In: Thom, A.; Wulff, E. (Hg.): Psychiatrie im Wandel. Bonn, S. 255–272.
Jun, G. (1991): Gemeinsamsein und Einsamsein. In: Soden, K. von (Hg): Irmtraud Morgners Hexische Weltfahrt. Eine Zeitmontage. Berlin, S. 41–45.
Jun, G. (1992): Ludwig Klages als Widersacher und Verbündeter. In: Hammer, S. (Hg.): Widersacher oder Wegbereiter? Ludwig Klages und die Moderne. Heidelberg u. Berlin, S. 84–96.
Jun, G. (1993): Meine Mutter ist sehr anders.... In: Schneider, D.; Tergeist,

G. (Hg.): Spinnt die Frau? Zur Geschlechterfrage in der Psychiatrie. Bonn, S. 122–133.

Jun, G. (1994a): Kinder, die anders sind. Ein Elternreport. Berlin.

Jun, G. (1994b): Humanwissenschaften ohne Seele? Die neue Synthese: Ein komplementäres System als lebendige Ordnung in der seelischen Vielfalt. Lewiston/New York.

Jun, G. (1999): Tiefenpsychologie ohne Höhen? – Psychotherapeutisch befragtes Menschenbild im ausgehenden Jahrhundert. In: Dörner, G.; Hüllemann, K.-D.; Tembrock, G.; Wessel, K.-F.; Zänker, K. S. (Hg.): Menschenbilder in der Medizin – Medizin in den Menschenbildern. Bielefeld.

Jun, G. (2000): Sinn und Persönlichkeitsentwicklung. Ein integrales Individualkonzept als lebendige Ordnung in der seelischen Vielfalt. In: Existenz und Logos. Zschr. f. sinnzentrierte Therapie, Beratung, Bildung (2): 176–185.

Jun, G. (2002): Unsere inneren Ressourcen: Wer hat Angst vor der Selbsterkenntnis? Zschr. f Humanontogenetik 5 (1): 48–57.

Jung, C. G. (1990): Typologie. München.

Jungk, R. (1986): Und Wasser bricht den Stein. Streitbare Beiträge zu drängenden Fragen der Zeit. Freiburg u. a.

Jungk, R.; Müllert, N. R. (1990): Zukunftswerkstätten. Mit Phantasie gegen Routine und Resignation. Berlin.

Jüttemann, G. (1991/2004): Systemimmanenz als Ursache der Dauerkrise »wissenschaftlicher« Psychologie. In: Jüttemann, G.; Sonntag, M.; Wulf, C. (Hg.) (1991): Die Seele. Ihre Geschichte im Abendland. Weinheim. Neuaufl. 2004, Göttingen, S. 340–363.

Jüttemann, G. (1992): Psyche und Subjekt. Für eine Psychologie jenseits von Dogma und Mythos. Reinbek.

Jüttemann, G. (2002): Autogenese als lebenslanger Prozess. Ansätze zu einer Entwicklungstheorie der individuellen Persönlichkeit. In: Jüttemann, G.; Thomae, H. (Hg.): Persönlichkeit und Entwicklung. Weinheim u. Basel, S. 288–340.

Jüttemann, G. (2004): Annäherungen an die menschliche Seele: Zur Bedeutung von »Drama« und »Wunsch« für eine konkrete Psychologie. In: Jüttemann, G. (Hg.): Psychologie als Humanwissenschaft. Ein Handbuch. Göttingen, S. 134–161.

Jüttemann, G. (2007): Persönlichkeit und Selbstgestaltung. Der Mensch in der Autogenese. Göttingen.

Kafka, F. (1989): Eine innere Biografie in Selbstzeugnissen; Hg. von H. Politzer. Frankfurt a. M.

Kaul, F. K. (1963): Der Fall Eichmann. Berlin.

Kessler, W. (2005): Weltbeben. Auswege aus der Globalisierungsfalle. Oberursel.

Kipphardt, H. (2002): Bruder Eichmann. Reinbek.
Klages, L. (1988): Die Grundlagen der Charakterkunde. 15. Aufl. Bonn.
Klein, M. (1983): Das Seelenleben des Kleinkindes. Stuttgart.
Klix, F. (1980): Erwachendes Denken. Berlin.
Klix, F. (1981): Über einige Zusammenhänge zwischen Allgemeiner Psychologie, Neurosenlehre und Psychotherapie. Zschr. f. Psychologie. Suppl. 1: 9–16.
König, K. (1993): Kleine psychoanalytische Charakterkunde. 8. Aufl. Göttingen, 2005.
König, K. (1995): Charakter und Verhalten im Alltag. Göttingen.
König, K. (1996): Abwehrmechanismen. 3. Aufl. Göttingen, 2003.
König, K. (2004): Charakter, Persönlichkeit und Persönlichkeitsstörung. Stuttgart.
Koestler, A. (1989): Die Armut der Psychologie. Zwischen Couch und Skinner-Box. Frankfurt a. M.
Koestler, A. (1990): Der Mensch – Irrläufer der Evolution. Die Kluft zwischen Denken und Handeln. Frankfurt a. M.
Konfuzius (2005): Der gute Weg. Zusammengestellt von W. Felitz. Köln.
Korczak, J. (1975): Die Liebe zum Kind. Berlin.
Kretschmer, E. (1929): Körperbau und Charakter. Berlin.
Kriz, J. (1997): Chaos, Angst und Ordnung. Wie wir unsere Lebenswelt gestalten. Göttingen.
Kronauer, U. (Hg.) (1999): Vom Mitleid. Die heilende Kraft. Frankfurt a. M. u. Leipzig.
Kuhl, J. (2001): Motivation und Persönlichkeit: Interaktionen psychischer Systeme. Göttingen.
Kuhn, T. S. (1973): Die Struktur wissenschaftlicher Revolutionen. Frankfurt a. M.
Kurz, W. (1995): Die Sinn- und Wertfrage im Rahmen der Logotherapie und Tiefenpsychologie. In: Kurz, W.; Sedlak, F. (Hg.): Kompendium der der Logotherapie und Existenzanalyse. Tübingen.
Lange-Eichbaum, W.; Kurth, W. (1967): Genie, Irrsinn und Ruhm – Genie, Mythos und Pathographie des Genies. München u. Basel.
Laszlo, E. (1989): Global denken. Die Neugestaltung der vernetzten Welt. Rosenheim.
Laszlo, E. (1998): Das dritte Jahrtausend. Zukunftsvisionen. Frankfurt a. M.
Laudse (1985): Daudedsching. Leipzig.
Laux, L. (2003): Persönlichkeitspsychologie. Stuttgart.
Leonhard, K. (1968): Akzentuierte Persönlichkeiten. Berlin.
Leonhard, K. (1988): Bedeutende Persönlichkeiten in ihren psychischen Krankheiten. Berlin.

Le Monde diplomatique (Hg.) (2005): Atlas der Globalisierung. 4. Aufl. Berlin.

Lempp, R. (1989): Die psychiatrische Forschung und exakte Naturwissenschaft. Acta paedopsychiatrica 52 (3): 204–208.

Lenz, S. (1975): Deutschstunde. München.

Linke, D. B. (2005): Hölderlin als Hirnforscher. Lebenskunst und Neuropsychologie. Frankfurt a. M.

Lorenz, K. (1981): Das sogenannte Böse. Zur Naturgeschichte der Aggression. 9. Aufl. München.

Lorenz, K. (1989): Der Abbau des Menschlichen. 5. Aufl. München u. Zürich.

Löther, R. (1983): Vom Werden des Lebendigen. Leipzig u. a.

Longerich, P. (2006): »Davon haben wir nichts gewusst!« Die Deutschen und die Judenverfolgung 1933–1945. München.

Lukas, E. (1983/1992): Höhenpsychologie. Die andere Sicht vom Menschen. Freiburg, Basel. Wien.

Luczak, H. (1998): Wie ein Charakter entsteht. GEO 8: 34–52.

Lumsden, C.; Wilson, E. (1984): Das Feuer des Prometheus. München.

Maturana, H. R.; Varela, F. J. (1987): Der Baum der Erkenntnis. Bern u. a.

Mahler, M. S.; Pine, F.; Bergmann, A. (1987): Die psychische Geburt des Menschen. Symbiose und Individuation. Frankfurt a. M.

Mann, T. (1975): Tonio Kröger. Eine Erzählung. Berlin.

Mann, T. (1983): Aufsätze, Reden, Essays Bd. I. Berlin und Weimar.

Markl, H. (1988): Evolution, Genetik und menschliches Verhalten. München.

Maslow, A. H. (1981): Motivation und Persönlichkeit. Reinbek.

Mayer, H. (1981): Außenseiter. Frankfurt a. M.

Mehlhaff, F. (1993): Binnendifferenzierung im Biologieunterricht. Theoretische und empirische Untersuchungen zur Beachtung von Charakterkonfigurationen des Schülers in Lernprozessen. Dissertation an der Math.-Nat. Fakultät der Universität Rostock; verteidigt am 02.03.1993.

Mehlhorn, G.; Mehlhorn, H.-G. (1985): Begabung – Schöpfertum – Persönlichkeit. Berlin.

Mentzos, S. (1994): Der Krieg und seine psychosozialen Funktionen. Frankfurt a. M., 2002: Göttingen.

Meyer-Abich, K. M. (1988): Wissenschaft für die Zukunft. Holistisches Denken in ökologischer und gesellschaftlicher Verantwortung. München.

Milgram, S. (1974): Das Milgram-Experiment. Zur Gehorsamsbereitschaft gegenüber Autorität. Reinbek.

Mittelstaedt, W. (2004): Kurskorrektur. Bausteine für die Zukunft. Frankfurt a. M.

Mittelstaedt, W. (2008): Das Prinzip Fortschritt. Ein neues Verständnis für die Herausforderungen unserer Zeit. Frankfurt a. M. u. a.
Mocek, R. (1988): Neugier und Nutzen. Berlin.
Morgner, I. (1983): Amanda. Berlin u. Weimar.
Mulack, C. (1990): Natürlich weiblich. Stuttgart.
Nicolle, J. (1957): Louis Pasteur. Berlin.
Nissen, G. (1986): Psychische Störungen im Kindes- und Jugendalter. Berlin u. Heidelberg.
Nossik, B. M. (1984): Albert Schweitzer – Ein Leben für die Menschlichkeit. Leipzig.
Oerter, R. (Hg.) (1999): Menschenbilder in der modernen Gesellschaft. Stuttgart.
Oerter, R.; Montada, L. (1987): Entwicklungspsychologie. Weinheim.
Ostwald, W. (1982): Zur wissenschaftlichen Arbeit. Berlin.
Otscheret, E. (1988): Ambivalenz. Geschichte u. Interpretation der menschlichen Zwiespältigkeit. Heidelberg.
Pascal, B. (1979): Größe und Elend des Menschen. Frankfurt a. M.
Pervin, L. A. (1981): Persönlichkeitstheorien. München.
Petri, W. (1984): Das Zeugnis. Zschr. Neue deutsche Literatur 32 (7): 42.
Piaget, J. (1980): Das Weltbild des Kindes. Frankfurt a. M. u. a.
Pieper, A. (2002): Gut und Böse. 2. Aufl. München.
Pircher-Friedrich, A. (2001): Sinn-orientierte Leistungsmotivation in Dienstleistungsunternehmen durch Leadership unter besonderer Berücksichtigung des ganzheitlichen Menschenbildes. Augsburg.
Platon: Die Gesetze. In: Krueger, J. (Hg.) (1983): Ästhetik der Antike. Berlin u. Weimar, S. 120–153.
Rattner, J. (1983): Menschenkenntnis durch Charakterkunde. Hamburg.
Rattner, J. (1991): Tugend und Laster. Tiefenpsychologie als angewandte Ethik. Frankfurt a. M.
Rattner, J.; Danzer, G. (2004): Alfred Adler oder Selbstwertstreben, Sinnsuche und soziale Verankerung des Menschen. In: Rattner, J.; Danzer, G.: Europäisches Österreich – Literatur- und geistesgeschichtliche Essays. Würzburg.
Repina, T. A. (1974): Die Entwicklung der Gefühle im Vorschulalter. In: Saporoshez, A. W.; Elkonin, D. B. (Hg.): Psychologie der Persönlichkeit und Tätigkeit des Vorschulkindes. Berlin.
Reich, W. (1976): Charakteranalyse. Frankfurt a. M.
Rennert, H. (1982): Zum Modell »Universalgenese der Psychosen« – Aspekte einer unkonventionellen Auffassung der psychischen Krankheiten. Zschr. Fortschr. Neurol. Psychiat. 50: 1–29.
Richter, H.-E. (1988): Die Chance des Gewissens. Erinnerungen und Assoziationen. München.

Richter, H.-E. (1989): Die hohe Kunst der Korruption – Erkenntnisse eines Politikberaters. Hamburg.

Richter, H.-E. (1991): Die Angst, dass das Pendel zum Stärkekult schwingt. Berliner Zeitung vom 15.06.1991, S. 21.

Richter, H.-E. (1993): Umgang mit Angst. Düsseldorf u. Wien.

Richter, H.-E. (2003): Ist eine andere Welt möglich? Für eine solidarische Globalisierung. Gießen.

Riemann, F. (1975): Grundformen der Angst. Eine tiefenpsychologische Studie. 37. Aufl. München u. Basel, 2006.

Riemann, F. (1979): Grundformen helfender Partnerschaft. 3. Aufl. München.

Riedl, R. (1984): Evolution und Erkenntnis. München u. Zürich.

Rogers, C. R. (1983): Entwicklung der Persönlichkeit. Stuttgart.

Rochefoucauld, F. de La (1982): Reflexionen oder Sentenzen und moralische Maximen. Leipzig.

Röseberg, U. (1987): Niels Bohr. Leben und Werk eines Atomphysikers. Berlin.

Rost, W. (1987): Die Gefühle. Basel u. Boston.

Rubins, J. L. (1983): Karen Horney – Sanfte Rebellin der Psychoanalyse. Frankfurt a. M.

Safranski, R. (2000): Das Böse – oder Das Drama der Freiheit. Frankfurt a. M.

Saum-Aldehoff, T. (2007): Big five. Sich selbst und andere erkennen. Düsseldorf.

Scharfetter, C. (1982): Meditation und Introspektion. In: Wagner-Simon, T.; Benedetti, G. (Hg.): Sich selbst erkennen. Göttingen, S. 48–57.

Scheler, M. (1999): Mitleid und Mitfreude und Modi ihrer Arten. In: Kronauer, U. (Hg.): Vom Mitleid. Die heilende Kraft. Frankfurt a. M. u. Leipzig.

Scheler, M. (2000): Grammatik der Gefühle. Das Emotionale als Grundlage der Ethik. Hg. von P. Good. München.

Schepank, H. (Hg.) (1987): Psychogene Erkrankungen der Stadtbevölkerung. Eine epidemiologisch-tiefenpsychologische Feldstudie in Mannheim. Berlin u. a.

Scheer, H. (1992): Der Sprung vom Atomzeitalter ins Solarzeitalter. Von der »Ökonomie des Todes« zu einer »Ökonomie des Überlebens«. Rundbrief der IPPNW Nr. 38. Berlin, S. 10.

Schemmel, H.; Schaller, J. (Hg.) (2003): Ressourcen. Ein Hand- und Lesebuch zur therapeutischen Arbeit. Tübingen.

Schiefenhövel, W. (1999): Der Mensch – Mängelwesen oder optimiertes Produkt der Evolution? In: Dörner, G.; Hüllemann, K.-D.; Tembrock, G.; Wessel, K.-F.; Zänker, K. S. (Hg.): Menschenbilder in der Medizin – Medizin in den Menschenbildern. Bielefeld.

Schlegel, F. (1970): Lucinde. Leipzig.
Schmidbauer, W. (1977): Die hilflosen Helfer. Über die seelische Problematik der helfenden Berufe. Reinbek, 1986.
Schmid, W. (2007): Mit sich selbst befreundet sein. Von der Lebenskunst im Umgang mit sich selbst. Frankfurt a. M.
Schmidt, F. R. (1994): Der sanfte Menschheitsuntergang. Köln.
Schmidt, H.-D. (1982): Grundriss der Persönlichkeitspsychologie. Berlin.
Schmidt, H.-D.; Schneeweiss, B. (1985): Schritt um Schritt. Die Entwicklung des Kindes bis ins 7. Lebensjahr. Berlin.
Schopenhauer, A. (1999): Sämtliche Werke. Bd. 4: Naturphilosophie und Ethik. Leipzig.
Schorlemmer, F. (1992): Ich möchte ein Mensch des Friedens werden. In: Schorlemmer, F.: Versöhnung in der Wahrheit. München, S. 7.
Schottlaender, R. (1983): Wissenschaftliche und künstlerische Kreativität. Zschr. Wiss. u. Fortschritt 33 (4): S. 143.
Schreier, W.; Schreier, H. (1982): Thomas Alva Edison. Leipzig.
Schuchardt, E. (2006): Warum gerade ich? Leben lernen in Krisen. 12. Aufl. Göttingen.
Schultz, J. H. (1974): Grundfragen der Neurosenlehre. München.
Schultz-Hencke, H. (1970): Lehrbuch der analytischen Psychotherapie. Stuttgart.
Schultz-Hencke, H. (1978): Der gehemmte Mensch. 4. Aufl. Stuttgart.
Schulz von Thun, F. (1981): Miteinander reden. Bd. 1 bis 3. Reinbek, 1999.
Schulz von Thun, F. (2007): Miteinander reden: Fragen und Antworten. Reinbek.
Schwieger, H. G. (1972): Die Kunst der Muße. Wiesbaden.
Schwieger, H. G. (1980): Und ewig bleibt das Staunen. Wiesbaden.
Seidel, G. (1984): Das verwilderte Leben und Dichten des Clemens Brentano. Nachwort zu: Clemens Brentano. Leipzig.
Seidler, C.; Misselwitz, I. (Hg.) (2001): Die Intendierte Dynamische Gruppenpsychotherapie. Göttingen.
Sennett, R. (1998): Der flexible Mensch. Die Kultur des neuen Kapitalismus. Berlin.
Shakespeare, W. (1966): Sämtliche Werke. Historien. Berlin u. Weimar.
Shaw, G. B. (1974): Major Barbara. Leipzig.
Shaw, G. B. (1976): Komödien. John Bulls andere Insel. Leipzig.
Simonov, P. (1982): Höhere Nerventätigkeit des Menschen. Motivationelle und Emotionale Aspekte. Berlin.
Sillitoe, A. (1975): Die Einsamkeit des Langstreckenläufers. Zürich.
Sloterdijk, P. (1998): Das Phänomen Adam. GEO 9: 43–46.
Sölle, D. (1986): Phantasie und Gehorsam. Überlegungen zu einer künftigen christlichen Ethik. Stuttgart.
Sölle, D. (1987): Leiden. 7. Aufl. Stuttgart.

Sparschuh, J. (1989): Kopfsprung. Berlin.
Spinoza, B. (1982): Ethik. Berlin.
Spitzer, M. (2007): Vom Sinn des Lebens. Wege statt Werke. Stuttgart.
Spranger, E. (1966): Lebensformen. Geisteswissenschaftliche Psychologie und Ethik der Persönlichkeit. Tübingen.
Staub, E. (1982): Entwicklung prosozialen Verhaltens. Zur Psychologie der Mitmenschlichkeit. München u. a.
Stephan, B. (1977): Die Evolution der Sozialstrukturen. Berlin.
Stoffels, H. (2001): Über das Altern des Mannes. In: Jacobi, R.-M. E.; Claussen, P. C.; Wolf, P. (Hg.) (2001): Die Wahrheit der Begegnung. Anthropologische Perspektiven in der Neurologie. Würzburg.
Storch, M.; Krause, F. (2007): Selbstmanagement – ressourcenorientiert. 4. Aufl. Bern.
Strathern; P. (2000): Mendelejews Traum. Von den vier Elementen zu den Bausteinen des Universums. London u. München.
Straub, E. (2004): Vom Nichtstun. Leben in einer Welt ohne Arbeit. Berlin.
Strindberg, A. (1981): Am offenen Meer. Leipzig.
Strotzka, H. (1988): Macht. Ein psychoanalytischer Essay. Frankfurt a. M.
Tausch, R. (1973): Gesprächspsychotherapie. Göttingen.
Taylor, G. R. (1988): Das Selbstmordprogramm. Zukunft oder Untergang der Menschheit. Frankfurt a. M.
Teilhard de Chardin, P. (1981): Die Entstehung des Menschen. München.
Tellenbach, H. (1974): Melancholie. Berlin u. a.
Tembrock, G. (1982b): Der Persönlichkeitsbegriff aus der Sicht der Verhaltensbiologie. In: Wessel, K.-F.; Urbig, H.-D.; Wicklein, G. (Hg.): Philosophie und Naturwissenschaften, Heft 22: Wissenschaft und Persönlichkeit. Berlin.
Tembrock, G. (1982a): Verhaltensbiologie und Psychiatrie. Probleme und Aufgaben. Berlin.
Tembrock, G. (1992): Ist der Mensch paradiesfähig? In: Berliner Debatte INITIAL 2, S. 26.
Tembrock, G. (1999): Der biologische Hintergrund von Werten und Normen beim Menschen. In: Dörner, G.; Hüllemann, K.-D.; Tembrock, G.; Wessel, K.-F.; Zänker, K. S. (Hg.): Menschenbilder in der Medizin – Medizin in Menschenbildern. Bielefeld, S. 87–102.
Thies, C. (1997): Die Krise des Individuums. Zur Kritik der Moderne bei Adorno und Gehlen. Reinbek.
Thomä, H.; Kächele, H. (Hg.) (I: 1985/1989; II: 1988): Lehrbuch der psychoanalytischen Therapie. Berlin u. a.
Thomae, H. (1988): Das Individuum und seine Welt. Eine Persönlichkeitstheorie. Göttingen u. a.
Uebelhack, R. (1999): Psychopathologie und Weltgeschichte. In: Dörner, G.; Hüllemann, K.-D.; Tembrock, G.; Wessel, K.-F.; Zänker, K. S. (Hg.):

Menschenbilder in der Medizin – Medizin in den Menschenbildern. Bielefeld, S. 214–227.

Ulrich, G. (1981): Konzepte der psychobiologischen Konstitutions- und Dispositionsforschung. Fortschr. Neurol. Psychiat. 49 (8): 295–312.

UN-Welternährungsorganisation FAO (Hg.) (2005): Pro Minute sterben weltweit elf Kinder an Hunger. In: Berliner Zeitung vom 23.11.2005.

Vogel, C. (1989): Vom Töten zum Mord. Das wirklich Böse in der Evolutionsgeschichte. München u. Wien.

Wagner-Simon, T.; Benedetti, G. (Hg.) (1982): Sich selbst erkennen. Göttingen.

Wangenheim, Inge von (1981): Genosse Jemand und die Klassik. Neue deutsche Lit. 29 (3): 99–119.

Watzlawick, P. (1986): Vom Schlechten des Guten oder Hekates Lösungen. München.

Weber, R. (1987): Wissenschaftler und Weise. Gespräche über die Einheit des Seins. Grafing.

Weeks, D.; James, J. (1997): Exzentriker. Über das Vergnügen, anders zu sein. Reinbek.

Weisenborn, G. (1974): Memorial. Berlin u. Weimar.

Weinberg, J. (2000): Einführung in das Studium der Erwachsenenbildung. Bad Heilbrunn.

Weinstock, H. (1953): Die Tragödie des Humanismus. Wahrheit und Trug im Abendländischen Menschenbild. 4. Aufl. Heidelberg.

Weizsäcker, C. F. von (1986): Die Zeit drängt – Eine Weltversammlung der Christen für Gerechtigkeit, Frieden und die Bewahrung der Schöpfung. München.

Weizsäcker, E. U. von (1992): Erdpolitik. Ökologische Realpolitik an der Schwelle zum Jahrhundert der Umwelt. Darmstadt.

Weizsäcker, E. U. von (1998): Faktor vier. Doppelter Wohlstand – halbierter Naturverbrauch. München.

Wessel, K.-F. (1999): Gibt es eine anthropologische Orientierung für die Medizin? In: Dörner, G.; Hüllemann, K.-D.; Tembrock, G.; Wessel, K.-F.; Zänker, K. S. (Hg.): Menschenbilder in der Medizin – Medizin in den Menschenbildern. Bielefeld, S. 34–45.

Wickert, U. (Hg.) (1995): Das Buch der Tugenden. Hamburg.

Wilber, K. (1991): Halbzeit der Evolution. 2. Aufl. München.

Wilber, K. (1999): Das Wahre, Schöne, Gute. Geist und Kultur im 3. Jahrtausend. Frankfurt a. M.

Willi, J. (1989): Ko-Evolution. Die Kunst gemeinsamen Wachsens. Reinbek.

Williams, T. (1988): Glasporträt eines Mädchens. Berlin u. Weimar.

Wisselinck, E. (1991): Frauen denken anders. Straßlach.

Witt, H. (1960): Nachwort zu: Brecht, B.: Der kaukasische Kreidekreis. Leipzig.

Witt, H. (1962): Nachwort zu: Brecht, B.: Mutter Courage und ihre Kinder. Leipzig.

Wolf, C. (1978): Nachdenken über Christa T.. Leipzig.

Wolf, C. (1980): Fortgesetzter Versuch. Aufsätze, Gespräche, Essays. Leipzig.

Wolf, C.; Wolf, G. (1985): Ins Ungebundene gehet eine Sehnsucht. Gesprächsraum Romantik. Berlin u. Weimar.

Wolf, G. (1999): Der Leib der Seele. In: Dörner, G.; Hüllemann, K.-D; Tembrock, G.; Wessel, K.-F.; Zänker, K. S. (Hg.): Menschenbilder in der Medizin – Medizin in den Menschenbildern. Bielefeld, S. 228–236.

Wolf, G. (2005): Der Hirngott. Oschersleben.

Woolf, V. (1986): Ein Zimmer für mich allein. Frankfurt a. M.

Worldwatch Institut (Hg.): Zur Lage der Welt 2005. Globale Sicherheit neu denken. Washington und Münster.

Wulff, E. (1978): Ethnopsychiatrie. Seelische Krankheiten – ein Spiegel der Kultur? Wiesbaden.

Zänker, K. S. (1996): Seele und Menschenbild – Abbild und Krankheit. In: Wessel, K.-F.; Möws, G.-O. (Hg.): Wie krank darf der Gesunde sein? Zum Menschenbild von Psychologie und Medizin. Bielefeld.

Zsok, O. (2000): Vertrauen kontra Angst. Vier Grundformen der Angst und deren Überwindung. Fürstenfeldbruck.

Zsok, O.; Briese, R. (Hg.) (1995): Thomas von Aquin: Urbild, Abbild, Spiegelung. Das Schöne, das Gute und das Wahre in der Schöpfung. München.

Bei Fragen zur Produktsicherheit wenden Sie sich bitte an:
If you have any questions regarding product safety, please contact:

Brill Deutschland GmbH
Robert-Bosch-Breite 10
37079 Göttingen
info@v-r.de